SPORTS MASSAGE &TAPING BY KIMITOSHI MIYAKE

【名プレーをうみだす最高のテクニックを公開!!】

三宅公利

プロが教える スポーツマッサージ &テーピング

はじめに

実戦に役立つテクニックを満載。
コンディションを整え、栄光の勝利を！

現代のチャンピオンスポーツは、100分の１秒を競い、瞬《まばた》きするほどのタイム差が勝敗を分ける。サッカーでも、瞬時の閃《ひらめ》きがシュートにつながり、感動のゴールシーンを生む。

紙一重の差を競うトップクラスの選手になればなるほど、万全のコンディションでゲームに臨まなければ、栄光の勝利を手にすることはできない。

ベストコンディションを維持するためには、日ごろからの体のケアが重要である。つまり、テレビ画面には映ることのないマッサージやテーピングといったコンディション調整が勝負を決めるのである。現代スポーツは、技術＋コンディションの総合力の戦いといってもよいだろう。

ただ、マッサージやテーピングの知識や技術は、プロ選手やトップアスリートだけに必要なのではない。スポーツをする人すべてに必要な知識であり、技術なのである。

本書では、スポーツ選手はもちろん、スポーツ愛好者全般を対象に、スポーツマッサージとテーピングのテクニックを、写真を豊富に使ってわかりやすく解説した。マッサージの技法、部位別のマッサージ、部位別のテーピングを中心に、実戦に役立つテクニックを紹介してある。

スポーツマッサージやテーピングは、スポーツ愛好者が身につけておかなければならないものである。本書によってマッサージとテーピングの知識を得て、実戦に役立てていただければ幸いである。

著　者

CONTENTS

PART 1 スポーツマッサージ・テーピングの目的と効果

PART 2 スポーツマッサージの技術

Massage Technique（マッサージの技法）

PART 3 スポーツテーピングの技術

INDEX

あ行

か行

さ行

肘頭上部《しつとうじょうぶ》の母指揉捏法《ぼしじゅうねつほう》……105
自分でできるマッサージ……40～43
尺側手根屈筋《しゃくそくしゅこんくっきん》……106
揉捏法《じゅうねつほう》……48・54～57
縮気打法《しゅくき》……69
手拳打法《しゅけん》……68・69
手根軽擦法《しゅこんけいさつほう》……53
手根揉捏法《しゅこんじゅうねつほう》……56
手掌圧迫法《しゅしょうあっぱくほう》……63
手掌軽擦法《しゅしょうけいさつほう》……52
手掌揉捏法《しゅしょうじゅうねつほう》……56
準備マッサージ……22
上伸筋支帯《じょうしんきんしたい》……76
小臀筋《しょうでんきん》……98
上腕三頭筋《じょうわんさんとうきん》……104
上腕三頭筋のマッサージ……104
上腕二頭筋《じょうわんにとうきん》……104
上腕二頭筋の把握揉捏法《はあくじゅうねつほう》……105
上腕二頭筋のマッサージ……104
上腕部のマッサージ……104～105
伸縮性テープ……118～119
振戦法《しんせんほう》……49・60～61
靭帯《じんたい》……16・28
伸展法《しんてんほう》……49・64～67
水平サポート……131
スターアップ……130
スターアップの貼り方……140～141
ストレッチング……93
スパイラル……132・133
スパイラルによる固定法……165
スポーツ疲労……19
脊柱起立筋《せきちゅうきりつきん》……88
切打法《せつだほう》……69
背中の痛みをとるセルフマッサージ……42
セルフコンディショニング……186
前脛骨筋《ぜんけいこっきん》……78
仙骨《せんこつ》……98
仙骨《せんこつ》周囲の母指揉捏法《ぼしじゅうねつほう》……93
浅指屈筋《せんしくっきん》……106
前中後斜角筋群《しゃかくきん》……102
前腕部のマッサージ……106～107
僧帽筋《そうぼうきん》……88・102
僧帽筋《そうぼうきん》の母指揉捏法《ぼしじゅうねつほう》……91・95
足底《そくてい》・足指のマッサージ……76～77
足底部《そくていぶ》の両母指圧迫法《りょうぼしあっぱくほう》……77
外返しねんざ……135

た行

大円筋《だいえんきん》……94
大胸筋《だいきょうきん》……94
大胸筋の手根揉捏法《しゅこんじゅうねつほう》……96
大胸筋のセルフマッサージ……43
大腿《だいたい》後部の圧迫揉捏法《あっぱくじゅうねつほう》……83
大腿《だいたい》後部の手掌揉捏法《しゅしょうじゅうねつほう》……82
大腿《だいたい》後部のストレッチ……66
大腿後部《だいたいこうぶ》のマッサージ……81～83
大腿四頭筋《だいたいしとうきん》……37・81・84
大腿前部の母指軽擦法《ぼしけいさつほう》……84
大腿《だいたい》前部のストレッチ……67
大腿前部の把握揉捏法《はあくじゅうねつほう》……85
大腿前部のマッサージ……84～85
大腿直筋《だいたいちょっきん》……84
大腿内側部《だいたいないそくぶ》の手掌軽擦法《しゅしょうけいさつほう》……87
大腿内側部《だいたいないそくぶ》の把握揉捏法《はあくじゅうねつほう》……87
大腿内側部《だいたいないそくぶ》のマッサージ……86～87
大腿二頭筋《だいたいにとうきん》……81
大臀筋《だいでんきん》……98
大内転筋《だいないてんきん》……86
縦サポート……130・131
短趾《たんし》屈筋……76
短趾伸筋《たんししんきん》……76
短長趾屈筋《たんちょうしくっきん》……76
短母趾《たんぼし》屈筋……76
短内転筋《たんないてんきん》……86
恥骨筋《ちこつきん》……86
中間広筋《ちゅうかんこうきん》……84
中臀筋《ちゅうでんきん》……98
腸骨《ちょうこつ》下部外側の圧迫揉捏法《あっぱくじゅうねつほう》……101
長掌筋《ちょうしょうきん》……106
長趾伸筋《ちょうししんきん》……76・78
長内転筋《ちょうないてんきん》……86
長母指屈筋……106
椎間板《ついかんばん》……88
テーピング開始前と終了後のチェック項目……190

な行

は行

ま行

や行

ら行

テープの切り方	121
テープの種類	118〜119
テープのはがし方	143
テープの巻き方	122〜123
テープの持ち方	121
手首のテーピング	177〜178
手と指の名称	30
テニスエルボー	174
手のセルフマッサージ	43
手指のテーピング	179
臀部（でんぶ）の手根揉捏法（しゅこんじゅうねつほう）	98・99
臀部（でんぶ）の母指圧迫揉捏法（ぼしあっぱくじゅうねつほう）	99
臀部（でんぶ）のマッサージ	98〜99
橈側手根屈筋（とうそくしゅこんくっきん）	106
頭板状筋（とうばんじょうきん）	88・102
トレーナーの役割	14〜15
トレーニング能力アップマッサージ	22

内側広筋（ないそくこうきん）	84
内側側副靱帯の損傷（ないそくそくふくじんたい）	162
内転筋群（ないてんきんぐん）	86
内腹斜筋（ないふくしゃきん）	100
二指軽擦法（にしけいさつほう）	51・53
二指揉捏法（にしじゅうねつほう）	57
乳酸（にゅうさん）	19・20

把握揉捏法（はあくじゅうねつほう）	56
把握法（はあくほう）	49
背部の手掌軽擦法（しゅしょうけいさつほう）	91
廃用性萎縮	185
薄筋（はっきん）	81・86
拍打法（はくだほう）	69
半腱（はんけん）	81
バンデージ	119
半膜様筋（はんまくようきん）	81
ＰＣ	18
ヒールロック	132・133
ヒールロックの手順	137
腓骨筋（ひこつきん）	78
ひざのテーピング	162〜166

ひじのテーピング	174〜176
非伸縮性テープ	118
皮膚感覚	22
腓腹筋（ひふくきん）	70・74
皮膚の構造	34
ヒラメ筋	70
フィギュア・エイト	132
腹直筋（ふくちょっきん）	100
腹部のマッサージ	100〜101
ふくらはぎのテーピング	159〜161
ホースシュー	132
縫工筋（ほうこうきん）	84
母趾外転筋（ぼしがいてんきん）	76
母指軽擦法（ぼしけいさつほう）	51・53
母指揉捏法（ぼしじゅうねつほう）	57
ホワイトテープ	118

マッサージに必要な用具類	44〜47
マッサージを行ってはいけない場合	110
マメの処置法	120
無酸素運動	18・19

野球ひじ	174
ユーカリ	46
有酸素運動（ゆうさんそうんどう）	18・19
指先の目	35
腰背肩部のマッサージ（ようはいけん）	88〜93
腰背部の母指圧迫揉捏法（ようはいぶ ぼしあっぱくじゅうねつほう）	92
横向きで行う前腕部の把握揉捏法（しゅけいきつほう）	107
横向きのマッサージ	37
予防のテーピング	112

RICE処置	29・180
リハビリテーション	184〜187
両手根圧迫法（りょうしゅこんあっぱくほう）	63
両母指圧迫法（りょうぼしあっぱくほう）	62
リンパ液	34・35
ローズウッド	46
ローズマリー	46

PART 1

THE AIM & EFFECT OF SPORTS MASSAGE AND SPORTS TAPING

スポーツマッサージ・テーピングの目的と効果

Athlete's knows Importance Of Massage & Taping

マッサージとテーピングの重要性を知る

マッサージは、トレーニングで使いすぎた筋肉や筋《すじ》の疲労を回復させ、十分に機能を発揮できるようにしたり、練習や試合の前に、故障した部位の再発防止を目的として行うものである。

一方、テーピングは、筋肉や筋などの可動範囲（可動域）を制限し、負傷や過労した部位に必要以上に負担をかけないようにすることが目的である。

マッサージとテーピングは、スポーツ選手のコンディション調整において、まさに“車の両輪”

スポーツ選手のコンディション調整という意味では、マッサージとテーピングは“車の両輪”のようなものである。

マッサージとテーピングはスポーツ選手に必要不可欠なもの

スポーツの前に筋肉を温め、激しく体を動かす準備をする「ウオームアップ」と、トレーニングのあとに充血した筋繊維を正常な状態に戻す「クールダウン」は、いまや常識。これらは、筋肉と体の準備と整理であり、レジャースポーツをする人のだれもが必要なものである。

さらに、より専門的にスポーツを愛好し、競技会に出場したり、対抗戦でどうしても勝ちたいというゲームの前には、より激しいトレーニングが必要になる。

サッカー、バレーボール、バスケットボール、野球、スケート、長距離走など、どんな種目でも、ライバルよりもコンディションを整え、良質のトレーニングをしないと勝てない。

また、ラグビー、アメリカンフットボール、レスリング、相撲といった、相手と肉体を直接にぶつけ合う競技では、筋肉、筋、骨などが予想以上に酷使され、関節などが可動域の範囲を超えてしまうケースもある。

競技スポーツをする人は、トレーニングの前後のウオームアップとクールダウン以上に、筋肉の強度を高め、筋の柔軟性を保ちつつ、トレーニングを継続しなければならないのである。

スポーツマッサージは、自分の持っている能力を100％発揮するために欠かせないものである。また、コンディションを整えておくことで負傷を防ぐこともできる。

テーピングは、やむを得ず負傷してしまった場合の応急処置として、またケガの予防や再発防止に必要なものである。

マッサージやテーピングは、スポーツ選手やスポーツ愛好家にとって、シューズやウエアと同じように不可欠なものなのだ。

コラム どうして、トレーナーの道を選んだか

私の父親は、プロ野球の選手だった。現在の千葉ロッテマリーンズの前身である毎日オリオンズのプレーヤーであり、首位打者になったこともあった。

そんなことから、私はごく自然に野球に憧れ、小さいころからプロ野球の選手を目ざす少年だった。高校時代（東京・駒場学園高校）ではエースだったし、私は、すっかり父と同じ道を歩むつもりでいた。

ところが、運悪く、脊椎《せきつい》分離症がひどくなってしまった。駒沢大学に進学してからは、症状が悪化し、野球部に所属することができなくなった。

夢は破れ、自分の気持ちの整理がつかず、迷いと悔しさに満ちた時間を過ごした。それから３年間は、試合も練習も、野球をいっさい観ることなく過ごした。

今でこそ、そのころのことを淡々と振り返ることができるが、当時は若く、プレーヤーへの憧れの火はなかなか消えなかった。野球への情熱を捨て切るまでには相当の時間が必要だったのである。

大学４年の夏になって、ようやく気持ちを切り替えることができた。「トレーナーとしてスポーツ選手を側面、あるいは裏側からバックアップしていこう」。こう決心し、トレーナーという仕事を自分の天職だと考えることにした。

A Trainer Has A Responsibility of Athlete's Condition

トレーナーは選手の体と心の痛みを担う

マッサージによってスポーツ選手の肉体的な疲労を解消し、テーピングを施して負傷の予防や拡大を防ぐ…。これがトレーナーのおもな仕事であるが、ときにはチームドクターと連携しながら、負傷した選手の患部の検査をしつつ、鍼《はり》や電気治療、マッサージなどを総合的に活用して、選手が1日も早くグラウンドやコートに戻れるようにする。

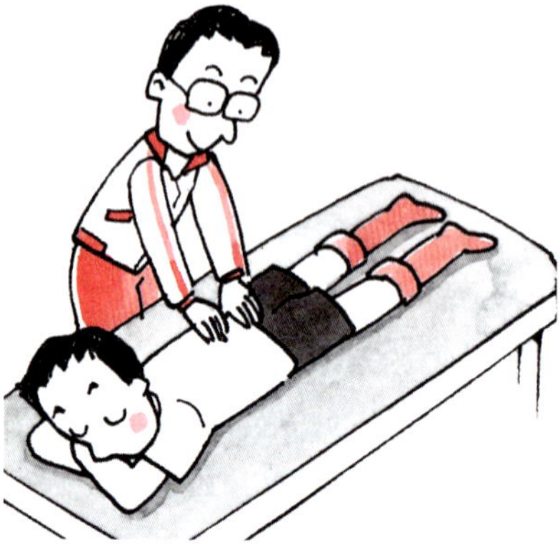

選手のコンディション調整の役割を担うトレーナー

選手の気持ちはプレッシャーで揺れ動いている

選手の肉体はコンピュータやマシンではなく、負傷をすれば心に不安が生まれ、回復を心待ちにするようになる。

とりわけ、プロのスポーツ選手は、熾《し》烈《れつ》な戦いを繰り広げ、観客やチーム関係者の期待も大きい。

このさまざまなプレッシャーを超越して、ベストコンディションを維持していくわけだが、こうしたハイレベルのスポーツ技能の選手たちも、1人の人間である。当然、次のゲームへの期待や希望、負傷の回復への不安、ライバル選手の動向はいうにおよばず、ゲームの勝利や敗北によっても選手の気持ちは揺らぎ、不安定になる。

プロのスポーツ選手は、外から見ている以上に気持ちが揺れ動いているのである。

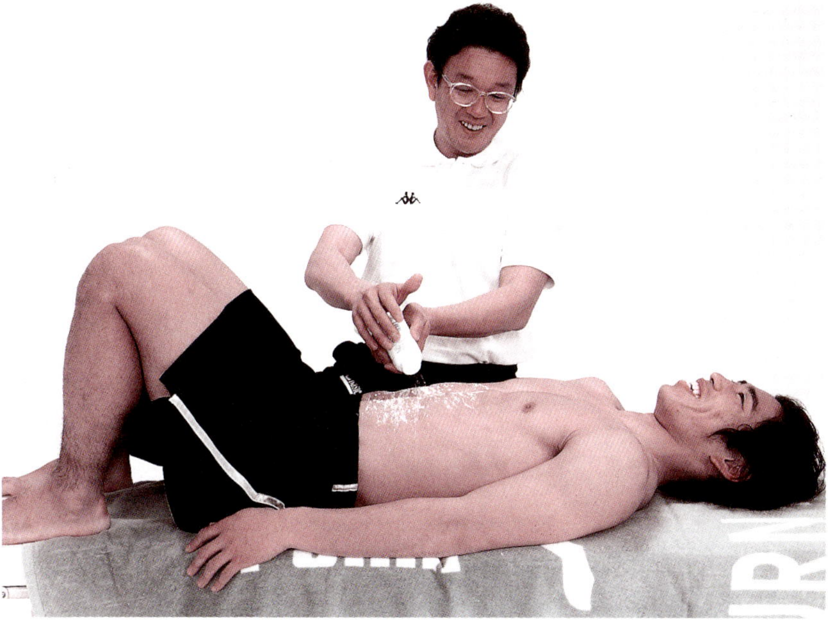

トレーナーは、マッサージやテーピングによって選手のコンディション調整を行うことはもちろん、メンタル面のケアをするという役割も担っている

選手の不安や心の痛みの解消にも一役買う

選手1人1人の性格はもちろん、コンディショニングについての考え方、疲労の回復の度合い、食事や睡眠を含めた生活習慣は、個々の選手によって違う。

トレーナーは、その違いを頭に入れ、体を通して、選手が発信しているさまざまな情報を、きちっとキャッチしなければならない。

マッサージを受け、リラックスした状態で不安や動揺、相談ごとを口にする選手もいるが、黙っていてもトレーナーが察知して、彼らの気持ちを理解した言葉をかけることも必要である。

つまり、トレーナーは、スポーツをするうえでの選手の父親や母親、友人、先輩の役割も担っているのである。マッサージやテーピングの技術以上に、選手のメンタルな部分、つまり“心のしこり”を揉みほぐすことは、トレーナーの重要な仕事なのである。

Structure of Muscles And Frame Moves One's Body

人の体を動かす骨格と筋肉のしくみ

人間の体は、多くの筋肉が組み合わさることによって自由に動く。といっても、健康な状態ではそれがあたり前になっていて、いちいちどこの筋肉が働いているかを意識することはまったくない。ところが、ある部位に傷害を起こすことで、そのことを意識する。

たとえば、足首を強くひねってしまうと少し力を入れただけでも痛みを伴うが、こうなって初めて人の動きに筋肉が密接に関係していることを感じるわけだ。

人の骨格・靭帯・筋肉はじつに精巧にできている

体は骨格に支えられ、それらが靭帯でつながり、首、腕、足などの部位はそれぞれを担当する筋肉によって自由に動く（右ページの筋肉図を参照）。

いかに精巧なロボットでも、人間の動きのように滑らかで自然な動きはできない。骨格と筋肉を見れば、人の肉体がいかに精巧でうまく組み合わさっているかがわかるはずだ。

多くの筋肉が組み合わさって体は自由自在に動く

腕や手、足、ふくらはぎ、腹筋、背筋という言い方は、日常ふつうに使われる表現だが、ひと口に足の筋肉といっても、大腿《だいたい》部前側だけでも縫工筋《ほうこうきん》、大腿直筋《ちょっきん》、外側広筋《こうきん》、内側広筋などがある。腕の筋肉にも、上《じょう》腕二《わんに》頭筋《とうきん》、尺側手根屈筋《しゃくそくしゅこんくつきん》などの聞き慣れない筋肉があるが、それらが組み合わさって、足や腕は微妙で精巧な動きをするのである。

また、尻の筋肉のように大きくなると、表面にある大臀筋《だいでんきん》だけでなく、その内側には中臀筋、小臀筋などが幾重にも重なっている。

マッサージやテーピングは、運動で疲労したこれらの筋肉をほぐし、筋肉や関

人の前側・背側のおもな筋肉

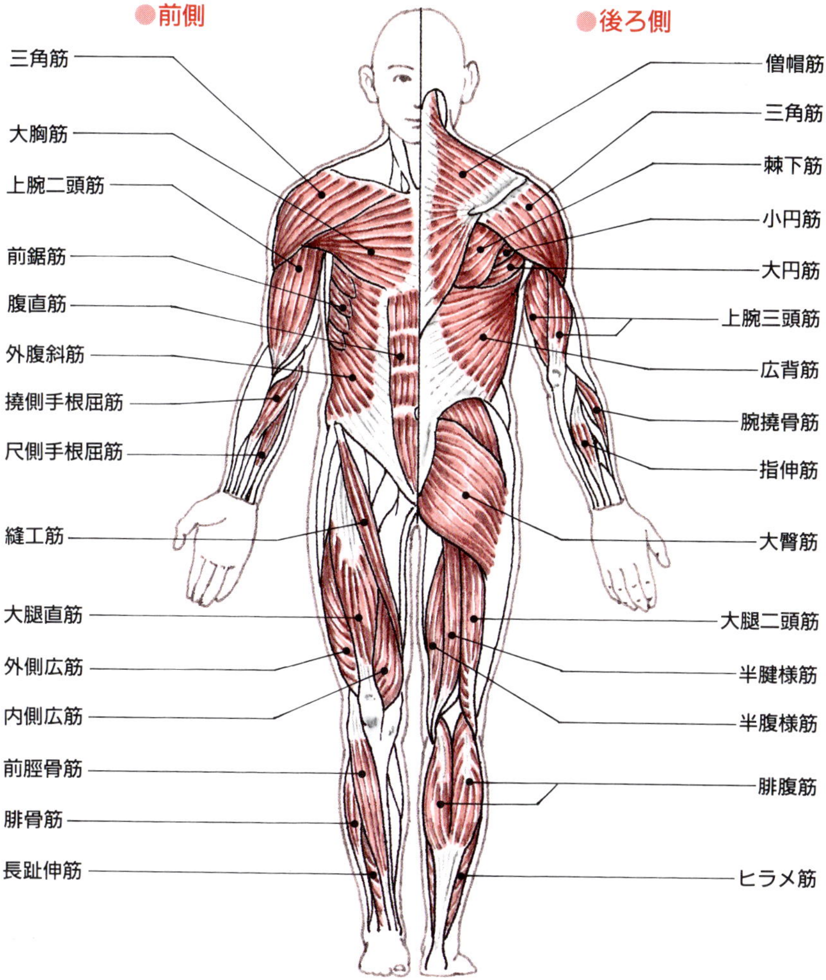

節の動きを制限して固定する技術である。一般の人は、一度にすべての筋肉の名前を覚え、働きを理解するのは無理である。ここでは、体がこれほど多くの筋肉の働きによって自由自在に動いていることを理解してほしい。

Why Is Man Tired After Exercise

運動をすると人はなぜ疲れるのか

活力にあふれた中学生や高校生の伸び盛りの世代でも、2時間、3時間と連続してトレーニングをすると体がどうにもいうことをきかなくなる。30歳を過ぎれば、この傾向はいっそう強くなる。

ハードな運動をすると、体にどんな変化が起こるのだろうか。

「ATP」という物質を使って筋肉を動かす

筋肉を動かすにはATP（アデノシン三リン酸）という物質が必要であり、これを使い切ると運動が続けられなくなる。これは、自分でスポーツをやってみると実感できる感覚だ。

サッカーでいえば、1試合に300回はあるとされる1対1の場面では瞬時の動きが求められ、シュートの瞬間やディフェンスを抜こうとするとき、全身の筋肉は緊張状態になる。その際、大腿筋《だいたいきん》や内《ない》転筋《てんきん》、腹筋、背筋などの筋肉内では、ATPを消耗しながら筋繊維を収縮させている。

また、サイドバックが40～50メートル全力疾走で攻め上がる場面でも、選手はATPをエネルギー源にしている。

ATPは筋肉内に少ししか蓄積されていないので、使い切るとPC（クレアチンリン酸）という物質からATPを作り出して筋肉を動かせるメカニズムになっている。

有酸素運動と

呼吸を意識しない瞬発力が要求される運動

018

疲労物質の乳酸がたまると筋肉は動かなくなる

運動を続けてATPやPCを使い切ると、今度は筋肉に貯蔵されているグリコーゲンからATPを作り出し、エネルギーを補う。筋肉を連続して動かせるのは、体の中の物質が次々に登場してエネルギー源となるからである。

だが、それにも限界がある。たとえば、陸上競技の400メートル競争では、連続した全力疾走によって、疲労物質の乳酸が生まれ、これが一定以上たまるとどうにも筋肉が動かなくなってしまう。

短距離走のように、呼吸を意識しない瞬発力が要求される運動を一般的に「無酸素運動」という。無酸素運動は酸素がすぐに消費されるため、長時間続けることができない。

その一方で、マラソンのように2時間以上も走り続けるスポーツもある。これは、運動をしながら酸素を摂取し、ある程度筋肉に酸素が供給され続けられるからだが、これを「有酸素運動」という。ただ、運動が一定のレベルを超えると、酸素の消費に対して供給が追いつかなくなり、筋肉に乳酸が蓄積され始める。サッカーやラグビーで、前半よりも後半になると選手の動きが鈍くなるのは、選手の体内に疲労物質の乳酸が蓄積されるからである。

同じ運動をしても疲労物質である乳酸が生まれる度合いには個人差がある。また、1分間に体内に取り入れることのできる最大の酸素量（最大酸素摂取量）の値が高い人ほど、持久力が優れているのが一般的である。

使う筋肉、運動の質や量によって疲労度は異なる

ひと口に「スポーツ疲労」といっても、サッカーと水泳では使う筋肉が異なるし、また同じ陸上競技でも、100メートルとマラソンの選手では筋肉の疲れの具合いが違う。

それは、使う筋肉によって疲労の質や強さが異なり、また運動の強度や時間の長さによってエネルギーの供給源が違うからである。

無酸素運動

運動をしながら酸素を摂取し、筋肉に酸素を供給しながら行う運動

Nutrition Removes Your Fatigue

栄養補給をして疲労を回復させる

トレーニングをすると筋肉を動かすために酸素が消費され、疲労物質である乳酸がたまる。これは、体内で化学変化が起きていることを表す。ミクロレベルで見ると、ハードトレーニングをした筋肉の内部では、筋繊維が破壊されて微量の出血をしている。つまり、ごく細かい筋繊維が切れているのである。

また、汗をかくことでナトリウムなどの電解質が消費され、血液中のバランスも崩れる。

したがって、トレーニングをしたあとは、栄養や水分を補い、休養をとらなければならない。体を休ませることによって、破壊された小さな筋繊維が修復され、トレーニング前よりも強い筋肉になるのである。

試合後やトレーニング後は、栄養や水分を補給し、十分な休養をとる

トレーニングをした30分以内に栄養補給を

たとえば、野球のピッチャーの場合、140キロのスピードボールを1球投げるごとに、肩の筋繊維がほぼ5本ずつ切れるといわれている。1試合で80球のスピードボールを投げると、400の細かい筋繊維が切れることになる。

しかし、投球の2時間後から回復が始まり、切れる前よりほぼ20％増の割合で回復する。といっても、そのように回復させるには、トレーニングの2時間以内

栄養補給と疲労回復との関係

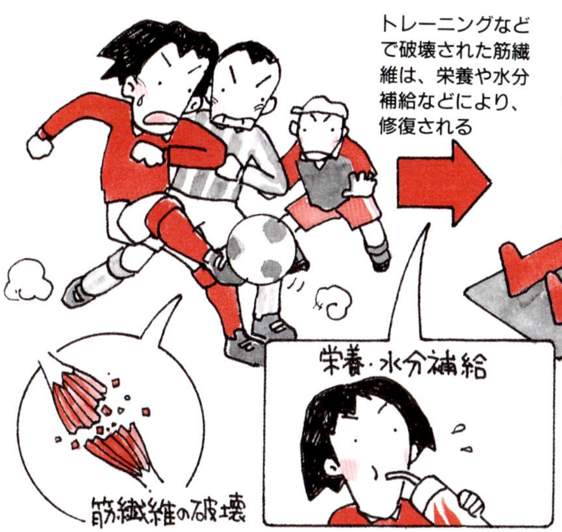

に、十分な糖質、たんぱく質などが体のすみずみまで行き渡っていなければならない。栄養と自然治癒力によって、練習の成果をあげることができるのである。

したがって、消化吸収の時間を考慮して、トレーニング後30分以内に、せめて牛乳１本やヨーグルトといっしょに、100%オレンジジュースを飲むようにすることが望ましい。

体内の大切な赤血球が消耗していく

このタイミングで栄養素が補給されない場合は、体内に蓄えられている赤血球を消耗していくことになる。トレーニング後のこうした不注意によって、体内の大切な赤血球が失われてしまう。日ごろ、バランスのよい食事でたんぱく質や鉄分などを摂取しても、台なしである。

このように、トレーニングやゲームのあとには、十分な栄養補給と休養が欠かせない。

私たちスポーツマッサージを仕事にするトレーナーは、栄養学、生理学、スポーツ心理学を学び、体力や筋力の維持、強化に努めることはもちろん、ストレッチ、クールダウン、水分補給などの指導は、当然行わなければならないことである。

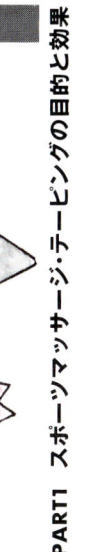

Purpose And Effects Of Massage

スポーツマッサージの目的と効果

皮膚には、外からの刺激や変化に適応する「皮膚感覚」というセンサーがある。痛みや熱さ、寒さを感じる受容器であり、ここから脳に伝わって、自分で意識しなくても血管やリンパ管、汗腺などが刺激に反応する。

直接的・間接的に刺激して人体の機能を高める

トレーナーが軽く触れるだけでも、皮膚感覚というセンサーが働き、こうした反応が起こり、体の各機能を高めることができる。次に、強い刺激を加えることにより、筋肉や筋膜、腱はもちろん、血管やリンパ管の圧力を変化させることができる。

したがって、マッサージは、直接筋肉などを刺激する方法と、皮膚感覚を刺激することで反射神経などを間接的に刺激するという2つの方法で、人体の機能を促進、活発化させることができる。

スポーツマッサージは目的によって3種類に分けられる

スポーツマッサージは、選手のレベルによってさまざまな目的があるが、おもに次の3つに分けられる。

①トレーニング能力アップマッサージ

選手の基本運動能力を高める目的で行うマッサージで、選手のトレーニング計画の中に組み込まれる。

②準備マッサージ

トレーニングの直前に行うマッサージで、筋肉のウオーミングアップ、ほぐすことが目的。中枢神経の働きを促進する。

③回復マッサージ

トレーニングのあとで行う、体の組織の機能を回復させることを目的としたマッサージ。マッサージというと、通常この回復マッサージを思い浮かべると思うが、アスリートのレベルが高くなるにつれて、①や②の比重が高くなる。

疲労のたまる部位へのマッサージ

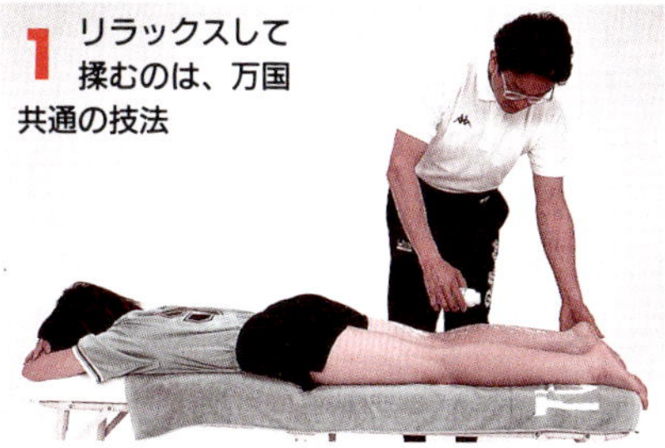

1 リラックスして揉むのは、万国共通の技法

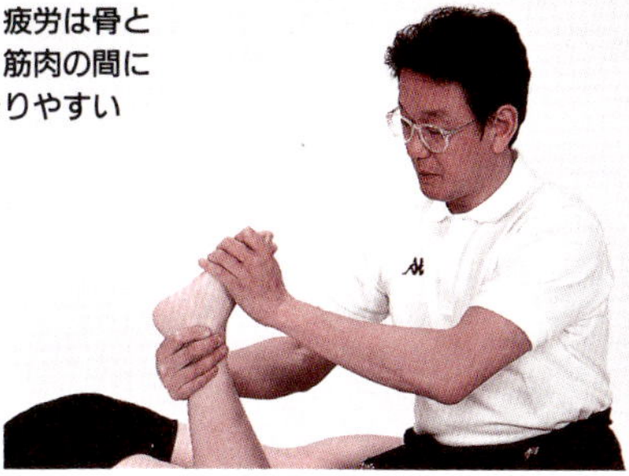

2 疲労は骨と筋肉の間にたまりやすい

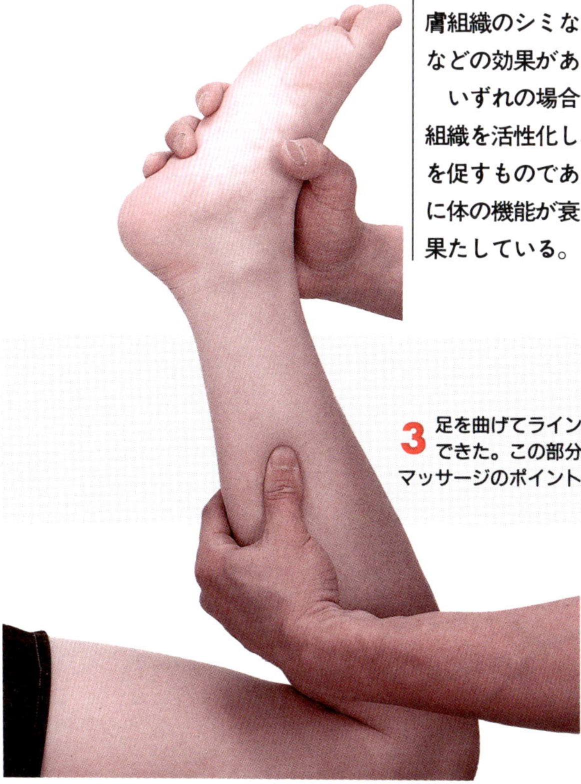

3 足を曲げてラインができた。この部分がマッサージのポイント

疲労回復や美容に効果的なマッサージ

また、マッサージ一般でみると、さらに医療・衛生・美容マッサージに分けられる。

④医療マッサージ

故障や痛みを生じた場合に、それらの機能を回復させる目的で行うマッサージ。筋肉や骨、皮下組織などの新陳代謝を活発にする。

⑤衛生マッサージ

一般の人の健康増進や疲労回復などが目的。軽度の運動、ウオーキング、体操などの一部として取り入れる。

⑥美容マッサージ

顔や首などの皮膚を血行をよくし、皮膚組織のシミなどを取ったり、薄くするなどの効果がある。

いずれの場合でも、マッサージは体の組織を活性化し、中枢神経の正常な働きを促すものである。さらに、年齢とともに体の機能が衰えるのを防止する役割を果たしている。

Parts And Effects Of Taping

テーピングの役割と効果

スピーディな動きとともに激しく肉体がぶつかり合うスポーツでは、負傷を100％避けることは不可能である。肉体の接触がなくても、不測のトラブルや過労などが原因での損傷はスポーツにはつきものだ。

テーピングは、負傷の予防や再発防止のために欠かすことができないものである。

日本に持ち込まれたのは1930年代

早くからスポーツが盛んなアメリカでは、1880年代からスポーツ選手がテーピングを利用していた。当然、その技術も進んでいる。

日本にテーピングが持ち込まれたのはそれから約50年後の1930年代。メジャーリーグの野球選手が来日した際にテーピングをしていたのが最初である。

また、サッカーでは、1964年のオリンピック東京大会、４年後のメキシコ大会の日本チームを指導した、ドイツ人コーチのデッドマール・クラマーが持ち込んだといわれている。

ここ十数年、日本でもようやくテーピングが普及し、定着してきた。

テーピングはあくまでもやむを得ないときの補助的な処置

テーピングは、筋肉や関節の動きを制限することで、ケガを予防したり、再発を防止するのが基本的役割だ。

だからといって、テーピングを“魔法の杖”のように勘違いしてはならない。負傷して休養すべきなのに、大事な試合だから欠場できない…。そのようなときに、テーピングをしてプレーすることはできるものの、テーピングはあくまでもやむを得ない場合の補助的な処置方法である。

「少々のケガなら、テーピングをしてプレーできる」ということはけっしてな

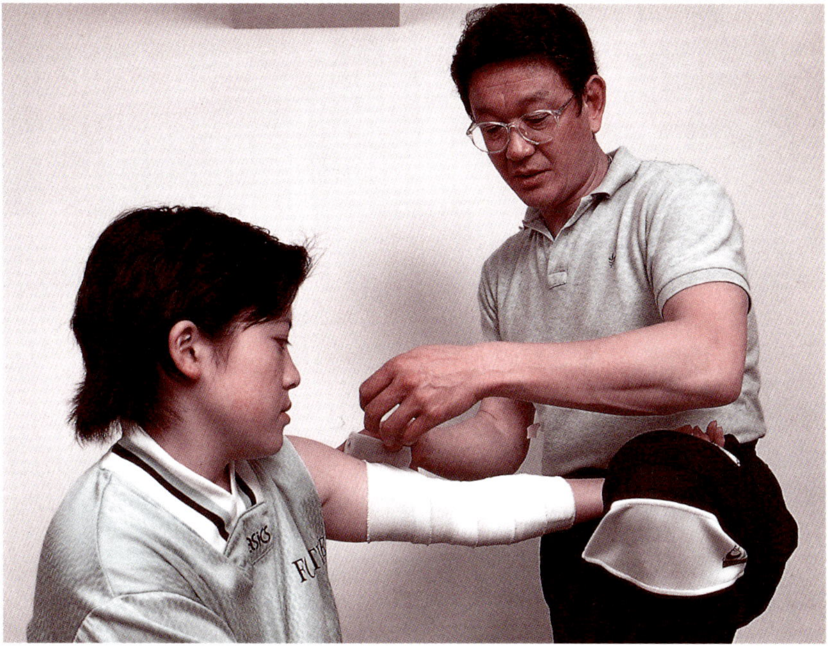

筋肉や関節の動きを制限し、ケガの悪化を防止するのがテーピングの役割。
だが、テーピングは万能ではない。負傷の程度を正しく診断することが重要

い。これは間違った考え方だ。

応々にして、スポーツ選手は試合に出たいがために無理をしたり、プレー中にケガをしてもテーピングをしただけですぐに復帰してしまう。

しかし、骨折の疑いがあったり、靭帯を傷めてしまった部位にテーピングをして無理に動かすと、ケガをさらに悪化させることも少なくない。

こうして、ケガを悪化させてから、私のところにやってくるスポーツ選手があとを絶たないのが実状である。

専門家の指示に従うことが大切

テーピングに際して、もっとも重要なことは、負傷の程度の判断である。つまり、完全にプレーをやめて休養しなければならないのか、テーピングをして短時間ならプレーが可能なのかなどの判断である。

こういう判断は、専門家である医師やトレーナーに任せ、その指示に従うことである。そうしないと、2週間でプレー

できる負傷を、3か月、4か月と延ばしてしまうケースもあり、極端な場合は一生スポーツができなくなることすらある。

また、専門家がいないスポーツクラブや学校の部活では、マネージャーや選手相互でテーピングをするケースもある。その際には、できればテープを巻く部位の解剖学的知識、ケガの状態など、テープを巻くうえでの必要な知識を習得してテーピングすべきである。

テーピングには限界がある

強調しすぎることはないと思うのは、テーピングはあくまでトレーニングをする際の補助的手段であるという点だ。

テーピングをする目的はケガの予防だったり、衰えている筋肉の補助だったりするわけだが、実際に「テーピングをし

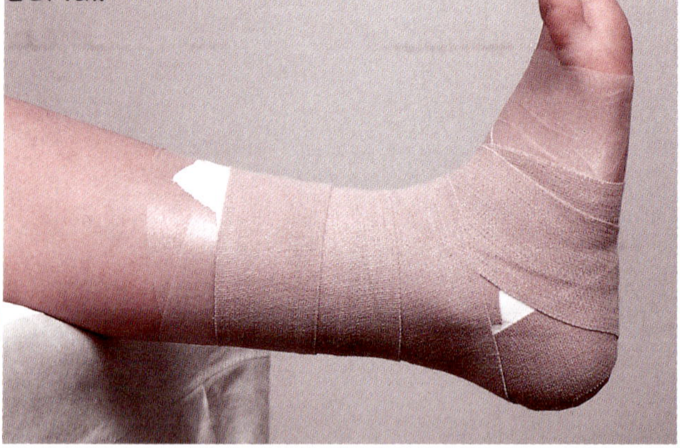

足首のテーピング
アンダーラップ、アンカー、各種サポートの順にテープを巻き、完成

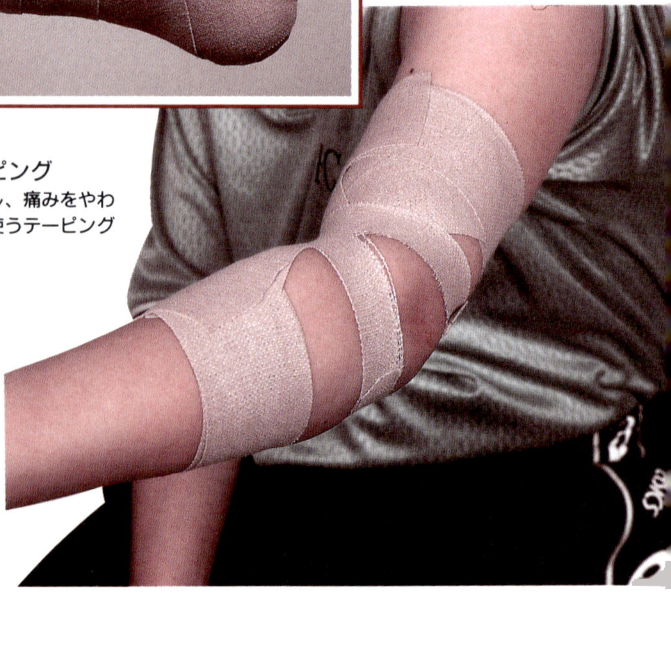

ひじのテーピング
可動域を制限し、痛みをやわらげる目的で使うテーピング

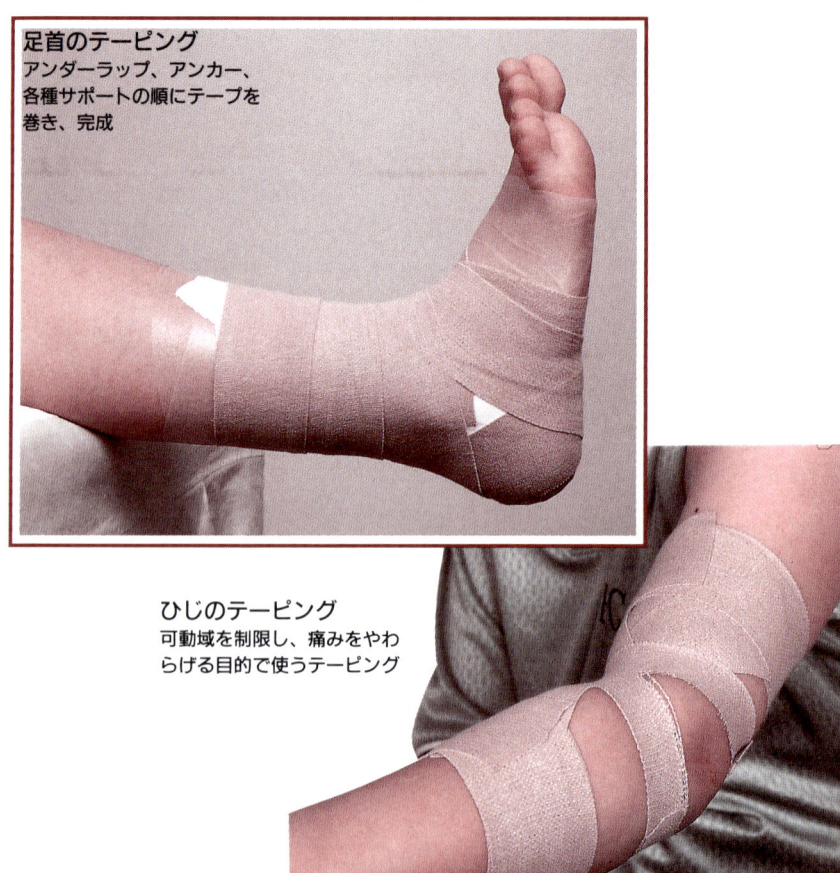

ているから大丈夫だ」と考えてトレーニングをしていると、そのうちに筋肉が収縮してテープは20%ほどゆるくなり、効果が落ちてしまう。このことを忘れてはならない。

さらに大事なことは、繰り返すが、テーピングをしてプレーしていいのか、手当てをして完全休養したほうがいいのかの判断である。

靭帯損傷の場合、痛みはさほどではないし、極端な場合はアキレス腱が切れても歩けるケースもある。このようなとき、「歩けるからたいしたケガではない」と思い込んではいけない。

靭帯はいわば骨と骨を結ぶひもであり、これが伸びてしまうと、固定されていた骨がグラグラしてしまう。十分に回復していないのに、負傷した部分をさらに悪化させてしまうと、取り返しのつかないハンディを負うことになる。

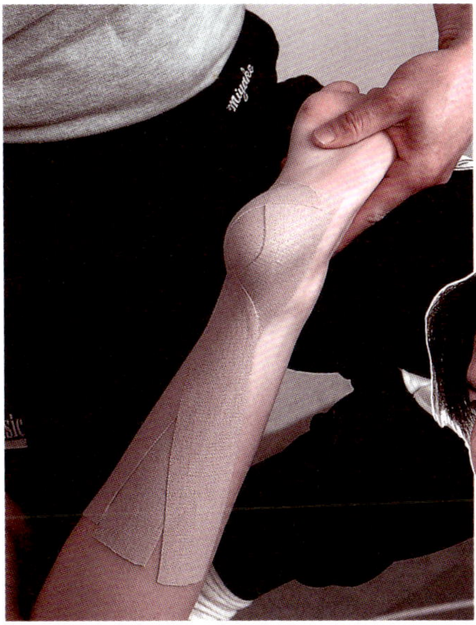

アキレス腱のテーピング
アキレス腱を伸ばして固定するか否かがポイント

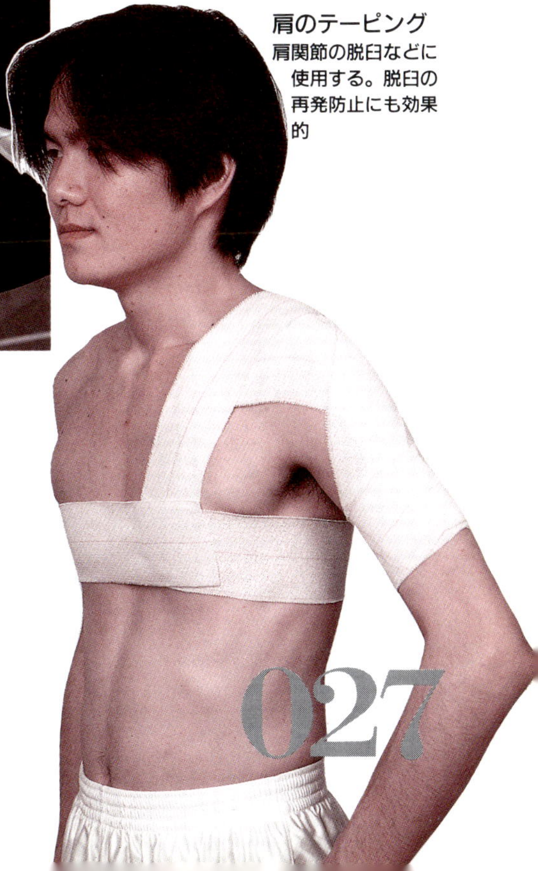

肩のテーピング
肩関節の脱臼などに使用する。脱臼の再発防止にも効果的

At The Time When You Are Wounded By Exercises

スポーツ傷害を起こしたときは

スポーツ選手の動きはスピードがあるだけに、衝突したり無理な動きをすると、予測を越えた重大な損傷を招くことがある。

ひざの前側の十字靭帯を断裂したり、足の骨を複雑骨折した場合などは、プレーに復帰するまでに6か月、あるいは1年近く要することも珍しくない。

応急処置をして専門家の診断を受ける

近くに専門家がいない場合は、とりあえずの応急処置だけして、病院に運ぶなどして、なるべく早く専門家の診断を受ける必要がある。その後の治療は、医師やトレーナ

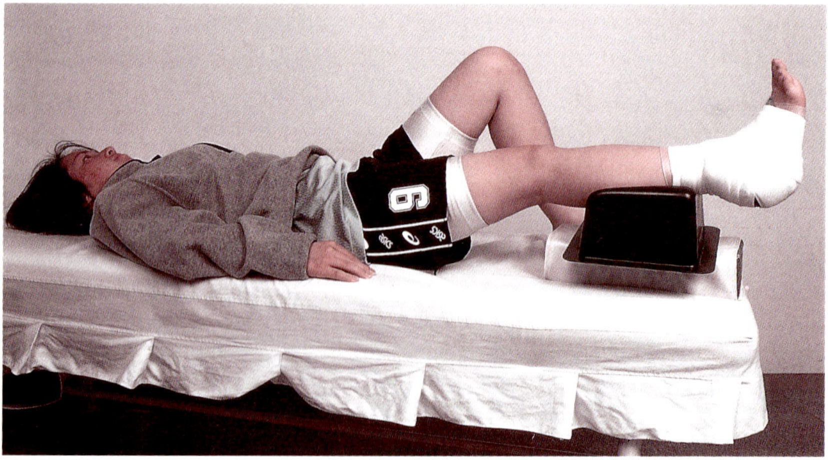

負傷してしまったら専門家の治療を受けること。その後、医師やトレーナーの指示に従って治療・トレーニングをし、復帰する。焦りは禁物だ

一の指示に従うことで、早期の復帰が可能になる。負傷してはじめて、健康体のありがたさを実感することだろう。

負傷してしまうと、今までプレーしていただけに退屈だし、仲間が元気で動き回っている姿を見ているだけで、体がウズウズしてくる。そこで焦っては、かえって復帰が遅くなる。

まず、ケガを治すこと。このことが重要なのである。

「RICE処置」の方法

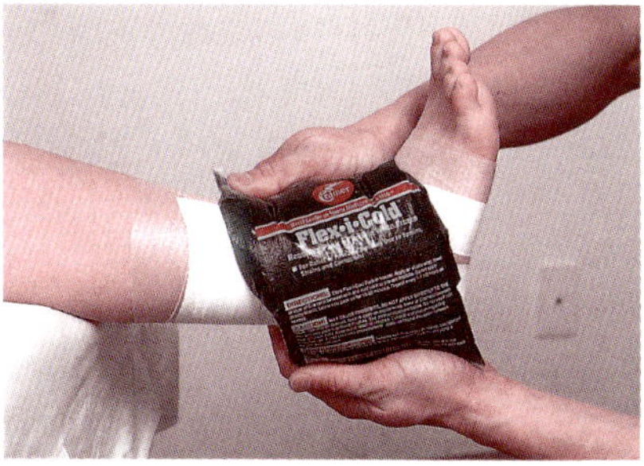

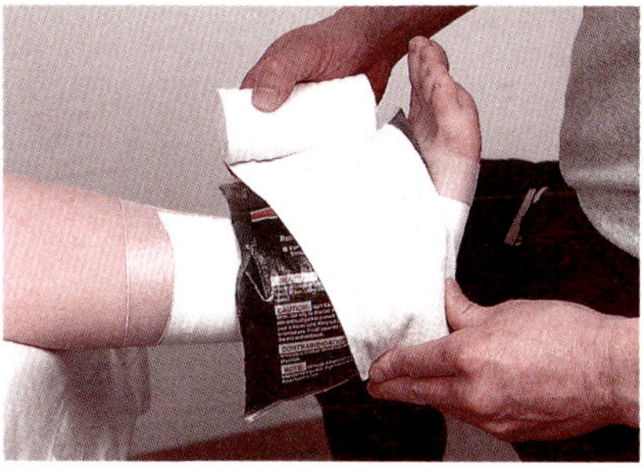

患部を冷やし、包帯などで固定する

傷害を起こしたときは「RICE処置」を行う

不幸にして打撲、ねんざ、肉離れなどのスポーツ傷害を起こしてしまったときは、「RICE処置」を行うことが大切である（180ページ参照）。

それぞれの英語の頭文字を組み合わせたのが「RICE」である。

「R」→REST（まず安静を第一に）
「I」→ICE（氷で冷やす）
「C」→COMPRESSION（圧迫）
「E」→ELEVATION（高く上げる）

さらに傷害が重い場合は、これにSが加わる。

「S」→SUPPORT（支持、固定）

ケガをしてしまったら、まず安静にして冷やすこと。出血している場合は、それよりも心臓に近い部分を圧迫して、出血を止めることが負傷の拡大を防ぐことにつながる。

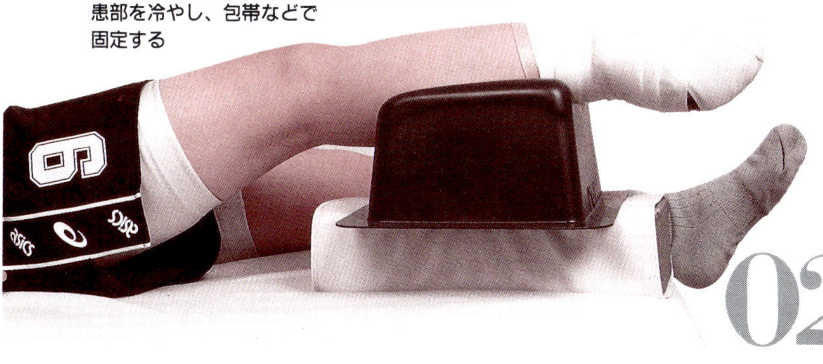

患部を高くし、安静を保つ

コラム マッサージで使用する手と指の名称を覚えよう

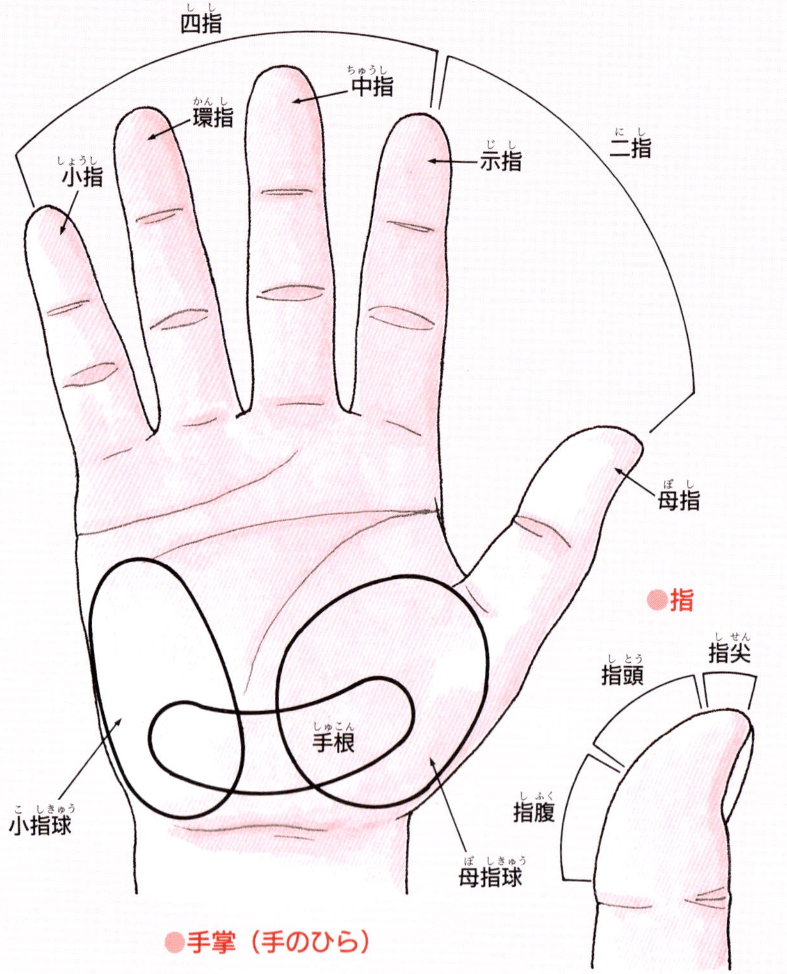

PART 2

THE TECHNIQUE OF SPORTS MASSAGE

スポーツマッサージの技術

The Importance For Prevent Injury By Exercises

スポーツ傷害を防ぐ マッサージの重要性

マッサージは、各国の伝統によって呼び方は異なるが、手でさすり、揉むことによって痛みをとったり､疲労回復をはかる技法は、どこでも共通である。

日本のマッサージは、明治時代にフランスから導入されたものが基本とされ、それに中国のツボなどの知識も取り入れられている。

スポーツマッサージに限れば、百数十年前ヨーロッパでスポーツが盛んになったころ、それがアメリカに伝わり、研究・発展した。

マッサージは、手でさすったり揉んだりして疲労をとる「万国共通の手当て」

日本のスポーツマッサージは、アメリカの影響を強く受けている。

選手の筋肉疲労を解消するのがマッサージの目的

基本にのっとった正しいマッサージとは、スポーツ選手の筋肉や筋《すじ》、関節などの疲労を解消すること、さらに試合前に神経や筋の興奮度を高めたり、逆に神経が高ぶる選手には冷静になるような処置ができることである。これらは､科学的に分析され、解明されている。

また、トレーニング計画に合わせて定期的にマッサージを施すことで、選手の能力をアップすることも実証されているので、トップレベルの選手にはマッサージは欠かせない。

さらにアマチュア選手も、マッサージ

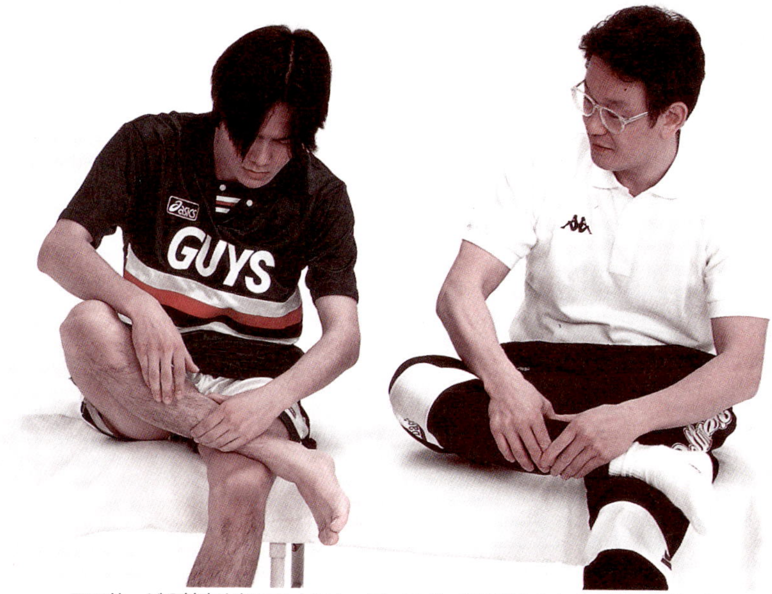

マッサージの基本を知ることによって、スポーツ傷害を少なくすることができ、
選手の技術や体力の向上にも役立つ

の基本を知り、理解することで運動能力を高め、スポーツ傷害を少なくすることができる。

今後さらに重要視されるスポーツマッサージ

マッサージは、スポーツ選手の能力を開花させ、技術や体力の向上に貢献するとともに、負傷を防止する役割も大きい。

つまり、マッサージは、スポーツマンやスポーツウーマンのパフォーマンスを高める技術であり、スポーツに不可欠なバックアップシステムの一角を形成しているのである。

今後日本でも、マッサージの大きな効果・効用がより知られるようになれば、楽しむレベルのスポーツや、高い技術を求めるチャンピオンスポーツの領域でも、注目度・重要性は一段と増すはずである。

スポーツ選手の心と体のコンディション調整の役割を果たすマッサージが、今後ますます重要視されるようになるのは間違いない。

Sportsmassage Soften Muscle Fatigue

筋肉疲労をほぐすスポーツマッサージ

日常的に化粧をしない男性は、自分の皮膚にあまり関心を持たない。

だが、肌寒いときなど、自然に肌をさすることがあるだろう。だれに教わることなく、簡単な軽擦《けいさつ》法をしているのである。

皮膚は表皮、真皮、皮下組織の三層構造

皮膚の厚さは、およそ1～4ミリで、部位や人によって差はあるが、手は0.7ミリほど、足の底は1.3ミリほどである。

どの部分の皮膚も、表皮《ひょうひ》、真皮《しんぴ》、皮下《ひか》組織の三層構造になっている。表皮は外界の刺激に強く、多少つねったりした程度では破れないし、細菌などが進入しない構造になっている。

その下の真皮は、強い結合組織であり、毛細血管やリンパ管などから表皮に栄養分を送り込んでいる。

その下の皮下組織は、柔らかい組織で、

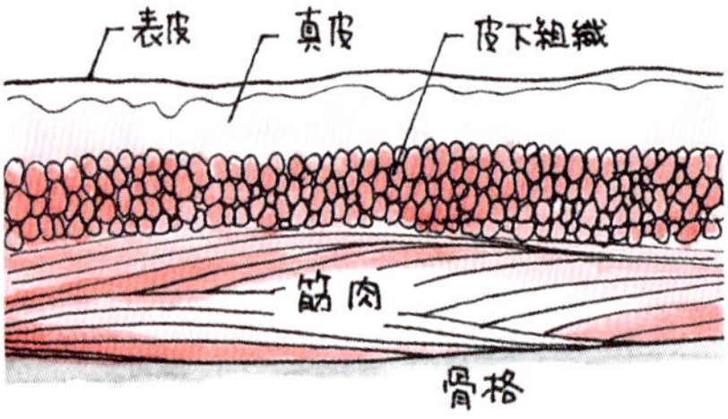

クッションの働きをするとともに、保温の役割も担っている。ここは、脂肪や栄養分の貯蔵ゾーンでもある。

リンパ液の流れが悪くなり筋肉疲労が起こる

栄養や酸素は、血液中を全身に張り巡らされている毛細血管を通して運搬される。

だが、毛細血管はすべての細胞の間に張り巡らされているわけではなく、細い血管が通っていない部分には、血液中の血漿《けっしょう》の一部が細胞の間ににじみ出ることによって、すべての細胞に栄養素が届くのである。

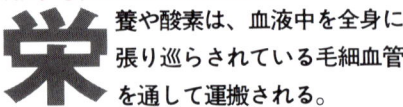

このにじみ出る液を「リンパ液」といい、細胞へ酸素や栄養素を運搬するとともに、エネルギー化されたあとで産出される二酸化炭素や老廃物を受け取るしくみになっている。

激しいトレーニングによって筋肉などを酷使すると、筋繊維が硬くなり、リンパ液の流れが悪くなる。これが筋肉疲労の原因になる。

具体的にいうと、ふだんあまり使わない足の筋肉を使いすぎると、段階の上り下りの際に痛みを感じることがあると思うが、これが筋肉疲労である。

この硬くなった筋肉を解きほぐすのが、マッサージの役割である。ひと言でマッサージといっても、じつにさまざまな技法があり、それらを組み合わせて、選手1人1人のコンディション調整をしなければならない。

私が「指先の目」といっているのは、実際に筋肉に触れ、指先で筋肉の疲労度を知ることがいかに大切であるかを意味している。それほど細心の注意を払うべきである。

コラム "指先の目"で選手のコンディションを察知する

タフなゲームのあとや軽い練習のあとでは、選手の筋肉の疲労度も相当に違う。また、気温30℃以上の炎天下と冬の厳寒期でももちろん差がある。さらに、睡眠時間によっても違ってくる。

こうした外的な条件の違いだけでなく、選手の心理的なファクターによっても選手の肉体に大きな違いが生まれる。

この違いをきちんとつかむのがプロのトレーナーだ。つまり、「指先を10の目」にするのである。

そう、両眼だけでなく、10本の指先にあたかも目があるかのように、選手の皮膚、その下の筋肉の疲労、筋、骨などの状態を敏感に感じ取らなければならない。そのためには、指先を鋭敏にしておく必要がある。そして、気持ちを込めてマッサージを施すことで、その選手の前日、あるいは前の試合のあととの違いを感じることが"トレーナーの生命線"である。

それはちょうど、それぞれの指先に目がついているかのように、皮膚の張りやつや、筋肉の硬さ、弾力、関節の可動域の差を察知しなければならない。

人間の目が、ダークブルーとスカイブルーの違いをはっきりと認識するのと同じように、指先が選手の体の差異をキャッチしてはじめて、"プロのトレーナー"といえよう。

Pose Is Settled By The Parts Of Massage

姿勢はマッサージを受ける部位によって決まる

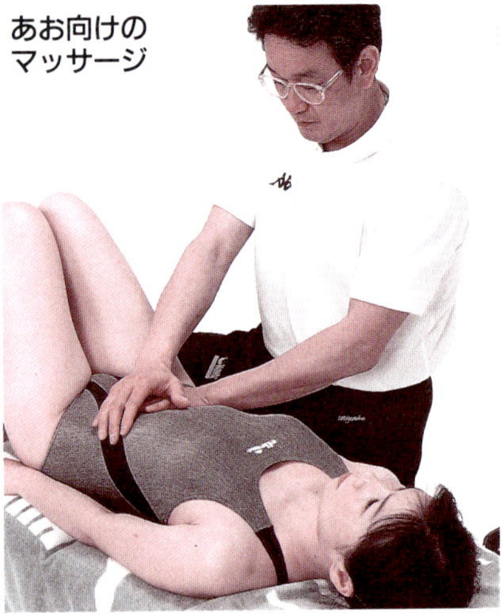

あお向けのマッサージ

マッサージを受ける部位によって、うつ伏せ、あお向け、横向き、座位などの姿勢があるが、ここでは、どの部位がどの姿勢にふさわしいかを、簡単に説明しよう。

●うつ伏せで行うマッサージ

体の後部、つまり下から順番にかかと、アキレス腱、ふくらはぎ、ひざの裏、大腿《だいたい》後部、臀部《でんぶ》、背中、肩の裏側などのマッサージは、うつ伏せで行う。

立ったり、走ったりするときは、上記の筋肉を重点的に使っているので、当然これらの部分に疲労が蓄積する。

また、内臓の働きをコントロールする神経は脊髄《せきずい》の周辺にあり、この部分がこって働きが鈍ると胃や肝臓などの働きが弱まり、疲労回復が遅れてしまう。

うつ伏せでマッサージを受ける部位は、筋肉だけでなく、内臓にも大きな影響をおよぼすので、うつ伏せのマッサージはもっとも基本的な姿勢といえる。

●あお向けで行うマッサージ

あお向けでひざを立てると下腿《かたい》後部や腹部の筋肉がゆるむ。この状態で下腿後部からひざをマッサージする。

有名な「足の三里《さんり》」のツボは、ひざ下の外側、すねの前面の下腿前部にある。

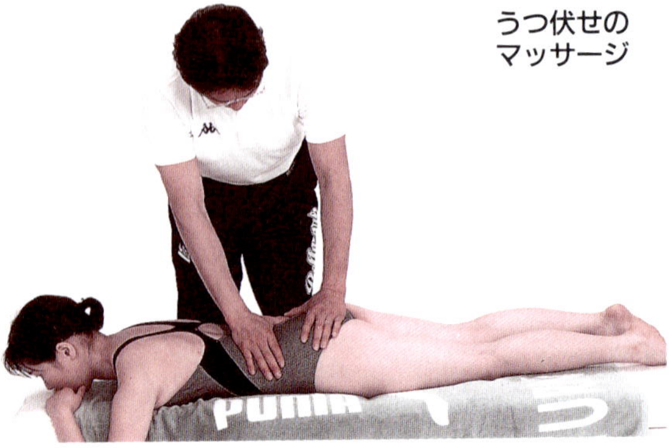

うつ伏せのマッサージ

この部位などは、あお向けで行うマッサージの代表である。

そして、体の中でもっとも大きく、強い筋肉の大腿四頭筋《しとうきん》、スポーツ選手が酷使する大内転筋《だいないてんきん》のある大腿部も重要だ。

走る、ターンする、蹴るという動作は大内転筋を働かせなければならないので、大内転筋の深部の疲労を回復させるには、この周辺の筋肉、腱などを丹念にマッサージする必要がある。

また、股関節や腰、ハムストリングスのストレッチなども、あお向けの姿勢でなければできない。さらに、腕（特に上腕三頭筋）や腹部および周辺、首や肩もあお向けの姿勢で行う。

●横向きで行うマッサージ

マッサージの大半はうつ伏せとあお向けの姿勢で行うが、横向きに寝てマッサージをするケースもある。

右の腰を強打した、肋骨《ろっこつ》を傷めてしまったというときには、あお向けやうつ伏せでは痛みがある。あるいは、ぎっくり腰で、左右同じように重量がかかってしまい傷めた腰に負担がかかるケースでは、横向きの姿勢でマッサージする。

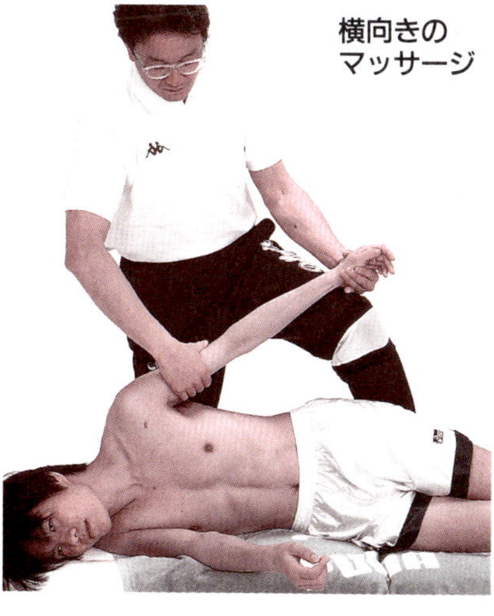

横向きのマッサージ

また、肩関節や上腕のマッサージなどもこの姿勢がよい。だが、横向きの姿勢は不安定なので、枕をして上側になるひざを曲げて、体を安定させる必要がある。

負傷した部位によっては、小さなマットなどを利用して、体全体やマッサージする部位が揺れないように安定させることが大切だ。

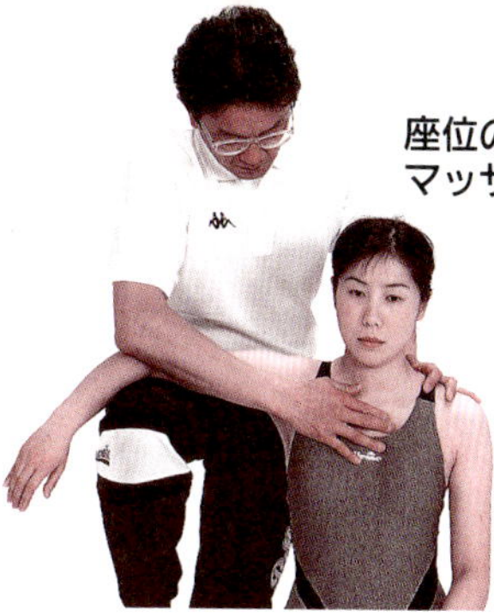

座位のマッサージ

●座って行う(座位)マッサージ

手首、ひじ、腕、肩、首などの上半身や、肩の裏から背中にかけてなど、限定した部位をマッサージするときに用いる。

また、野球の投手や、テニスやバトミントン、卓球などのように、一方の腕だけを酷使するスポーツ選手の場合、試合中でも座位の姿勢で短時間で簡単なマッサージを施すケースもある。

試合中などマッサージを行える台がない場合は、トレーナーがマッサージをする腕や肩の前後に立ち、自分の足をいすに乗せてひざを台にして安定させ、マッサージを行う。

うつ伏せで行う足後部の

START

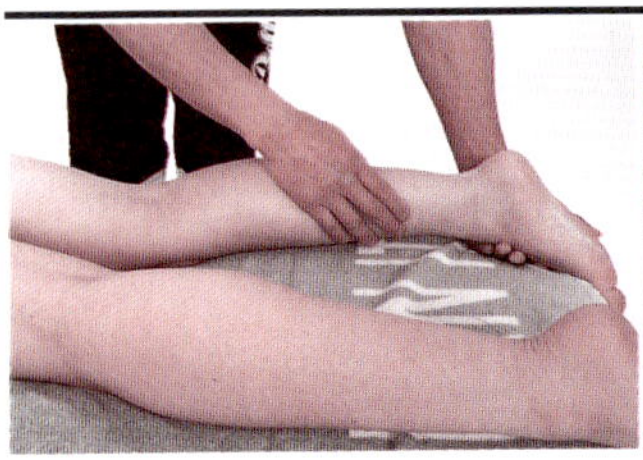

①足の後部全体を軽擦 →

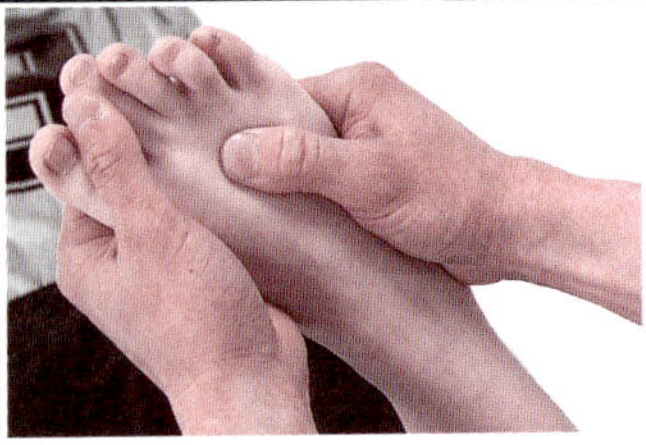

②足指周辺を揉捏 →

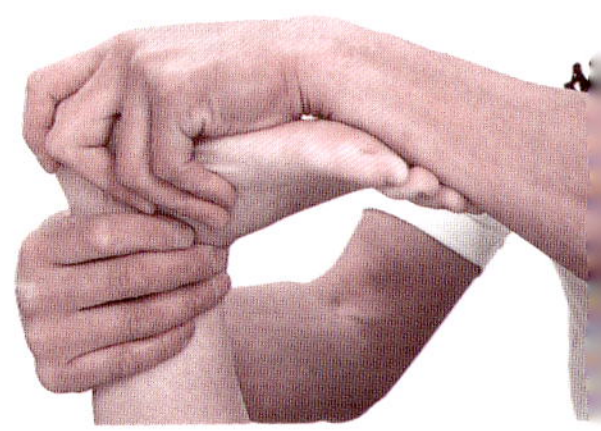

③足首を伸展 —

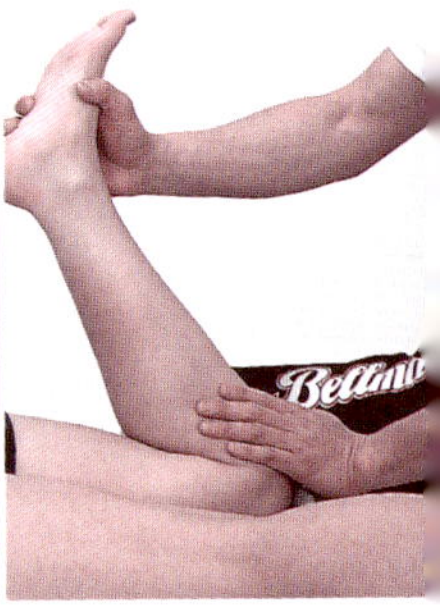

← ⑪ふくらはぎを軽擦

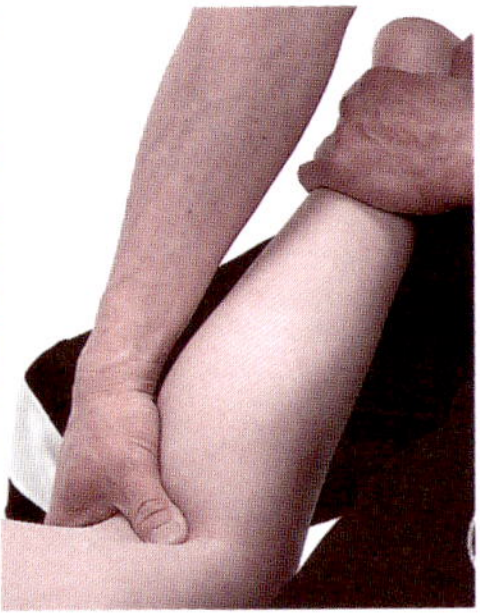

← ⑫ひざ裏を強擦

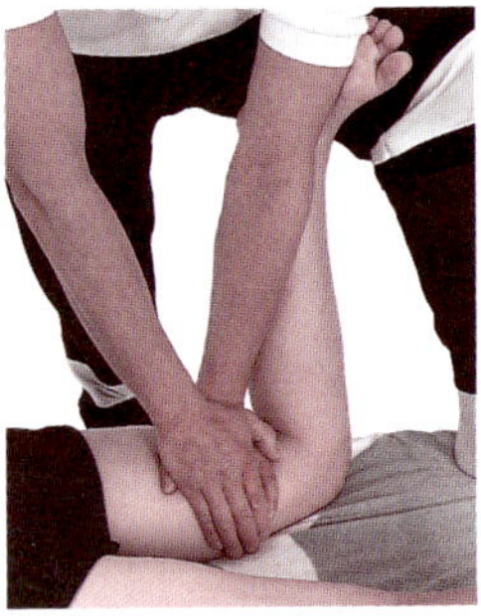

← ⑬大腿後部を揉捏

⑭足の後部全体を軽擦して終了（①と同じマッサージ）

END

あお向けで行う足前部の

START

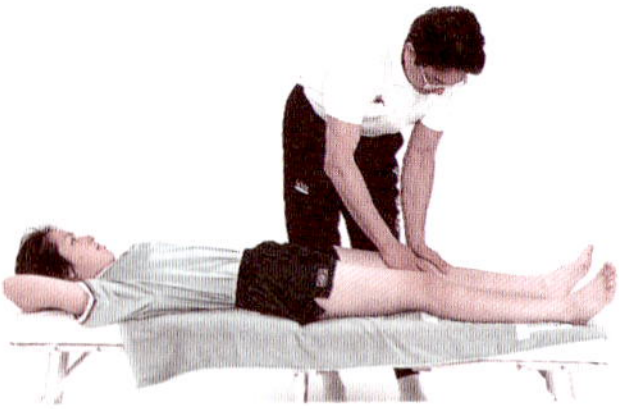

①足の前部全体を軽擦 →

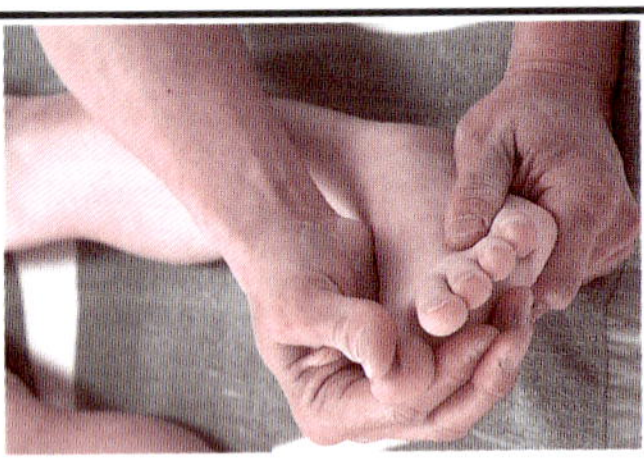

②足指周辺を揉捏 →

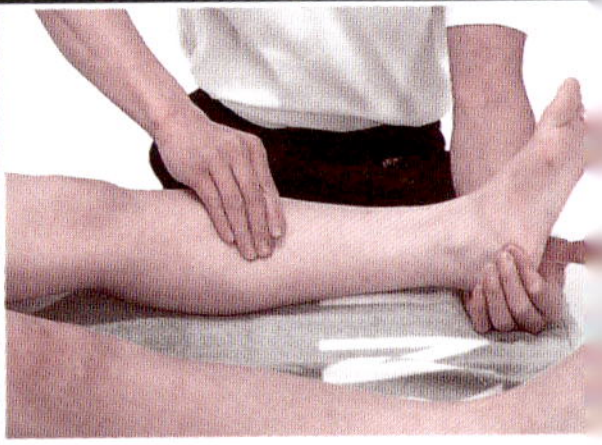

③すね周辺を揉捏 —

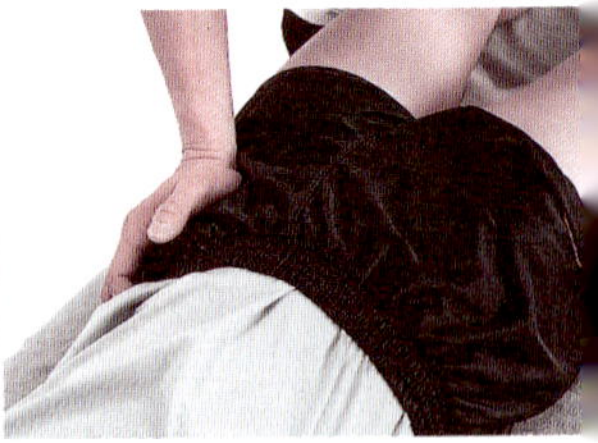

← ⑨腸骨下部外側を圧迫揉捏

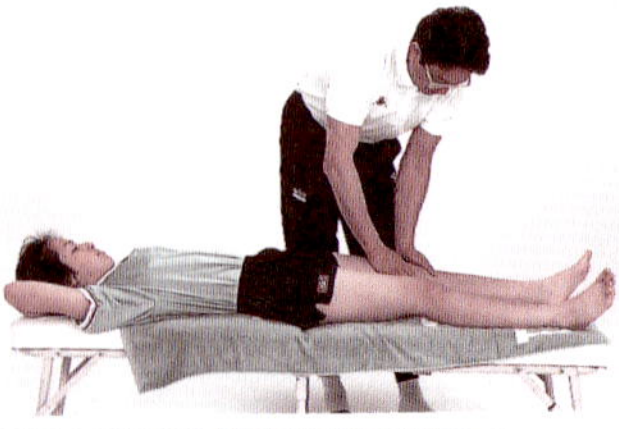

← ⑩足の前部全体の軽擦で終了

END

マッサージの流れ

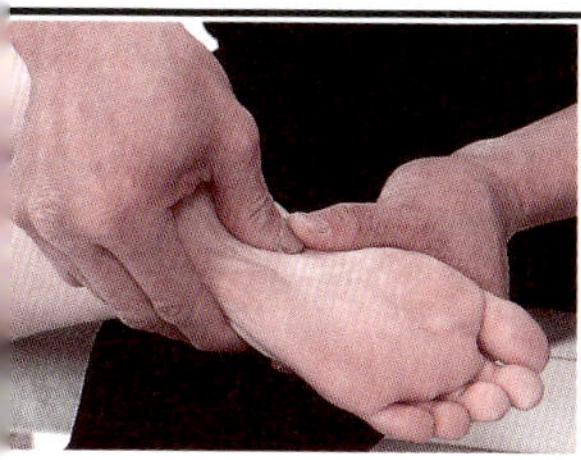

足裏を圧迫 →

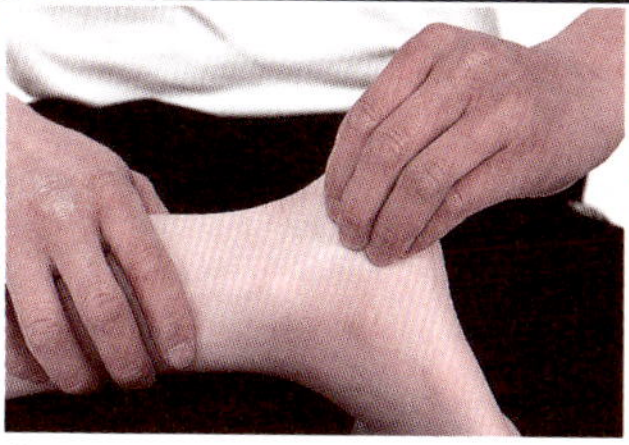

⑤かかとを揉捏 →

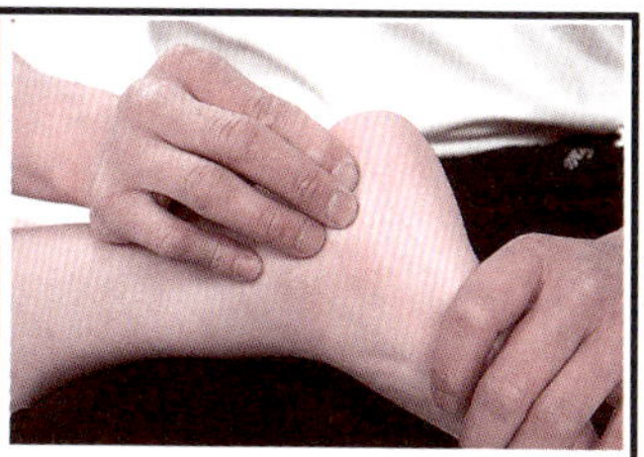

⑥アキレス腱を揉捏 →

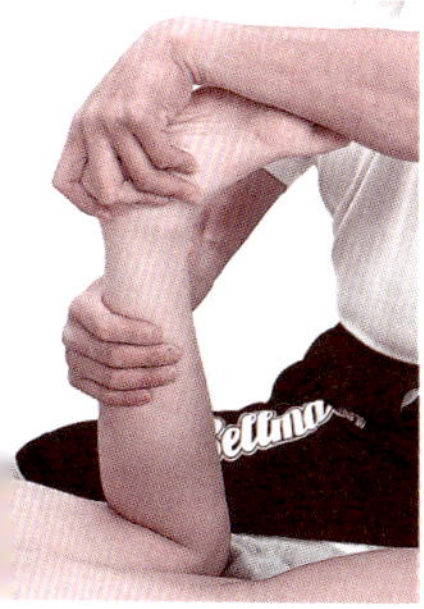

ふくらはぎを揉捏 ←

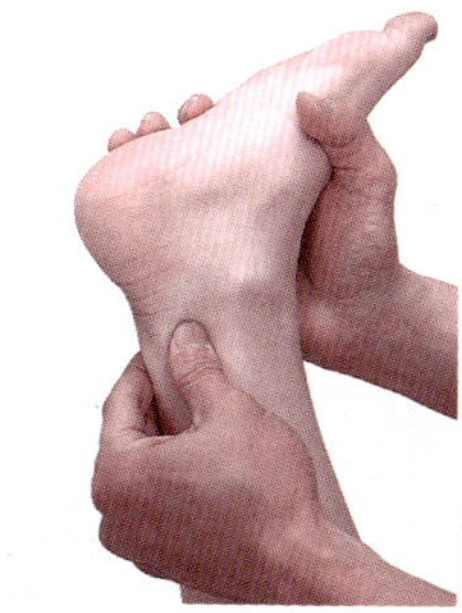

⑨アキレス腱を揉捏 ←

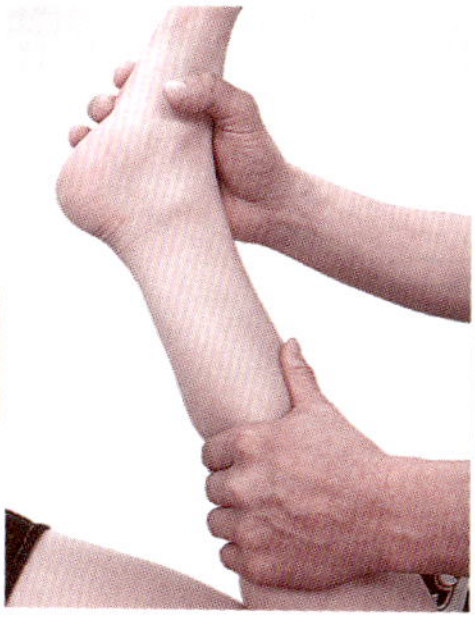

⑧ふくらはぎを揉捏 ←

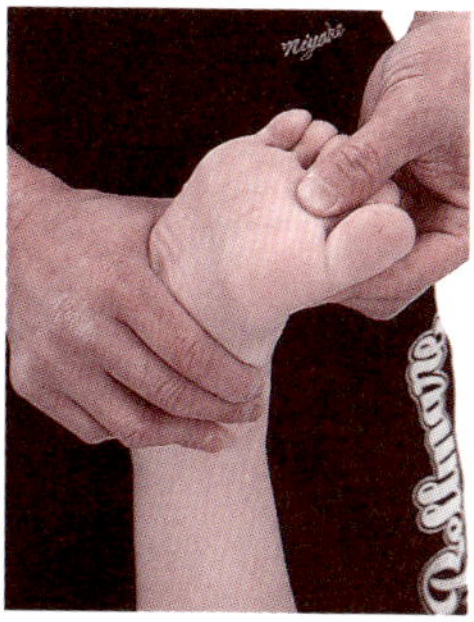

⑦足裏を揉捏 ←

マッサージの流れ

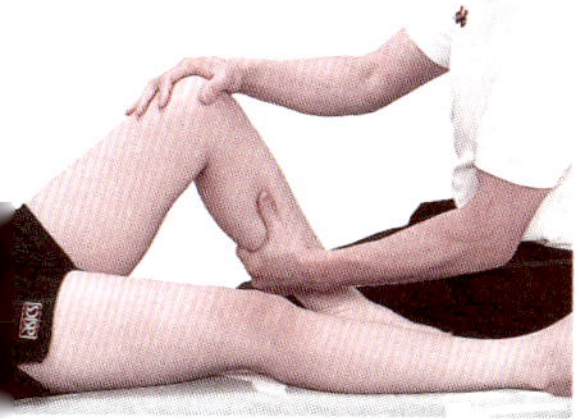

ふくらはぎを揉捏 →

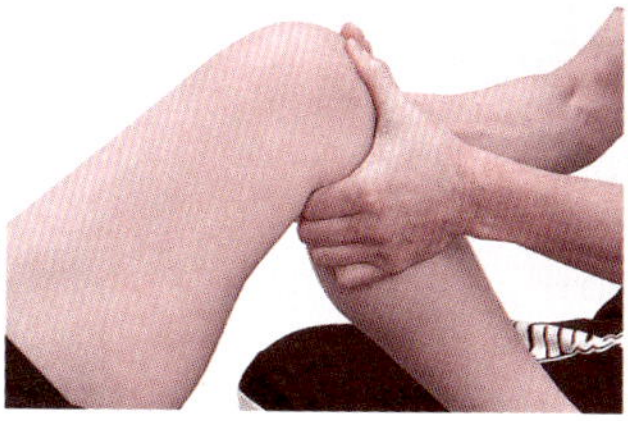

⑤ふくらはぎ上部を双手把握揉捏 →

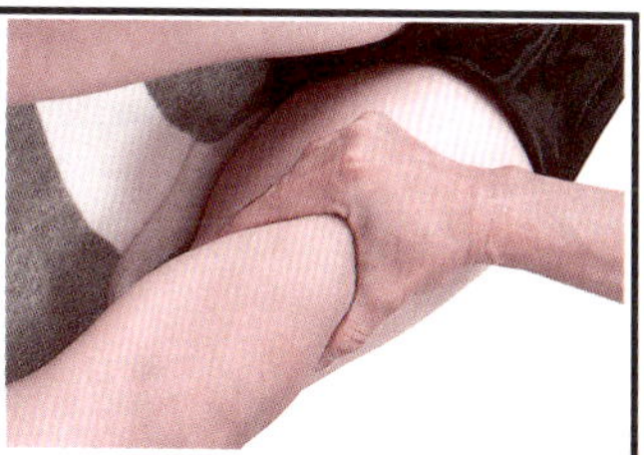

⑥大腿前部を揉捏

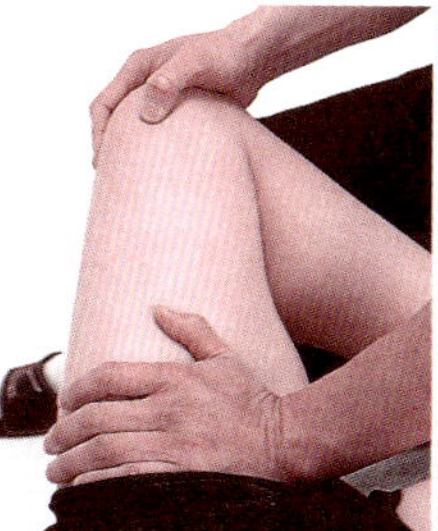

転筋を手根揉捏

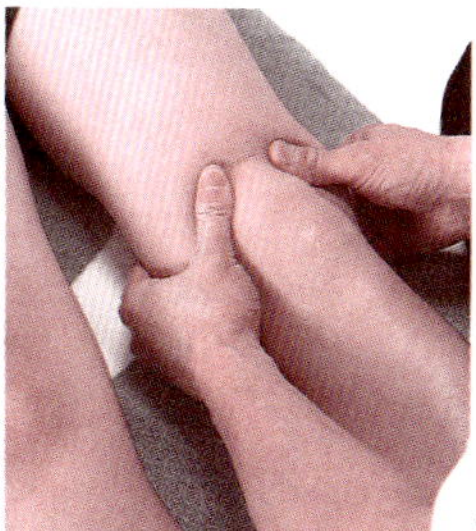

⑦広筋を両母指揉捏 ←

You Can Sportsmassage By Yourself

自分でもできるスポーツマッサージ

サッカーや野球などのトッププロや実業団のしっかりしたチームであれば、専属のトレーナーがついて、選手のコンディション調整を行っている。プロチームのバックアップ態勢として不可欠である。

だが、大学の運動部や高校の部活動などで、専門のトレーナーがいるケースは少ない。監督やコーチ、ときにはマネージャーなどがマッサージやテーピングの知識を持ち、1人何役も兼ねてマッサージなどをしているのが実状だろう。

あるいは、リーグ戦のときや全国大会などに出場するときだけ、臨時に専門のトレーナーに依頼する場合もある。

スポーツ以外にも役立つマッサージ

中学校や高等学校、または地域の小さなスポーツクラブでトレーナーや医師がいつも滞在

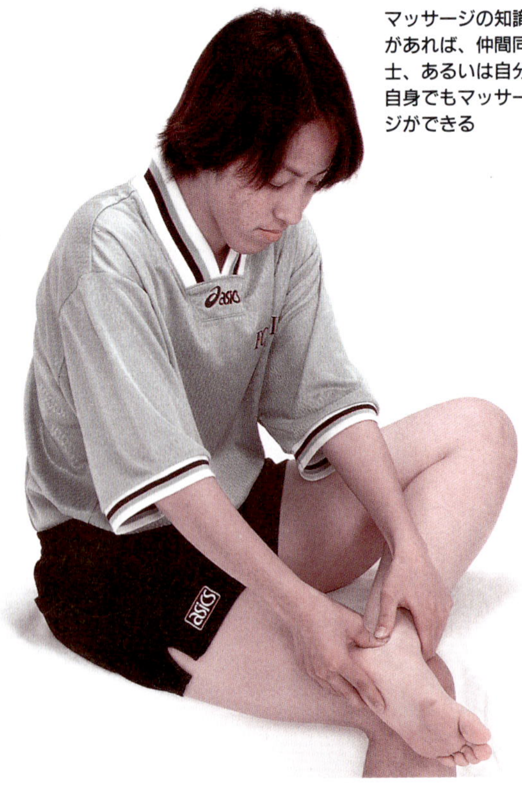

マッサージの知識があれば、仲間同士、あるいは自分自身でもマッサージができる

しているところは、現在全国でもまだごく少数だろう。そういうところでは、選手自身でマッサージをするか、監督やコーチの指導を受けながら、あるいは本などで知識を得て、仲間同士で助け合ってマッサージをするしかない。

　そのような環境の人たちは、本書で紹介している方法を参考にして、自分自身、あるいは仲間同士でマッサージに励んでほしい。

　また、スポーツに限らず、仕事で疲れたときなどにマッサージをする体のポイント、中国医学でいうところのツボに刺激を加えると疲れがとれる。

　その要点を知っておくことは、ある意味では一生の財産であり、自分の体調を整え、元気に活動するための知恵でもある。

足の疲れをとるセルフマッサージ

足の疲れをとるには、ふくらはぎにある「築賓（ちくひん）」というツボを押すと効果的

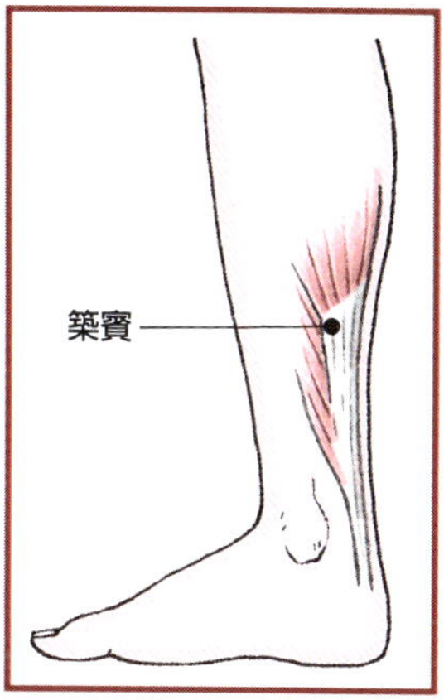

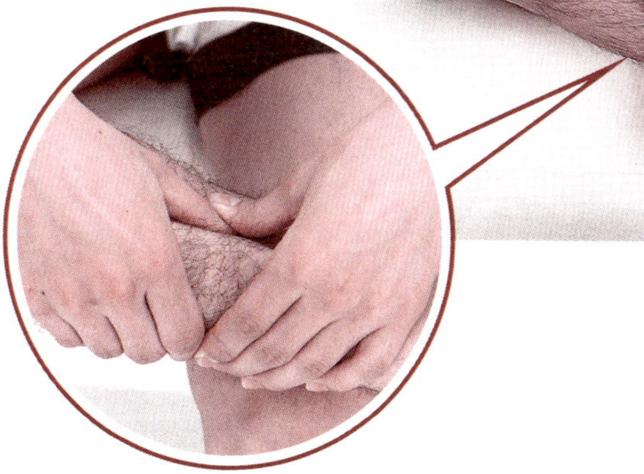

背中の痛みをとるセルフマッサージ

背中の痛みをとるには、鎖骨のくぼみにある「缺盆(けつぼん)」というツボを押すと効果的

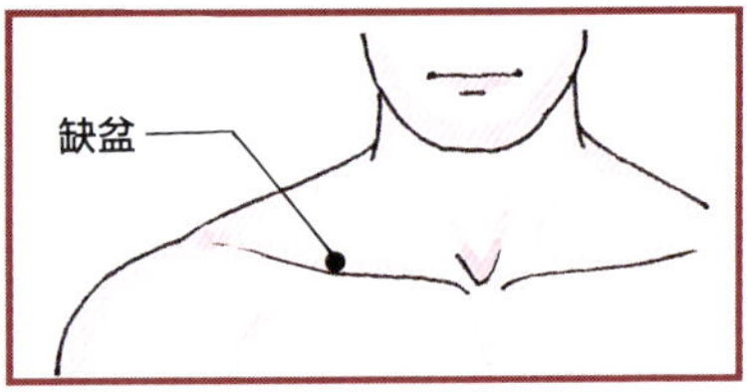

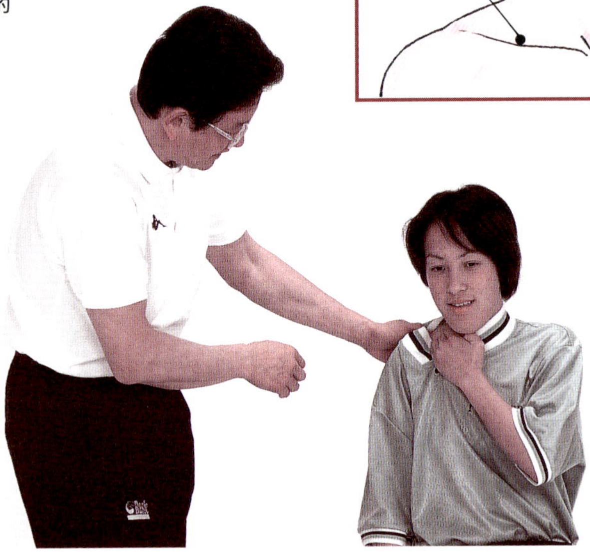

足のセルフマッサージ

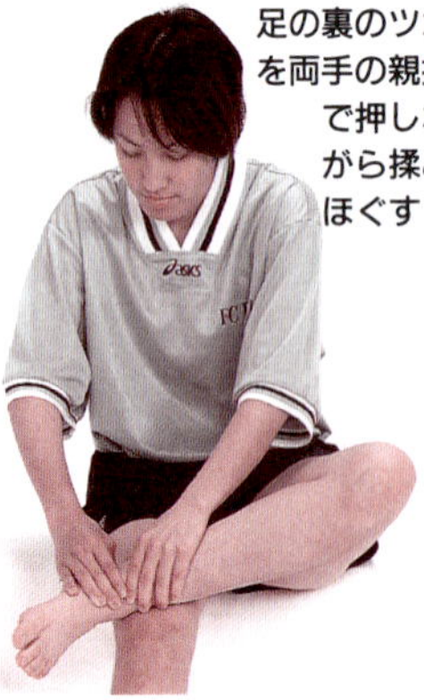

足の裏のツボを両手の親指で押しながら揉みほぐす

ひざ周辺のツボを入念にマッサージして疲労をとる

手・腕・肩のセルフマッサージ

大胸筋のマッサージ
大胸筋をつかみ、後ろに肩をまわす

前腕のマッサージ
手のひら全体で腕をつかみ、まんべんなく揉む

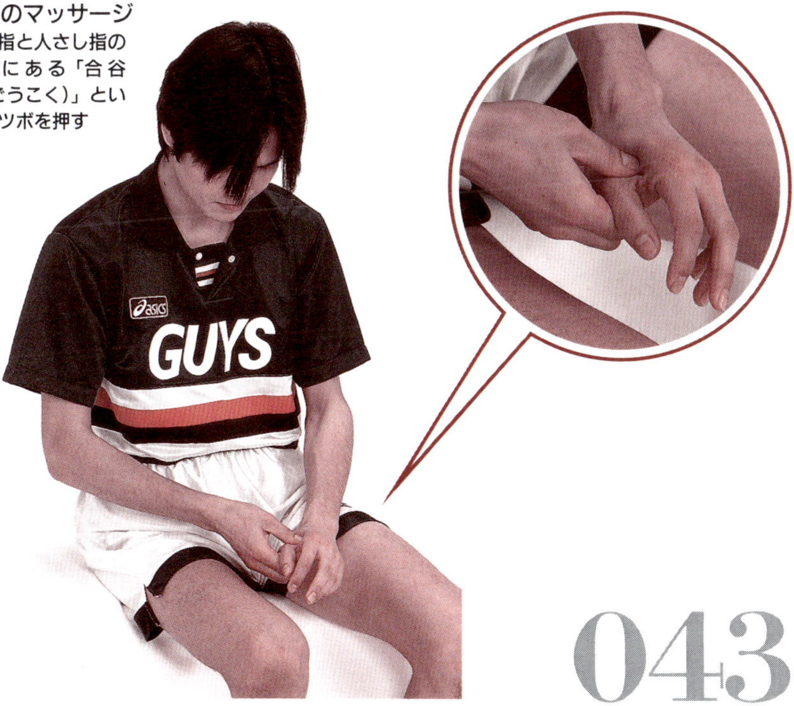

手のマッサージ
親指と人さし指の間にある「合谷(ごうこく)」というツボを押す

Tools For Massage

マッサージに必要な用具類

マッサージは、静かな空間で、バックにクラッシック音楽などが流れ、マッサージを受ける人が心身ともにゆったりリラックスできる状況が理想的である。

ベッドやパウダーなどマッサージの前に用意するもの

マッサージをする前に用意しておかなければならないものがいくつかある。ベッドやパウダーなどは欠かせないが、できればエッセンシャルオイル（アロマテラピー）なども準備したい。

●ベッド

マッサージは、受ける人がリラックスできる姿勢が保て、マッサージをする側がやりやすい状態でなければならない。

そのためには、一定の高さのベッドが必要である。現在は、持ち運びできる簡易型ベッドも市販されているので、そういうものを利用するのもひとつの方法で

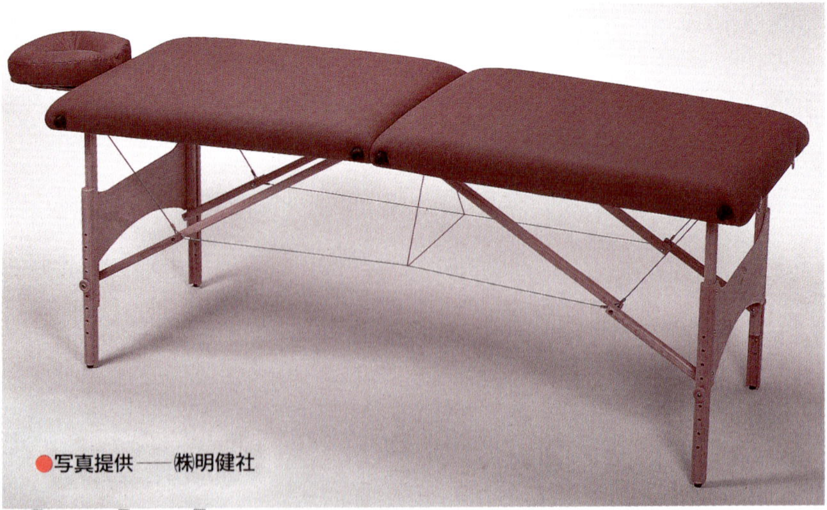

●写真提供——㈱明健社

持ち運びができる簡易型ベッド。ある程度の高さと長さがあるものでも代用することができるが、一定の高さのベッドがベスト

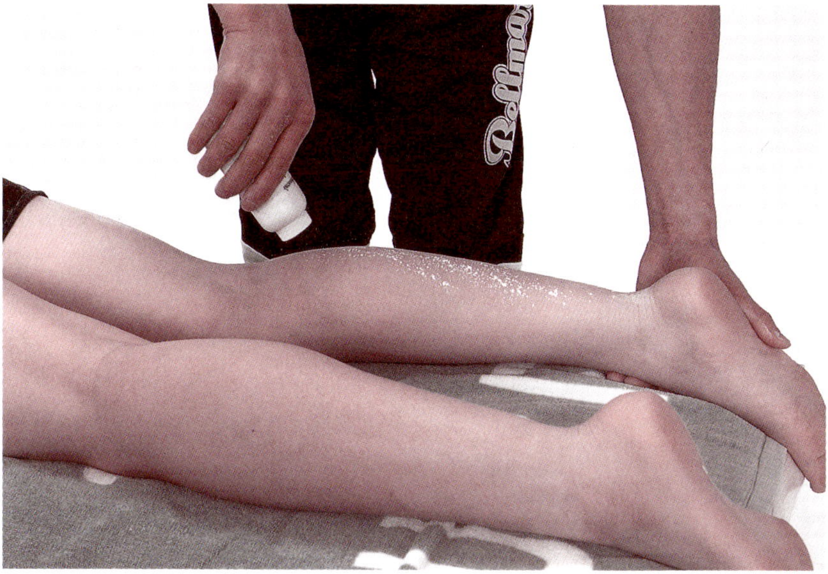

パウダーを塗布することでマッサージをスムーズに行うことができると同時に、効果にも違いがある

ある。

家庭であれば、畳の上に毛布を重ねて敷いて代用することも可能である。学校の部室などでベンチを利用してマッサージすることも不可能ではないが、部位などは限られるだろう。

●タオル

バスタオルサイズの大きなものと、ハンディタイプの小さなタオルを数枚ずつ用意する。

マッサージの最中に汗をふき取ることはもちろん、枕にしたり、胸当てや3重・4重にたたんで台の代わりに利用することができる。

●パウダー

マッサージをするときの滑りをよくする目的で利用するのがパウダー。汗をかいている場合はもちろん、そうでなくても使用する。マッサージをスムーズに行うためだけでなく、パウダーを塗布することによって、マッサージの効果に大きな違いがある。

ただし、皮膚の弱い人にパウダーを使用すると、肌荒れを起こすことがある。

●クリーム

特別な薬効成分を含まないスキンクリームで十分。足の底など、硬い皮膚をマッサージするときに使用する。

最近注目されている植物のエッセンスを使った「アロマテラピー」

最近は、環境ホルモンなど、化学物質の害が注目されている一方、自然界の植物の力が見直されている。

“森林浴”などは、樹木から発散されるエッセンスが体のコンディションを整える作用があることが実証され、都会の人が大きな木々の下で深呼吸をすると、そこはかとなく心地よくなる。

ごく微量な自然界の物質が、大気から人体に吸収され、体の機能を高めることが実証されている。

樹木だけでなく花や果実にも似たような成分が含まれており、「植物精油」とか「エッセンシャルオイル」などと呼ばれ、すでに石鹸などに利用されている。

「アロマテラピー」という言葉は、20世紀にフランスの化学者、ルネ・モーリス・ガット・フォセが最初に使っている。彼が実験中に手にやけどをした際に、ラベンダーオイルに手を浸したところ、効果が絶大であった。それをきっかけにこの領域の研究が始まった。

いくつかの代表的なエッセンシャルオイルの効果・効能を挙げてみよう。

●イランイラン

ジャスミンに似た香りで、鎮静的な効果があり、心に解放感を生み出す。

試合の前に緊張しすぎる選手に、この精油をホホバオイルに1～2滴たらしてマッサージをすることで、過度な緊張を解きほぐす効果がある。

また、このオイルは有名な香水「シャネルの5番」の原料にもなっている。

●オレンジ精油

アスリートがちょっとした休憩時間にグラウンドでレモンをかじっている姿を見かけたことがあるはず。これは、ビタミンCを補給しているのである。

柑橘系のエッセンシャルオイルは、ビタミンCや鉄分の吸収を助ける働きがあり、ビタミンが欠乏しがちな激しいスポーツをする選手の栄養吸収をバックアップする役割がある。

●ローズウッド

月桂樹に似た香りで、イライラやストレス解消に一役買う。たとえば、サッカーでミスキックやクリアミスにより得点されてしまった、絶好の得点チャンスを逃してしまったなど、落ち込んでいるときに使うと早く元気が回復する。

●ローズマリー

疲れきった筋肉の回復に効果があり、オーバーワークの選手にはこれを用いるといい。

ローズマリーは、ほかにも記憶力が増し頭脳明晰になるといわれている。

●ユーカリ

コアラの大好物として有名だが、人間

にも、集中力を増進させ頭がすっきりするという効果がある。

冷静でかつ適切な判断をしてゲームを組み立てるには、ユーカリが効果的である。

私は、以上のような精油を選手の反応を聞きながら、いろいろとブレンドしたものをマッサージに使っている。

外国のサッカー選手などにも使ってみたが、おおむね好評だった。

Various Technique Of Massage

マッサージには さまざまな技法がある

トレーナーは、マッサージをする部分の疲労の程度や、1人1人の筋肉の硬さなどを考えながら、いろいろなマッサージの技法を組み合わせて筋肉をほぐしていく。

また、試合が近い日やトレーニングの前後、季節や温度などによってもマッサージの技法を使い分ける必要がある。

ここでは、マッサージの技法の種類と活用法について、簡単に紹介しておこう。

●軽擦法《けいさつほう》

軽くさする技法であり、軽擦法自体はきわめて簡単でだれにでもできる。

軽擦法は、マッサージをする部位の皮膚の温度を上げ、血行をよくするとともに、トレーナーと選手との“心の架《か》け橋”になる技法である。技術的に簡単だからといって軽視はできない、マッサージの基本的な技法である。

●揉捏法《じゅうねつほう》

マッサージの核になる技法であり、硬くなり疲労がたまっている筋肉や筋《すじ》をほぐす役割を果たす技法である。

筋肉の大きさや太さ、広い部分や狭い部分などによって、手根部の母《ぼ》指球《しきゅう》や小《こ》指球《しきゅう》、四指《しし》、二指《にし》、あるいは手掌《しゅしょう》全体などを適宜使い分けて揉捏する。

軽擦法と揉捏法、そして強擦法《きょうさつほう》が、マッサージの中核をなす「三大技法」である。個々の体質やコンディションの差、疲労の状況などによって、マッサージの強さ、時間の長短を考えて組み合わせる

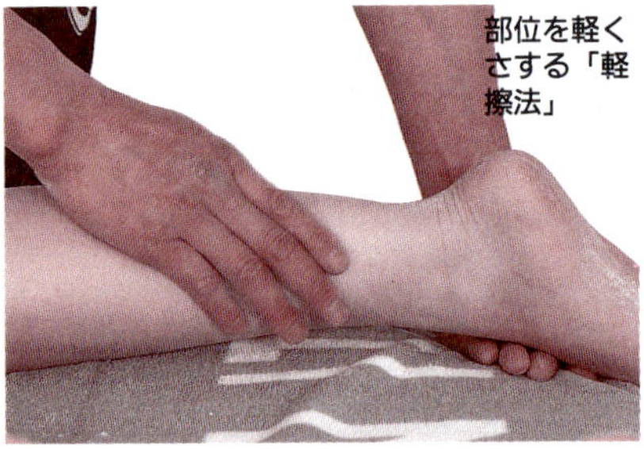

部位を軽くさする「軽擦法」

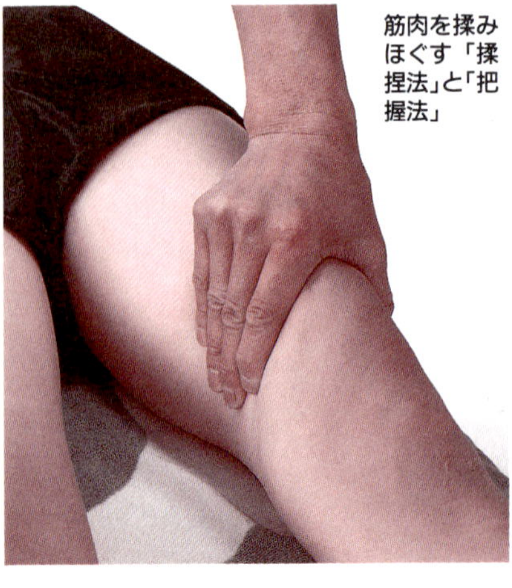

筋肉を揉みほぐす「揉捏法」と「把握法」

と、じつに多くのバリエーションが生まれる。

ただ、受け手にとって、心身ともに本当に効果があり、満足のいくマッサージをするには、長い経験と修養が必要である。

●強擦法《きょうさつほう》

「力を加えて強くさする」という意味合いだが、力まかせに強くということではなく、こった部分を押しながらさするイメージで行う技法。関節、腱、靭帯などのマッサージに用いる。

そのほか、負傷した箇所のリハビリテーションのように、長い期間使わないことで固定してしまった皮膚や筋肉、腱などを動かす目的でも用いる。

また、肋骨《ろっこつ》の間や背中の筋肉のように、長くて平らな筋肉を比較的短い時間で温める必要がある場合も、強擦法を用いるケースが多い。

●振戦法《しんせんほう》

筋肉を震わせることで、リンパの流れを活発にしたり、内分泌《ないぶんぴ》の働きを促すなどして疲労の回復をはかる技法。

振戦法は高度な技術を必要とし、手や指を震わせるだけでは、筋肉の深部を震わせることはできない。

といっても、初歩的で簡単な方法もある。あお向けの状態で足首を小刻みに震わせると、振戦法の初期の効果が期待できる。

●圧迫法《あっぱくほう》

筋肉や腱などを圧迫することで、リンパや血液の流れを瞬間的に止め、逆にその流れをよくすることを目的とした技法。原理的には日本の指圧《しあつ》と同じである。サウナ風呂の発祥地のフィンランドにも「押圧法《おうあつほう》」という似たような技法がある。

ふくらはぎや大腿部《だいたいぶ》のような大きな筋肉を圧迫法でマッサージする場合は、手掌《しゅしょう》や四指で、筋繊維と直角に圧力を加えることがポイントだ。

●伸展法《しんてんほう》

筋肉や腱などを伸ばし、疲労を周囲の組織に吸収させる技法。つまり、ストレッチと同じ目的で行う技法である。自分自身でもできる技法だが、無理に伸ばすと逆効果になることがある。

●叩打法《こうだほう》

日本に古くから伝わる「肩たたき」は、広い意味で叩打法の一種である。手を軽く握って、小指側で軽やかにリズミカルに叩いたり、手の甲で叩く場合もある。

筋肉を振動させることで効果をあげる技法だが、痛みを感じるようであれば、軽く叩くようにする。それでも痛みを訴える場合は、他の技法に切り替えなければならない。

●把握法《はあくほう》

手掌部全体で筋肉をつかむ技法。筋肉を骨から剝《は》がすように行う。生理的作用は揉捏法と同じ。

Massage Technique ❶

軽《けい》擦《さつ》法《ほう》

［手全体で軽くさする
マッサージの基本的な技法］

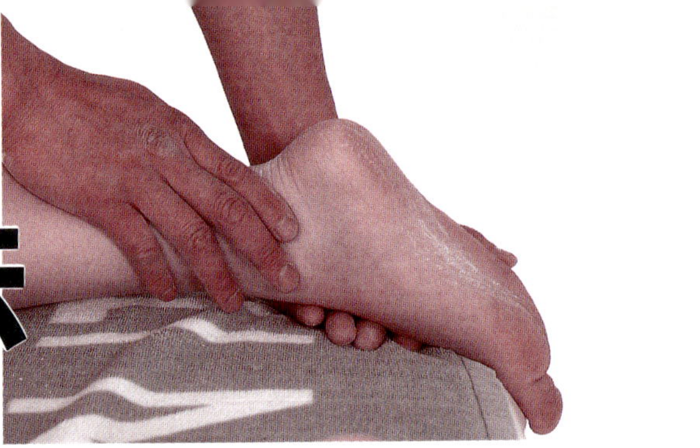

手で軽くさする軽擦法は、マッサージの基本技法の一つである。「マッサージは軽擦に始まって軽擦に終わる」といっていいほど、簡単そうに見えて奥の深い技法でもある。

軽擦法はトレーナーが治療する際にいちばんはじめに用いるが、これによりマッサージをする部位の温度が上がり、体がマッサージを受ける準備を整えることができるのである。

また、トレーナーの手と被験者の体が触れることで、両者に人間関係の第一歩が芽生える心理的効果も見逃せない。

マッサージは軽擦法に始まり軽擦法で終わる

マッサージは軽擦法でスタートするが、揉捏法《じゅうねつほう》などで強く揉んだあとに、必ず再度軽擦法を用いる。軽く揉むことで筋肉に対する刺激を拡散させるとともに、被験者の緊張を解くことがその目的だ。

ここでの軽擦法は、いわゆる「打ち返し」が起こらないように、リンパなどの流れをスムーズにする役割を担っている。「打ち返し」というのは、強く揉んだことによって体内に急激な変化が起こり、マッサージの効果が半減することをいう。

軽擦法のポイントは、必ず手と肌を密着させること

部位とトレーナーの手全体を密着させて行うことが、軽擦法のポイントである。

トレーナーは、手を軽く触れることで、体温や肌の状態、部位の柔軟さ、硬さ、こりの具合いなどを知る。軽擦法を用いながら個々の選手の体の情報を手で実際に感じ取って、どこをどのように重点的にマッサージをするかを決定していく。

また、軽擦法に限らず、マッサージは心臓に遠い部分から心臓に向かって行うのが原則であり、これによってリンパや血液の流れを活発化させる。

マッサージを受ける人は、軽擦法によって体が温まり、リンパの流れがよくなることで、これから筋肉をほぐしてもらう準備が整うのである。

母指球、小指球、手のひら全体を使う

軽擦法は、大腿部《だいたいぶ》、下腿部《かたいぶ》をはじめ、腹部、上腕部、前腕部など、多くの部位のマッサージに活用する。

軽擦法は手全体で軽くさする技法だが、母指球《ぼしきゅう》や小指球《こしきゅう》（「母指」とはマッサージの用語で親指の意味。その他の指を「小指」という）を重点的に使うケースもある。

手全体、つまり親指の付け根部分の母指球や小指、薬指の下の部分の小指球や、ふつう“手のひら”と呼んでいる手掌《しゅしょう》、指のふくらみの部分、指腹などを皮膚に密着させて軽くさするのが軽擦法だ。

親指の腹の部分を使う「母指軽擦法」は、狭い部分や関節などに用いる。母指（第一指）と示指《じし》（第二指）、示指と中指（第三指）を使う「二指軽擦法」は、アキレス腱、手や足の指など細い部分を丹念にマッサージする場合に使う技法である。

そのほか、「四指軽擦法」もあり、マッサージをする部位の大きさ、広さ、形などによって、適宜使い分ける。

リラックスして臨み、リズミカルに行うことがポイント

疲れたと感じる疲労感や体が重苦しいという停滞感は、体内のリンパ液の流れが停滞していることで、それぞれの体の器官の働きが不十分になることから生まれる。これを解消するには、軽擦法のマッサージをリズミカルに行うことが一つのポイントである。また、マッサージを受ける側は、力を抜いてリラックスすることが、効果をアップさせるポイントである。

トレーナーとの信頼関係が効果をアップさせる

小さな子どもがテーブルなどに頭や足をぶつけたとき、母親が「痛いの痛いの飛んでいけ」といいながら、幼児の頭や足をさすっている場面に出くわしたことがあるだろう。

幼児にとっては、母親の手は“魔法の手”であり、温かく柔らかい手で痛い部分をさすってもらうことで、本当に痛みがやわらぎ、気持ちも安定する。これも広い意味では、軽擦法の変形の一種である。トレーナーと被験者は、こうした信頼関係にあるのが理想的だ。

マッサージを受ける側は、トレーナーの技術や知識、人柄にすべてをゆだねて、芯からリラックスしてこそ効果が大きい。

手のひら全体で軽くさする

手掌軽擦（しゅしょうけいさつ）

広い部位のマッサージに用いる
軽擦の一般的な方法

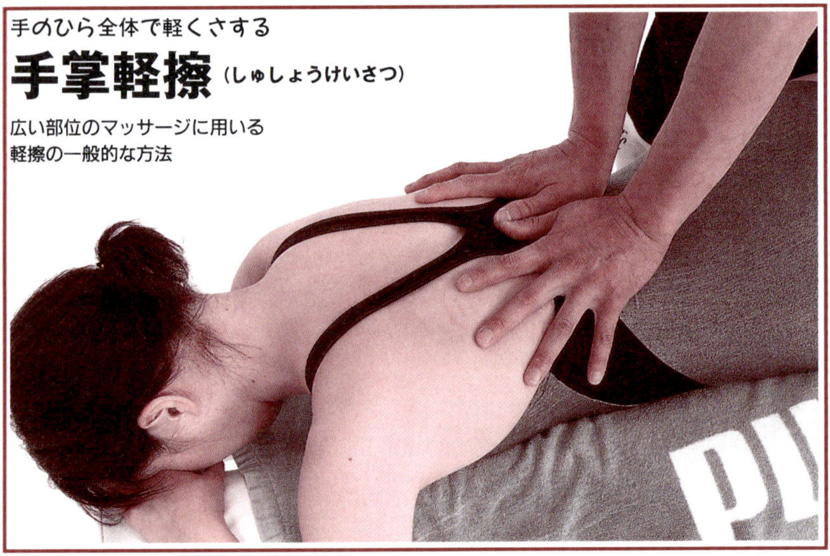

技法のポイント

- マッサージをする部位と手のひらを密着させるように行う
- 心臓に向かうように
マッサージする

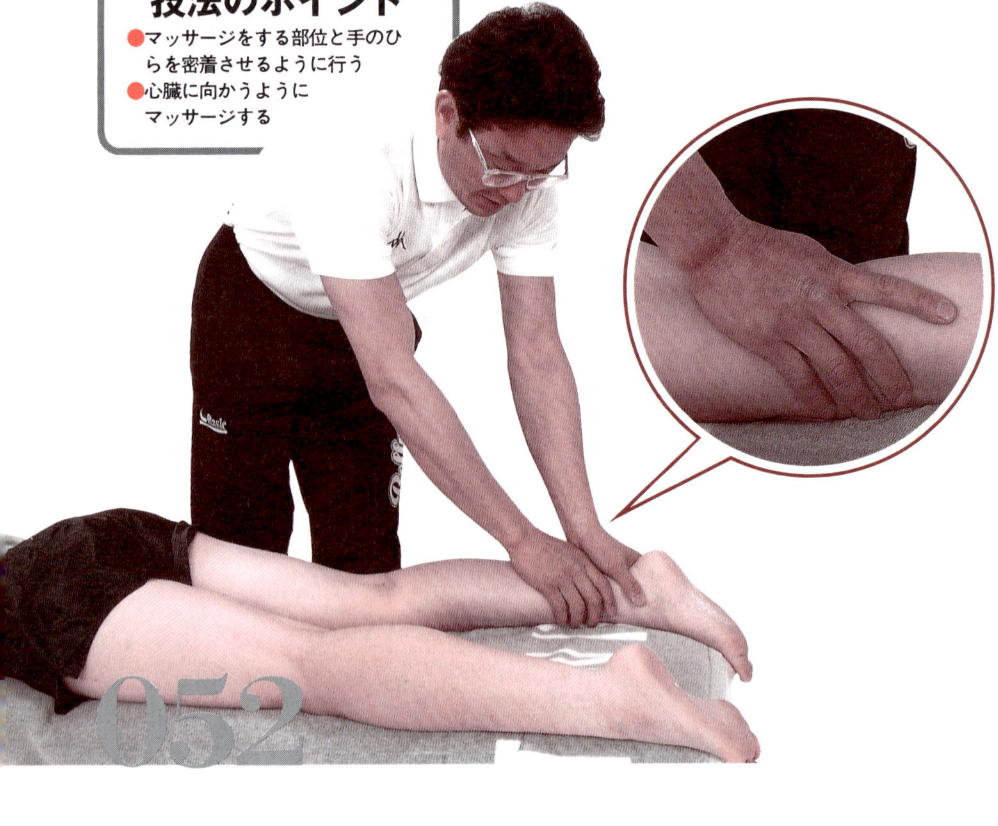

親指の腹でさする

母指軽擦

（ぼしけいさつ）

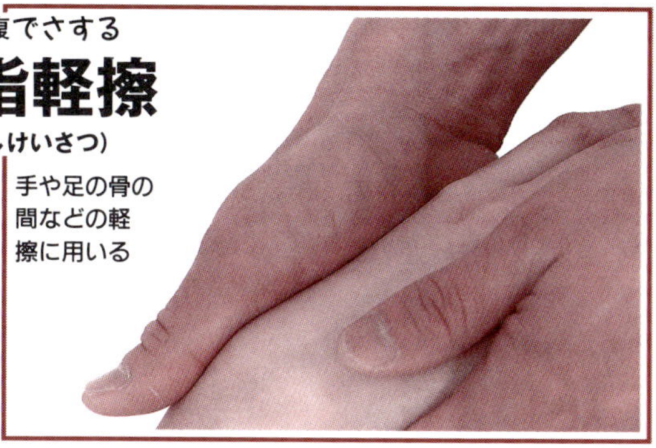

手や足の骨の間などの軽擦に用いる

人さし指と中指をよく用いる

二指軽擦

（にしけいさつ）

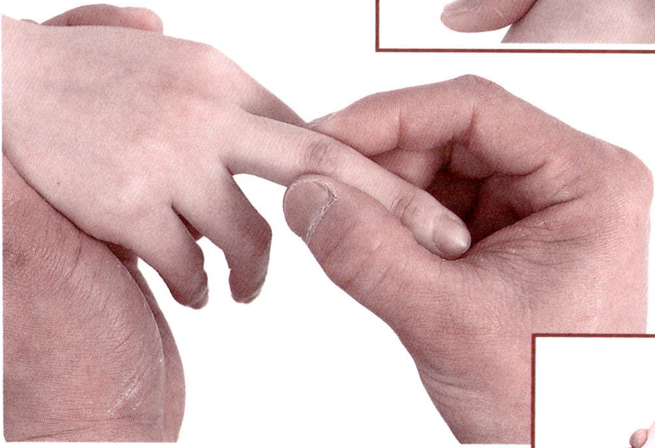

親指と人さし指などでつまむようにさする

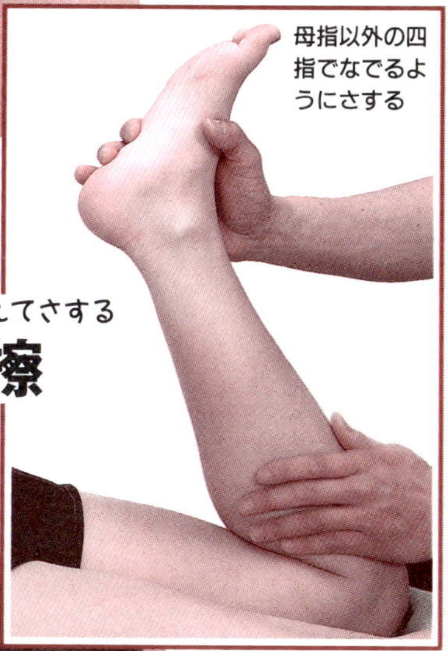

母指以外の四指でなでるようにさする

手のひらの付け根でさする

手根軽擦

（しゅこんけいさつ）

腰部や臀部などの軽擦に用いる

4本の指をそろえてさする

四指軽擦

（ししけいさつ）

Massage Technique ❷

揉《じゅう》捏《ねつ》法《ほう》

「つかむ」「揉む」「押さえる」
マッサージの代表的な技法

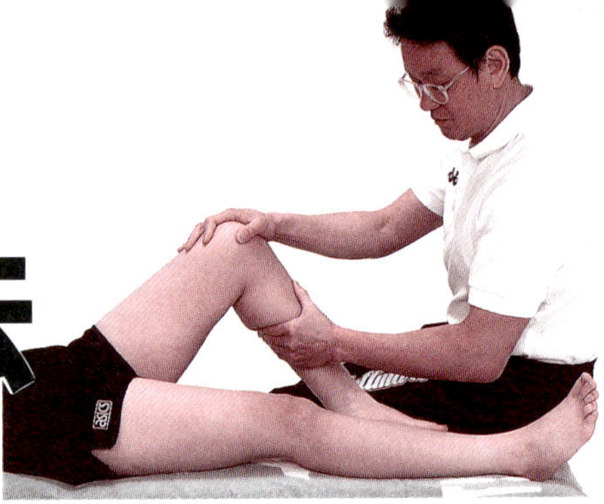

軽擦法が軽くさする動きが中心で、あまり力を加えないのに対し、揉捏法は揉む、つかむなどの動作が中心である。筋肉を圧迫して疲労を散らす、直接的な刺激で血行をよくして周囲の組織に疲労を吸収させるのが、揉捏法の目的である。

筋繊維を剝がすように揉む

揉捏法は、骨に密着している筋繊維を、筋肉と平行に剝《は》がすような感じで揉んだりつかんだりする技法である。また、場合によっては、指腹を押しつけるようにして、筋繊維を直角に圧迫する方法を用いる。

揉捏法は、使う手や指の部分によって、母《ぼ》指揉捏《しじゅうねつ》、二指《にし》揉捏、四指《しし》揉捏、手掌《しゅしょう》揉捏、手根揉捏、把握揉捏などに分けられる。それぞれ専門的な聞き慣れない名称はついているが、実際のマッサージでは、なんとか選手たちの疲れを癒《いや》してやろうという気持ちで、適宜これらの技法を組み合わせればよいだろう。

痛みを訴えたら無理をしないで少しずつほぐす

疲労が激しい場合や疲労が蓄積している部位は、普通の力で揉んでも被験者が痛みを訴えるケースも少なくない。

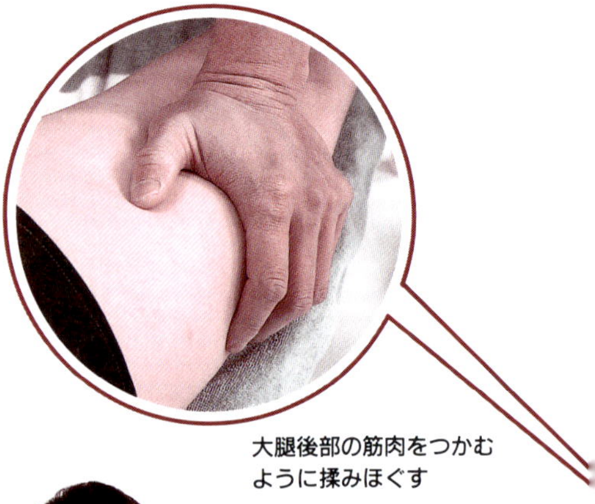

大腿後部の筋肉をつかむように揉みほぐす

その場合は、揉捏法だけなく、軽擦法《けいさつほう》を交えてこりを少しずつ取り除いていくことが大切である。仲間同士でマッサージをする場合は、往々にして被験者が痛いと訴えても、「いや、これが効きめがあるんだ」とばかり、力を入れすぎることが多い。

ところが、これでは逆効果になる。というのは、痛みがあるにもかかわらずそのまま揉捏法を続けると、その部位の筋肉や筋《すじ》が緊張して、マッサージ本来の目的のこりを取り除くことはできない。それだけでなく、逆に疲労させてしまう。これでは、マッサージをしないほうがよかったことになってしまう。痛みがあるのは、そこに疲れがたまっているか、疲労が激しいのだから、マッサージの目的に沿って少しずつほぐさなければならない。

ハムストリングスの
把握揉捏法

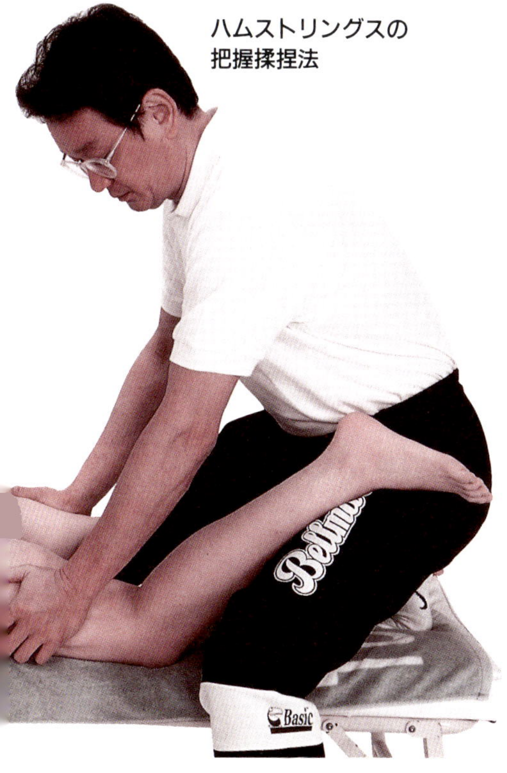

実際のマッサージの場面では、手や指を当てておき、相手の体を動かす方法も有効だ。こうすることで、被験者の緊張を解き、ツボの周囲に疲労を散らすこともできるので効果的である。

強さの程度は経験で習得する

疲れをとるには、その部位を強く刺激すればいい、と考えている人も多いだろう。痛みを感じればその部位は緊張し、筋肉が硬くなる。硬い筋肉をほぐすには、マッサージをする側がさらに力を加えなければ効果がない、と思いがちだ。これはまったく逆である。

筋肉は、トレーニングや試合によって何度も緊張して疲労物質の乳酸がたまり、硬くなっている。そこに強すぎる刺激を与えると、痛みを生み出してしまう。

それが、早くよくしてやろうという善意であっても、痛がったり、いやがったりしている人に無理やりマッサージをしては、かえって逆効果になってしまう。

痛みを伴うほどの刺激も、ときには必要だが、それも一瞬であり、その後はすぐにその部分を軽擦法によってリラックスさせなければならない。

揉捏法と軽擦法を繰り返し行い、部位全体を柔らかくし、疲労をとっていくのである。

筋肉をつかむように揉む

把握揉捏

(はあくじゅうねつ)

筋繊維を筋肉と平行に、剥がすように揉んだり、つかんだりする

手のひら全体で揉む

手掌揉捏

(しゅしょうじゅうねつ)

マッサージをする部位に手のひらを密着させる

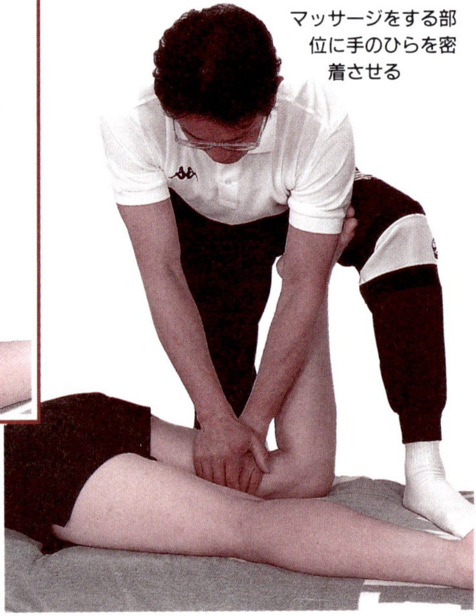

技法のポイント

- 軽擦法でほぐした筋肉を、時間をかけて丹念に揉む
- 痛みがある場合は、無理をしないで少しずつ揉む

手のひらの付け根で揉む

手根揉捏

(しゅこんじゅうねつ)

筋肉全体を押すように揉んでいく

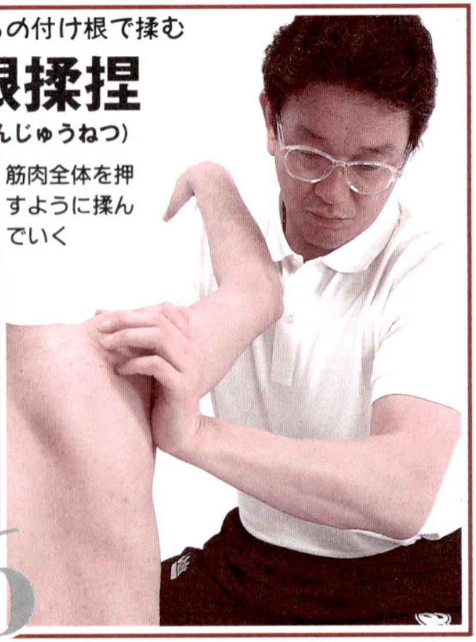

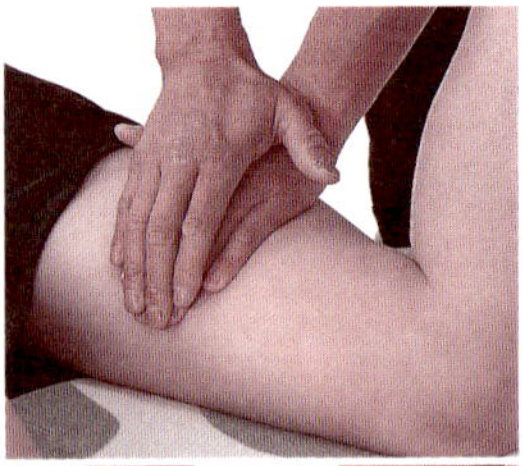

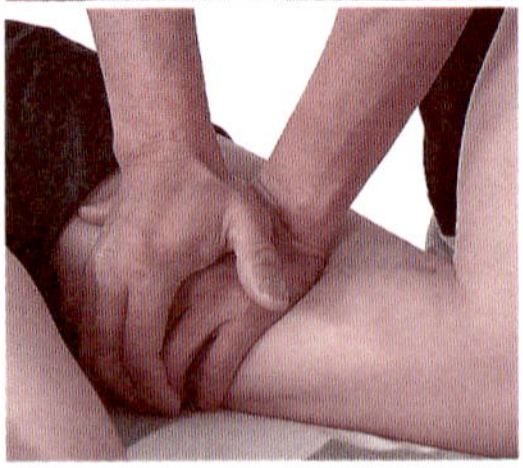

親指の腹で揉む

母指揉捏

(ぼしじゅうねつ)

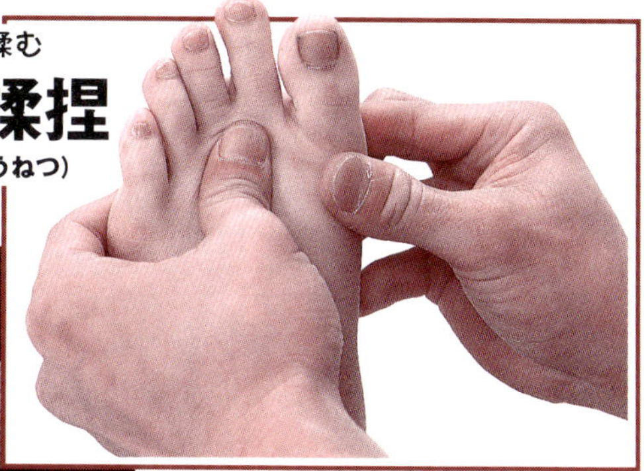

適度な圧力を加えながら、小さな円を描くように、またはらせん状に揉んでいく

両手の親指で揉む
両母指揉捏

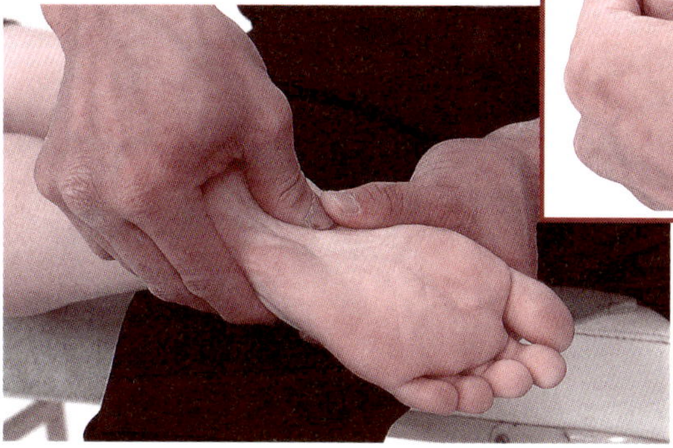

親指と人さし指で揉む

二指揉捏

(にしじゅうねつ)

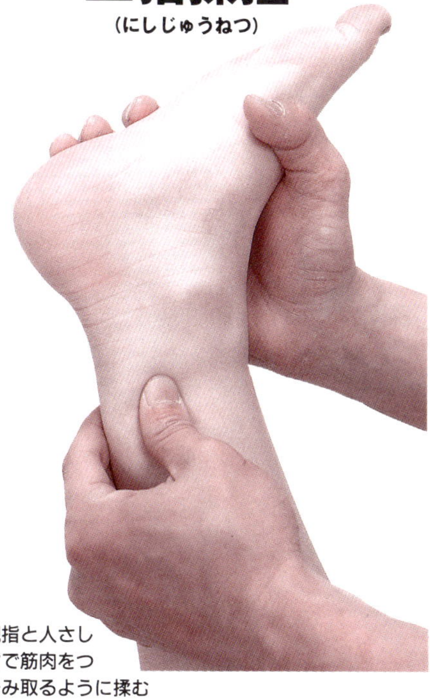

親指と人さし指で筋肉をつかみ取るように揉む

4本の指をそろえて揉む

四指揉捏 (ししじゅうねつ)

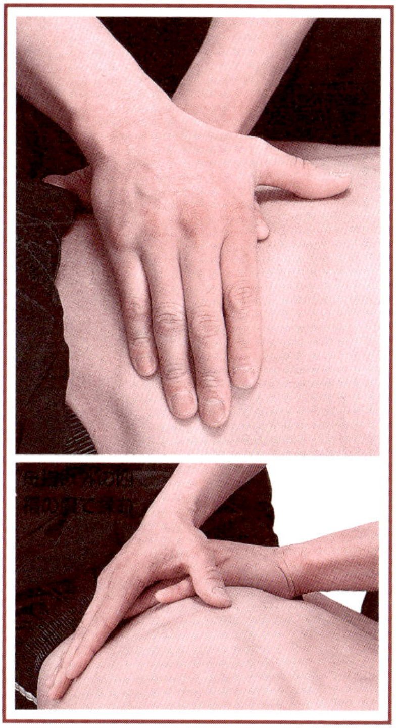

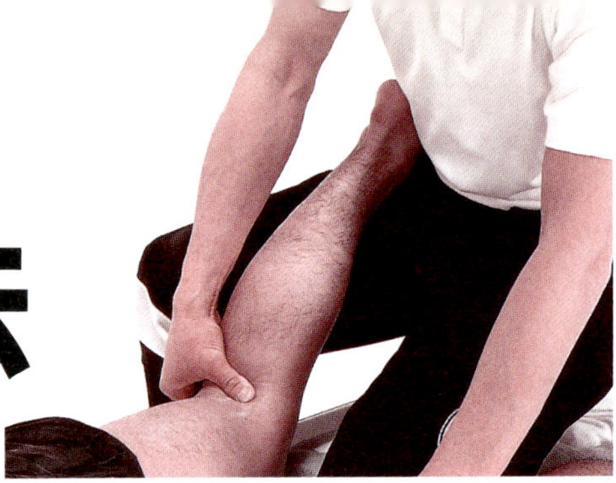

Massage Technique ❸

強《きょう》擦《さつ》法《ほう》

［軽擦法より力を強めてさする技法］

強擦は、「強くさする」という意味だが、力まかせに強くということではない。力の度合いとしては、軽擦法《けいさつほう》をいくらか強めにした程度である。

軽擦法、揉捏法《じゅうねつほう》、そしてこの強擦法の3つの技法を用いれば、ほとんどの部位のマッサージができる。

強く揉みすぎないことが重要

強擦法は、うっ血している部分などのマッサージに用いる。おもに母指《ぼし》を使って、硬くなっている部分を丸い円を描くように押す。筋肉の間に差し込むようなイメージである。そのとき、もっとも硬くなっているところから、こりを周囲に散らすような気持ちでさするのがポイントだ。

専門的には、「屋根瓦《がわら》状強擦法」と「渦紋《はもん》状強擦法」がある。前者は屋根がわらの並び方のように段階的に揉みほぐす方法、後者は極端にこっている部分の中心から周囲に向かって段階的にこりを

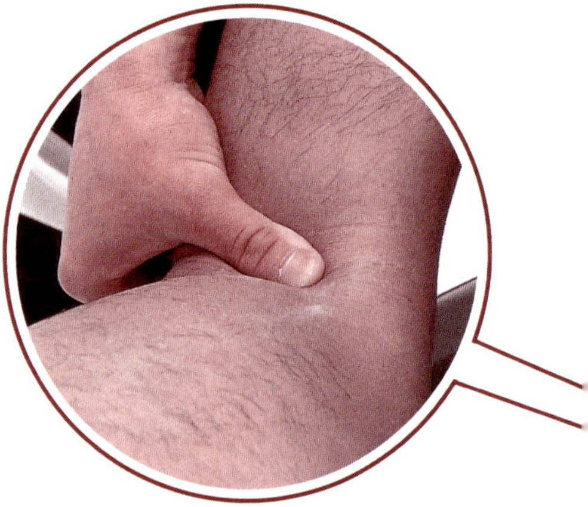

技法のポイント

- 親指を筋肉の間に差し込むようなイメージで押す
- こりを周囲に散らすようにさする

取り除いていく方法である。

気をつけなければならないのは、どちらの場合も、強擦法だからといって、強く揉みすぎないことである。

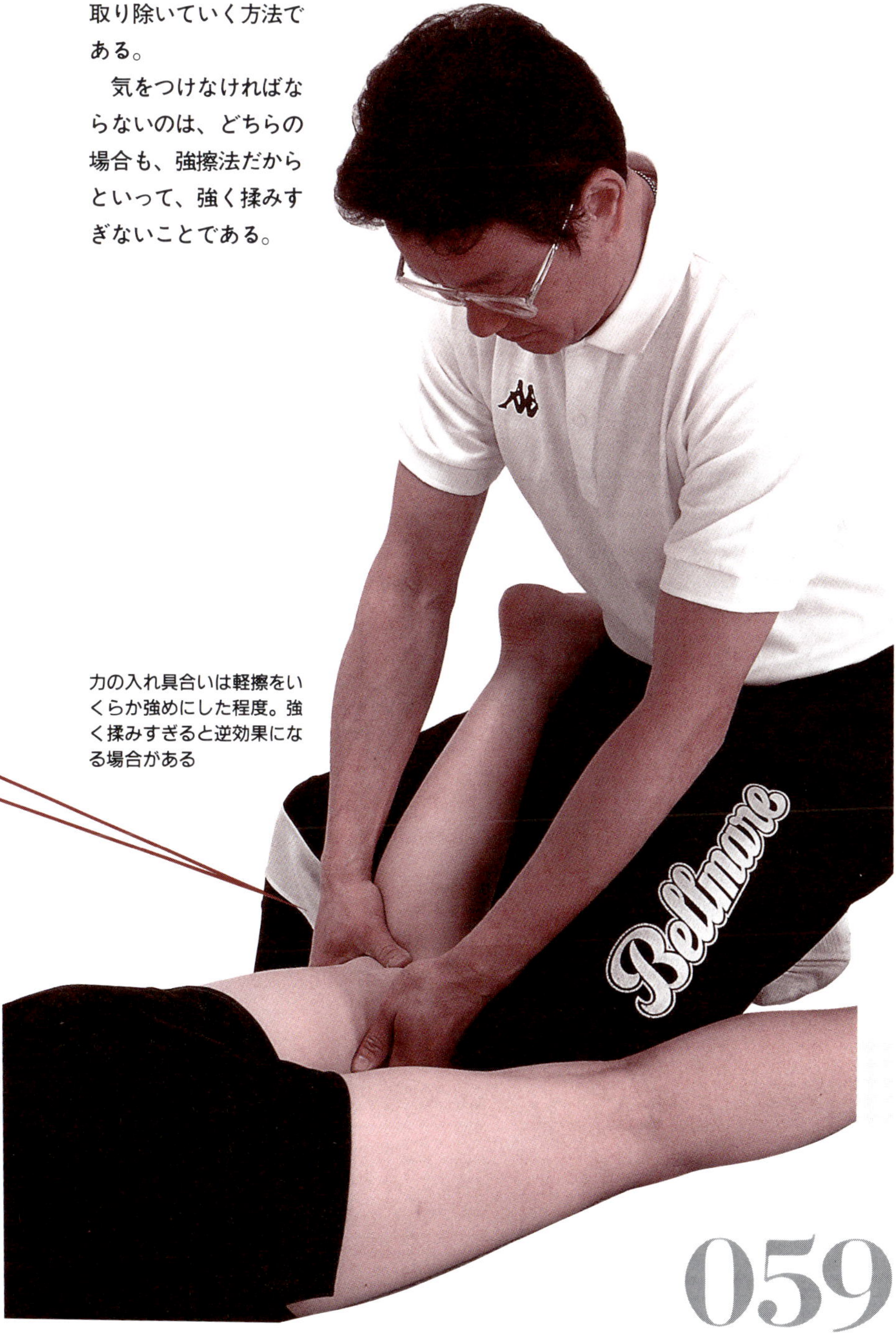

力の入れ具合いは軽擦をいくらか強めにした程度。強く揉みすぎると逆効果になる場合がある

Massage Technique ❹

振《しん》戦《せん》法《ほう》

［高度な技術が必要なレベルの高い技法］

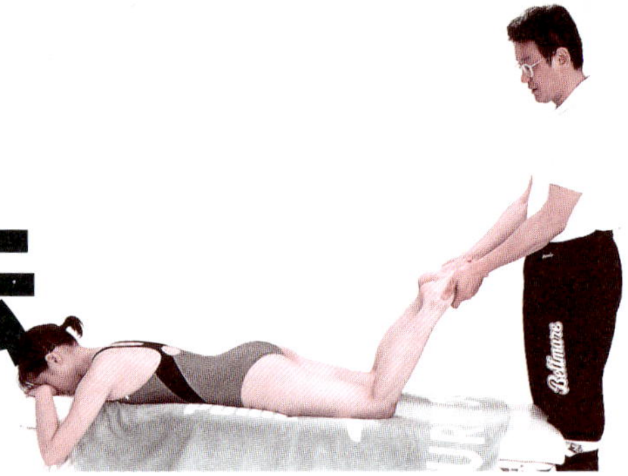

軽擦法や揉捏法《じゅうねつほう》は、少しトレーニングをすればだれでもできるマッサージの手法だが、振戦法は形はまねることはできても、効果を上げるには、高度なテクニックと熟練を要する技法である。

技法のポイント

- 手や足を持ち、軽く引っ張りながら前後・左右に震わせる

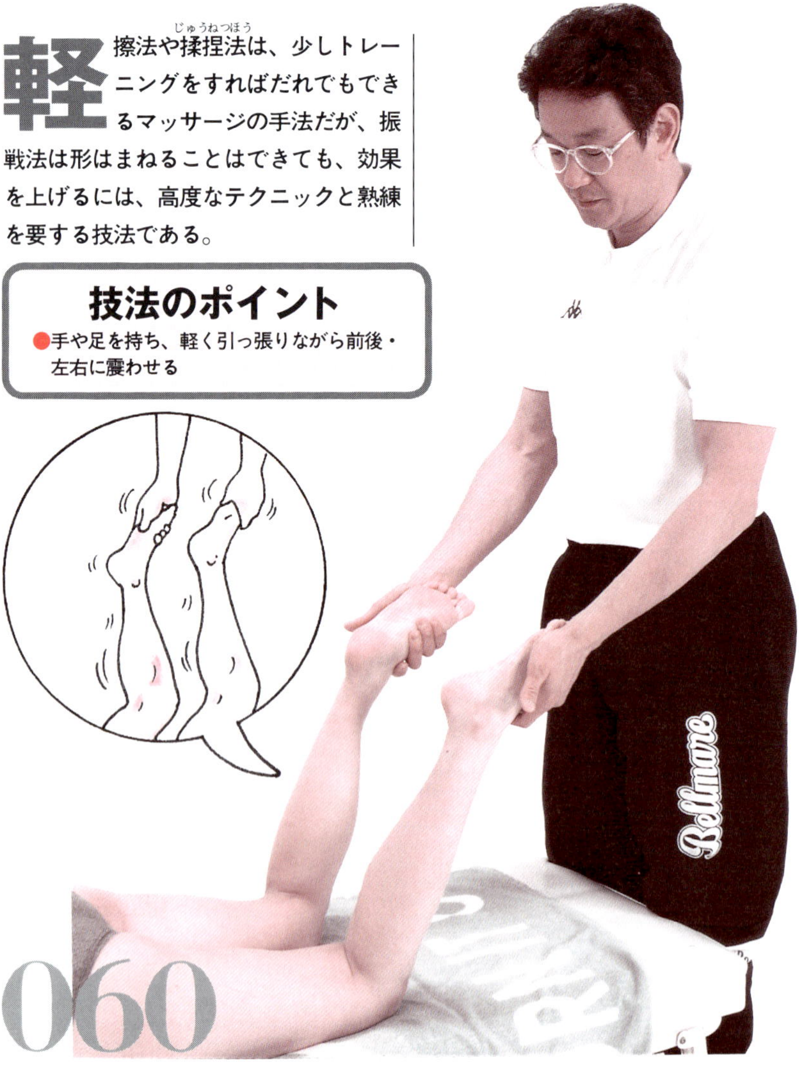

手や指を震わせて神経組織の機能を高める

振戦法は、手や指を細かく震わせて刺激を体の深い部分へ到達させることにより、神経組織の機能を高めることができる、自然で効果の高い技法である。手や足を軽く引っ張りながら震わせる「牽引《けんいん》振戦法」が一般的だが、母指球《ぼしきゅう》、母指《ぼし》、四指《しし》などを使えば、どの部位にも振戦法によるマッサージをすることができる。

手や足を持って振動を与える簡単な振戦法も効果的

プロのトレーナーが行う本格的な振戦法は熟練したテクニックが必要だが、選手同士でマッサージをする場合、軽擦法《けいさつほう》や揉捏法のあと、簡単な振戦法を用いることはできる。牽引振戦法は、刺激を拡散させるのと同時に神経組織への働きかけもできるので有効である。手首や足首を持って、軽く引っ張るようにしながら前後・左右に振動を与えるだけで効果がある。

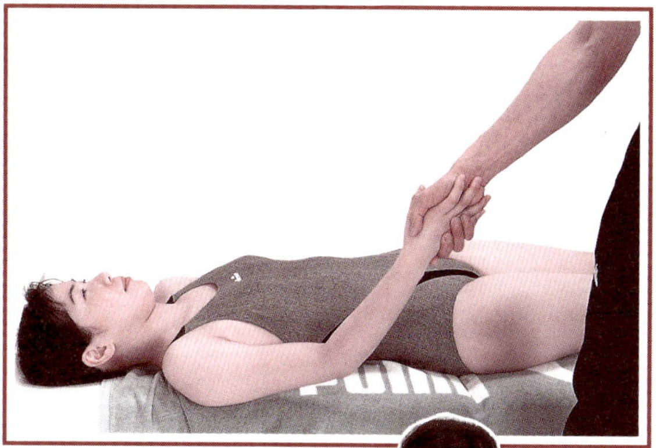

相手の手を握り、細かく震わせることによって、前腕部や上腕部の神経組織の機能を高めることができる

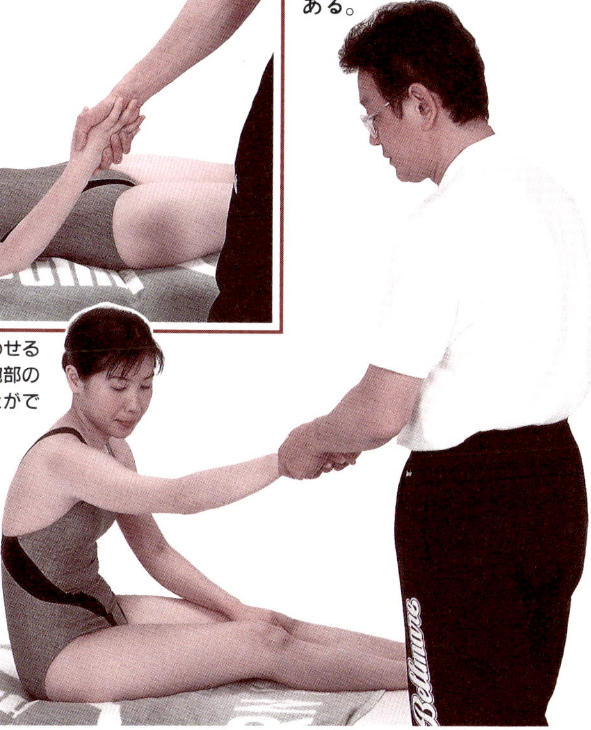

Massage Technique ❺

圧迫法《あっぱくほう》

［圧を加えてこりを
ほぐす技法］

うつ伏せの状態で、母指《ぼし》や手掌《しゅしょう》、手根《しゅこん》で圧迫する手法。こりを解きほぐしたり、軽い痛みをとるなどの効果が期待できる。

母指や手掌を部位と直角に押すのが原則

圧迫法の原則は、母指や手掌を部位と直角に押して圧を加えることである。圧迫法を細かく分けると、次の3つになる。

①両母指圧迫法

たとえば、この手法で背骨の両側を丹念にマッサージすると、この部分には内臓の神経が集中しているので、背筋をほぐすだけでなく、内臓機能をアップすることもできる。

親指で押す

両母指圧迫
（りょうぼしあっぱく）

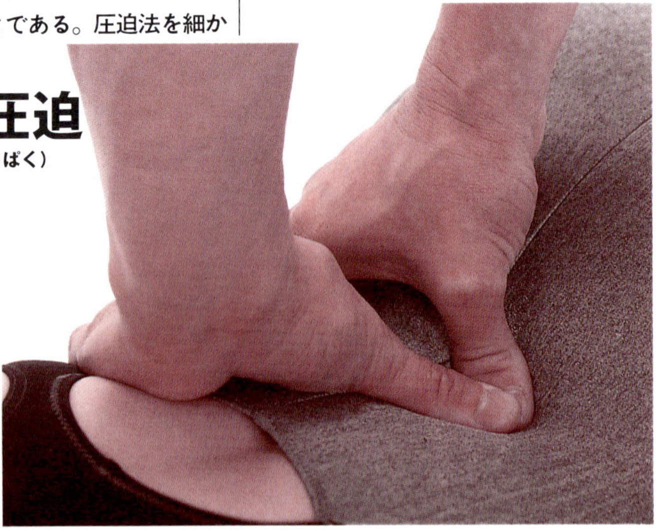

両手の母指を部位と直角に当て、圧を加えるように押す

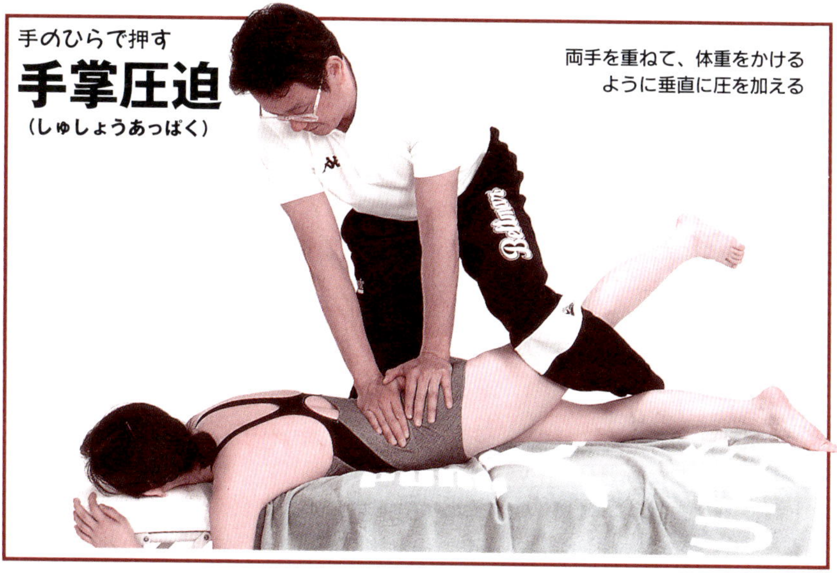

手のひらで押す

手掌圧迫

（しゅしょうあっぱく）

両手を重ねて、体重をかけるように垂直に圧を加える

②両手根圧迫法

母指球《ぼしきゅう》と小指球《こしきゅう》で圧迫する手法。大臀《だいでん》筋を下から上に向かって圧迫する場合、全体を中央部、内側、外側の3つのラインに分け、それぞれの筋肉をていねいにほぐしていく。そうすることによって、刺激が筋肉の深い部分まで届き、表面的な疲労だけでなく、蓄積された疲れも解消に向かうわけである。

③手掌圧迫法

腰骨の上や腰椎《ようつい》の両側が硬くなると、プレーの際の柔軟性が失われ、傷害を受けやすくなってしまう。手掌圧泊法を用いてこの部分をほぐすときは、両手を重ねてマッサージをする人の体重を垂直にかけて圧迫する。

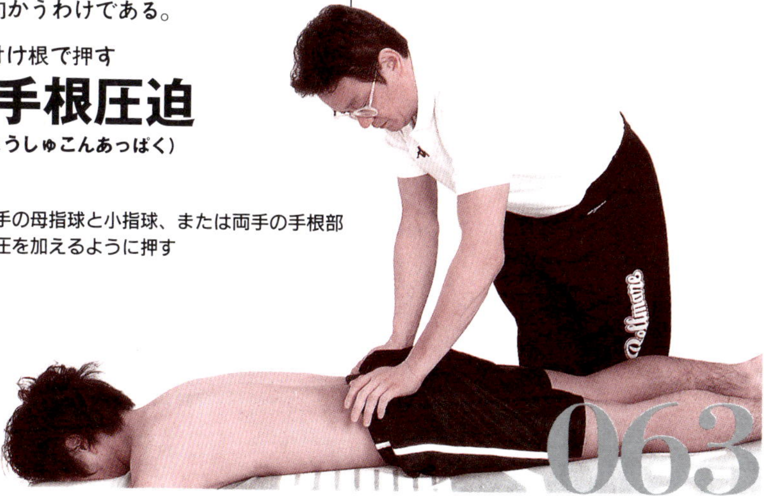

手の付け根で押す

両手根圧迫

（りょうしゅこんあっぱく）

両手の母指球と小指球、または両手の手根部で圧を加えるように押す

Massage Technique ❻

伸《しん》展《てん》法《ほう》

［筋肉や腱を伸ばして
疲労を拡散させる方法］

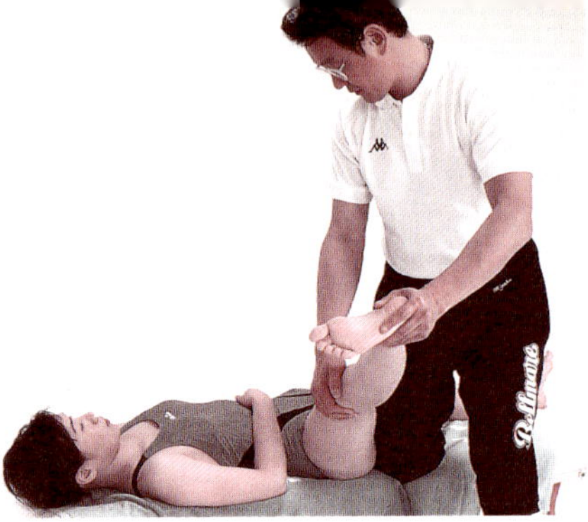

伸展法は、トレーニングなどで硬くなった筋肉や腱を伸ばすことで、疲労を周囲の組織に吸収させる手法で、ストレッチと同じ目的で行われる。

痛みを我慢して無理に伸ばすと効果は半減

筋肉や腱を伸ばすといっても、無理に伸ばしては、ストレッチの効果が半減する。自然に伸びるところまで伸ばして、10秒、20秒と同じ姿勢を保つ。こうすることで、萎縮《いしゅく》していた筋肉などが柔軟性を増してくる。

ところが、短時間に柔らかくしようとして、多少の痛みを我慢して無理に伸ばすと、筋肉は緊張して動きと反対の作用をする。こうなっては、伸展法、つまりストレッチの意味がなくなってしまう。

あお向けに寝てハムストリングスを伸ばす

太腿裏側のハムストリングスを伸ばすときは、あお向けに寝て行う。立った状態で前屈して伸ばすこともできるが、立っているためには、ひざや腰の周囲の筋肉を働かせ

なければばならない。あお向けに寝て行えば、立つための筋肉は働かなくてもいいので負担が軽くなる。その状態でトレーナーが足首を持ってひざを伸ばして足全体を高く上げると、ハムストリングスもふくらはぎも十分に伸びることになる。これが伸展法であり、立った状態で同じ部分を伸ばす場合と比較すると、効果に差があるのは明らかである。

うつ伏せの状態で大腿前部を伸ばす

日本人は、外国のスポーツ選手と比較すると、大腿《だいたい》前部の筋肉が後ろのハムストリングスの部分よりも発達している場合が多い。それに比べて外国人の足は、概して“丸太のような足”である。

ひざを曲げたままの状態で歩く習慣がついている場合も、大腿前部が発達した足になる。この部分が発達しているということは、疲労もたまりやすい状態ということを意味する。

疲労した大腿前部の筋肉を伸ばすには、うつ伏せの状態で曲げたひざを持ち上げる。この筋肉が極端に硬い人は、ひざを持ち上げると腰全体が浮き上がってしまうので、片方の手で腰椎《ようつい》部分を押さえなければならない。これも伸展法のマッサージの一種である。

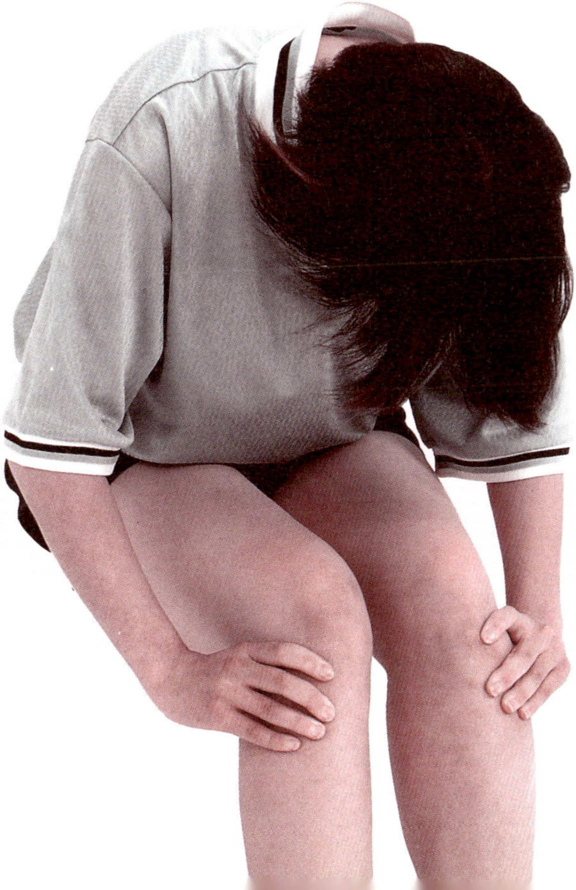

自分でできる簡単なストレッチも伸展法。自然に筋肉や腱を伸ばし、10〜20秒ほど同じ姿勢を保つ

太腿後部のストレッチ

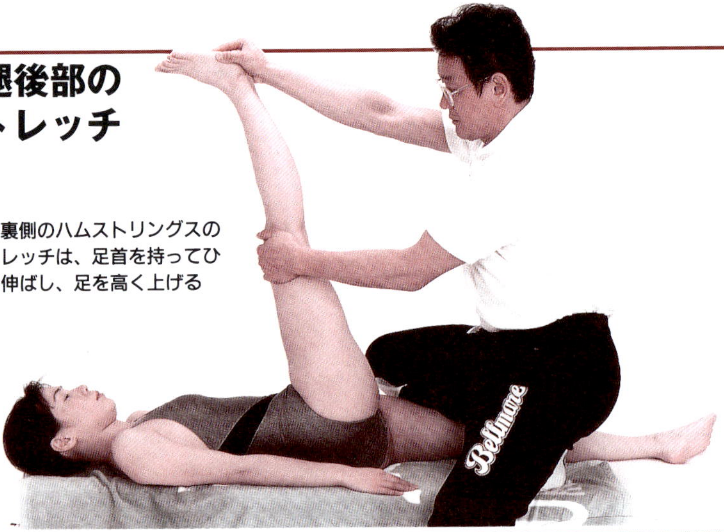

太腿裏側のハムストリングスのストレッチは、足首を持ってひざを伸ばし、足を高く上げる

股関節のストレッチ

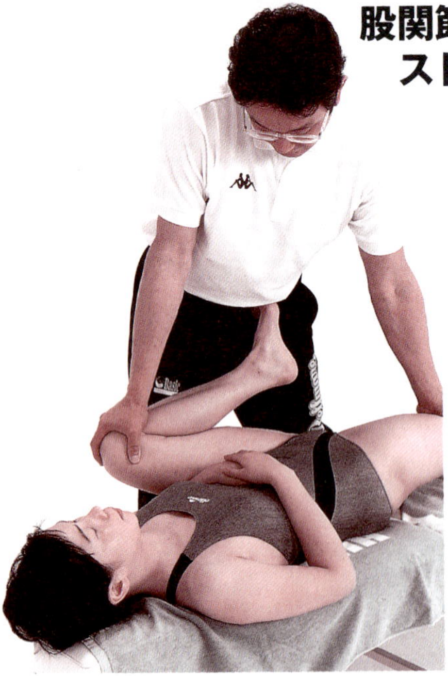

1 あお向けの状態で、一方の足は伸ばしたまま、もう一方のひざを曲げ、股関節を伸ばす。伸ばした足が浮いたときは、ひざを静かに押さえる

2 ひざを曲げた状態で、反対側のひざの上へ乗せ、下に押す。このとき、反対側の腰骨が浮かないように押さえる

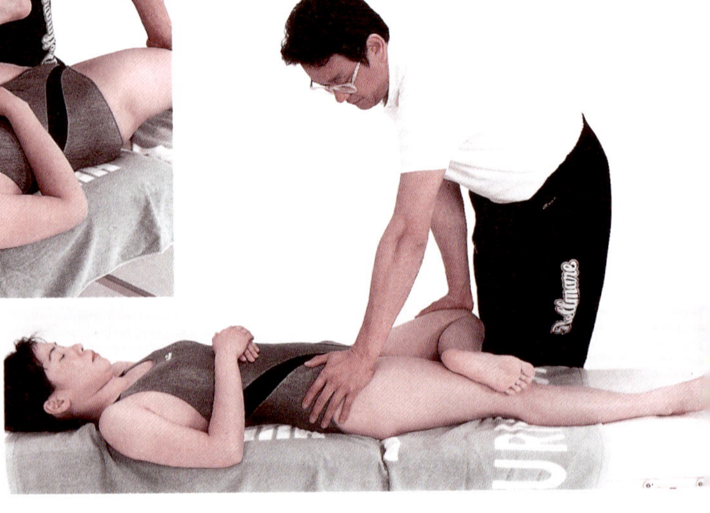

腕・肩関節のストレッチ

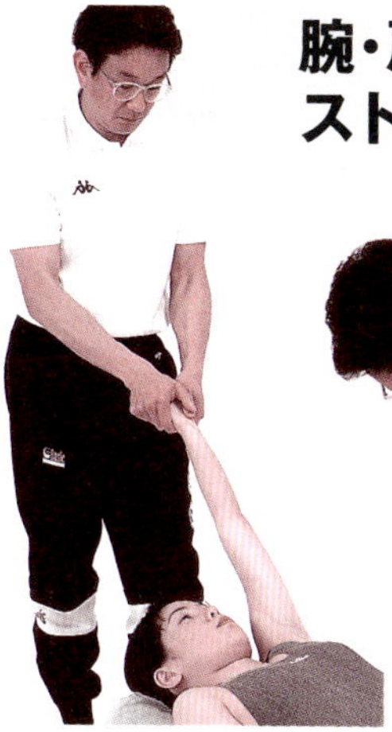

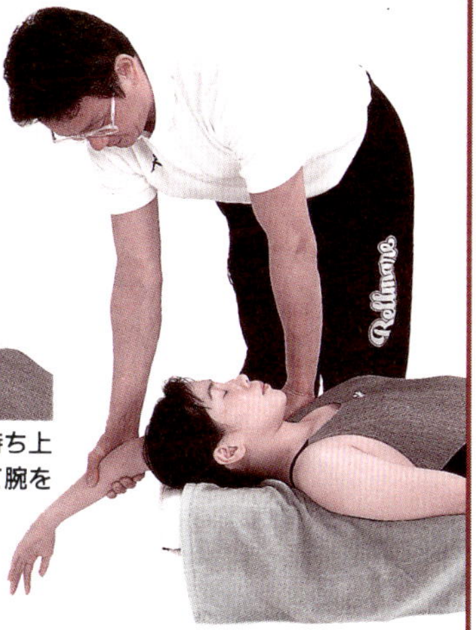

体と平行に腕を持ち上げ、手首を返して腕を頭上に伸ばす

肩関節のストレッチ

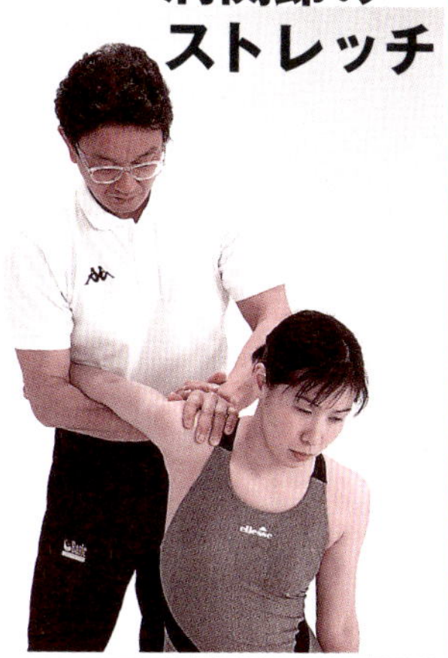

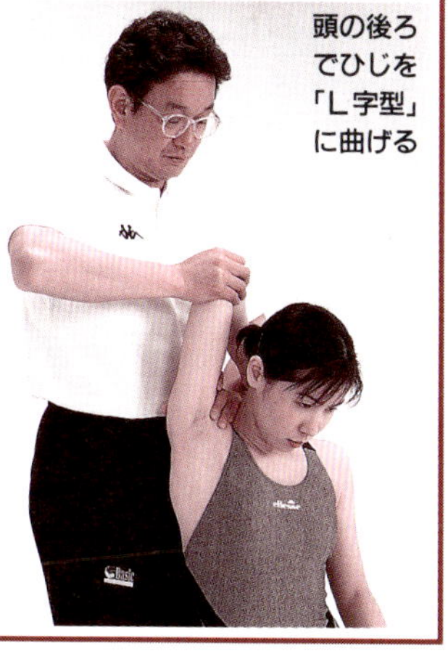

頭の後ろでひじを「L字型」に曲げる

大腿前部のストレッチ

うつ伏せの状態で、一方の足は伸ばしたまま、もう一方のひざを曲げて持ち上げる

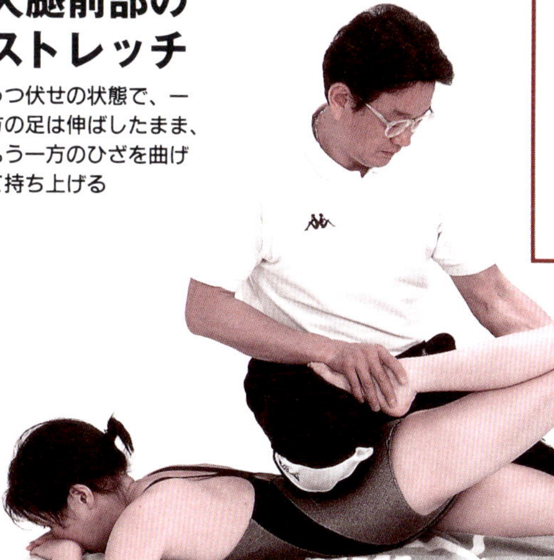

腰全体が浮き上がらないようにする

Massage Technique ❼

叩《こう》打《だ》法《ほう》

［だれでもできる
伝統的な技法］

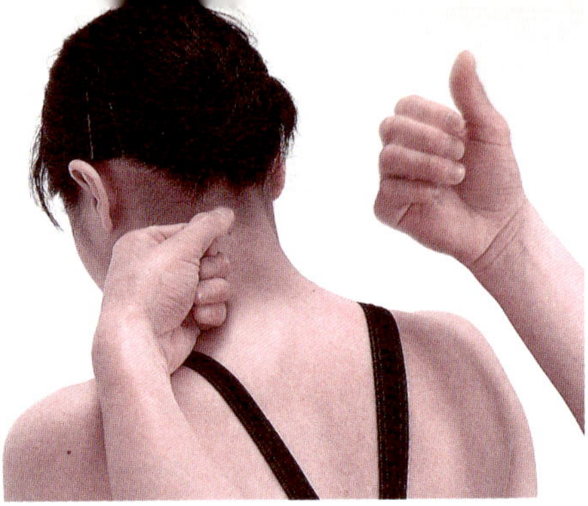

聞き慣れない言葉だが、叩いて行うマッサージのことである。「タントン、タントン、タントントン」という童謡にもあるような、伝統的なだれにでもできる比較的簡単なマッサージの技法である。

拳を軽く握ってリズミカルに叩く

手拳打法

（しゅけんだほう）

肩叩きの要領で軽やかに
叩く。拳を強く握らずに
叩くのがポイント

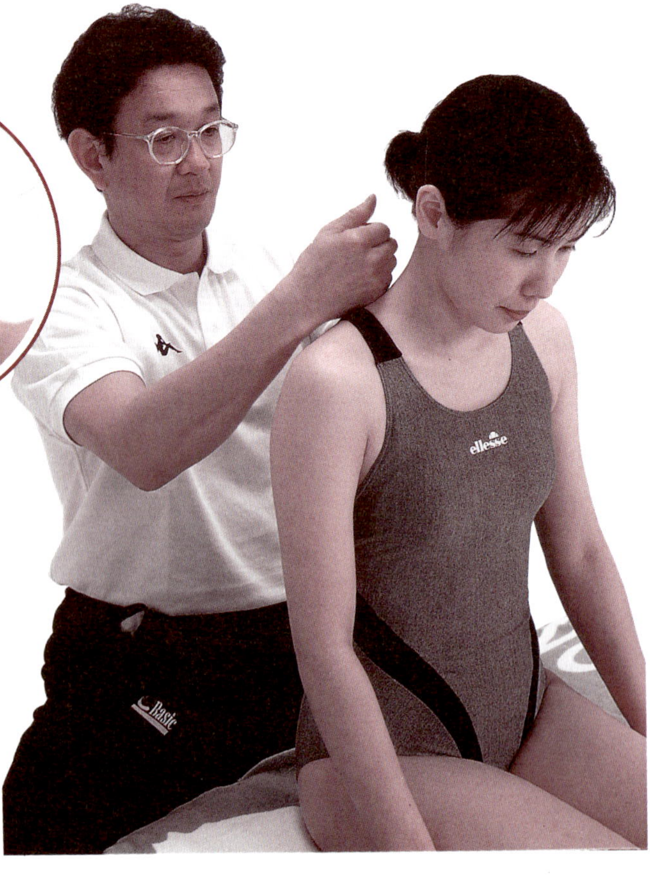

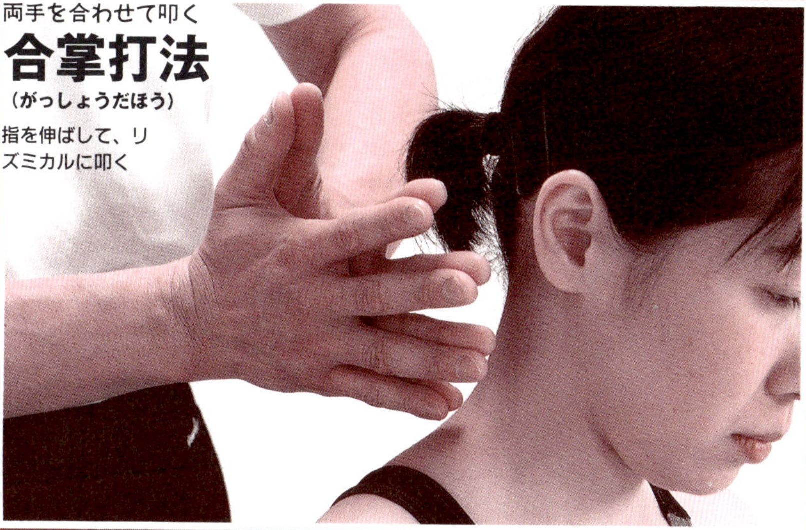

両手を合わせて叩く
合掌打法
（がっしょうだほう）
指を伸ばして、リズミカルに叩く

リズミカルに軽やかに叩くのがポイント

手を開いたり、軽く拳を握ったりするなど、叩く位置によって手の形を変えていく。どの形にしても、リズミカルに軽やかに叩くのがポイントである。

叩打法は、手拳打法、切打法《せつだほう》、合掌打法、拍打法《はくだほう》、縮気《しゅくき》打法などに分けられる。

●手拳打法

拳を軽く握って、孫がおばあちゃんの肩を叩くときのようにリズミカルに叩く。背中、腰、肩、大腿部《だいたい》や下肢《かし》などに使用する。

●切打法

両手の指を広げて伸ばし、交互に動かしながら切るように叩く。

●合掌打法

両手の指を伸ばして合わせ、肩や腰などを叩く。

●拍打法

手で水をすくうような形で、手のひらをスプーン状にして、この面で腰や腹などをマッサージする。

●縮気打法

親指を交差させて両手を組んで、対象の部位を軽く叩く。手首の力を抜くことにより、両手の間の空気が自然にシュッ、シュッともれるような感じで軽やかに行うのが理想的である。

Several Parts Massage ❶

下腿後部（ふくらはぎ）のマッサージ

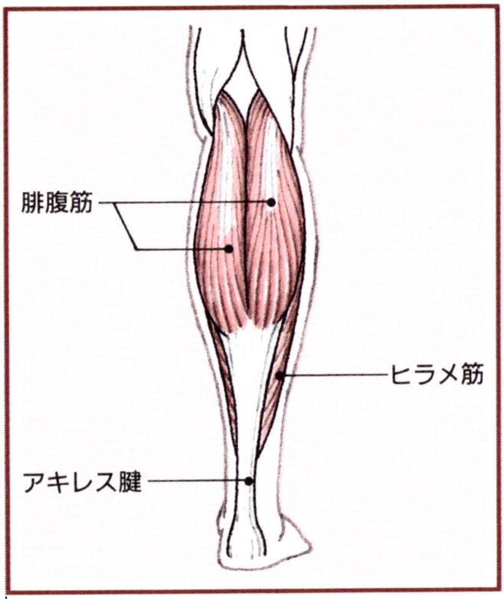

下腿後部には、「下腿三頭筋《かたいさんとうきん》」と呼ばれる腓腹筋《ひふくきん》とその内側にはヒラメ筋がある。これらは足関節の底屈《ていくつ》運動を行う筋肉である。また、腓腹筋やヒラメ筋の深層には、長《ちょう》母指屈筋《ぼしくつきん》などがある。

ひざを曲げた状態でのつま先立ちのときに緊張するのがヒラメ筋で、ひざを伸ばしたつま先立ちのときに緊張するのが腓腹筋とヒラメ筋だ。

まず、軽擦法で筋肉をリラックスさせる

マッサージを受ける者はベッドにうつ伏せになる。右足をマッサージする場合、術者は受け手の右斜め後方に位置し、左手で右足関節を軽く持ち、ひざ関節を約90度に曲げた状態で、右手でアキレス腱から膝窩《しつか》部（ひざの裏）まで、一方通行で手掌軽《しゅしょうけい》擦《さつ》を行う。

軽くさすることによってリンパの流れをよくし、その部位の体温を上昇させるのである。つまり、軽くマッサージすることで、「これからマッサージしますよ」という信号を体に送って、準備をするわけである。

足を曲げるのは、筋肉をリラックスさせるためだ。

手を密着して圧を変えずに同じリズムで4～5回軽擦し、アキレス腱から膝窩部方向へ一方通行でマッサージするときに圧を入れる。

足関節を支える手がふらふらすると、筋肉がリラックスできないので、しっかり支えるようにする。これは、すべてのテクニックに通じることなので、覚えておいてほしい。

ひざ関節を曲げずに軽擦する場合は、下腿《かたい》部から大腿《だいたい》部まで、数回マッサージする。

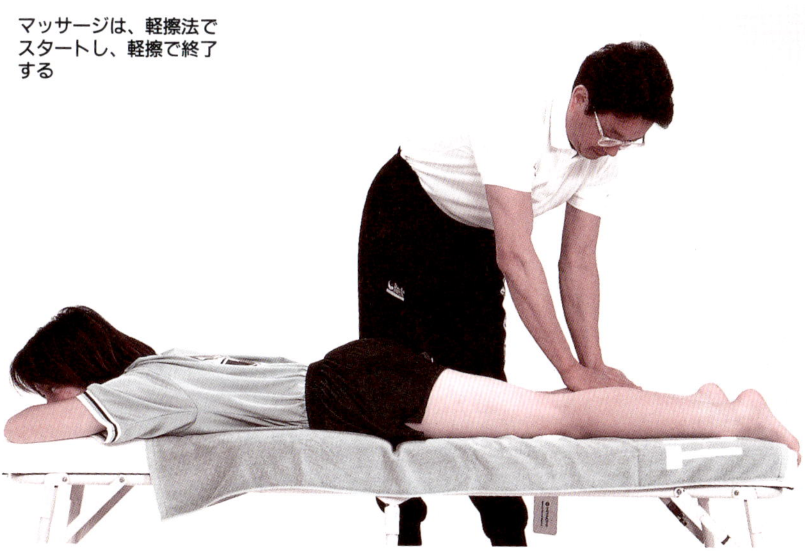
マッサージは、軽擦法でスタートし、軽擦で終了する

ひざを曲げた状態でリズミカルに揉捏法を行う

次に、下腿後部の把握揉捏法《じゅうねつほう》。

軽擦法のときと同じポジションで、アキレス腱下部から膝窩部まで（腓腹筋の内側・外側・中央部を通る）、左右の手を持ち替えながら手掌全体で揉む。筋肉を骨から剥《は》がす感じで少しずつずらしながら行うのがポイント。

3回に1回ぐらいの割合で軽擦法を入れ、筋肉の状態を観察しながらリズムを崩さずに行う。熟練すれば、悪い部位をさわったとき、何らかの変化を感じることができるようになる。深部の筋《すじ》を意識しながら、3回に1回手を持ち替えて治療ポイントに刺激を残すように揉捏する。

さらに、下腿部の筋肉をしっかりつかみながら、反対の手で足関節を背屈させるストレッチや、足関節を可動範囲まで回旋させる運動などをミックスすると、より効果的である。

あお向けの姿勢で行う場合は、マッサージする足のひざ関節を約90度屈曲させ、ベッドの上に座り、一方の手は受ける者のひざ頭に当てて固定するようにつかむ。もう一方の手でアキレス腱から膝窩部にかけて、軽擦法・揉捏法の順に行う（左右の手を持ち替えて行う）。下腿三頭筋や深部の筋への刺激を行ったり、筋硬結部を正確に探し出すには有効な方法である。

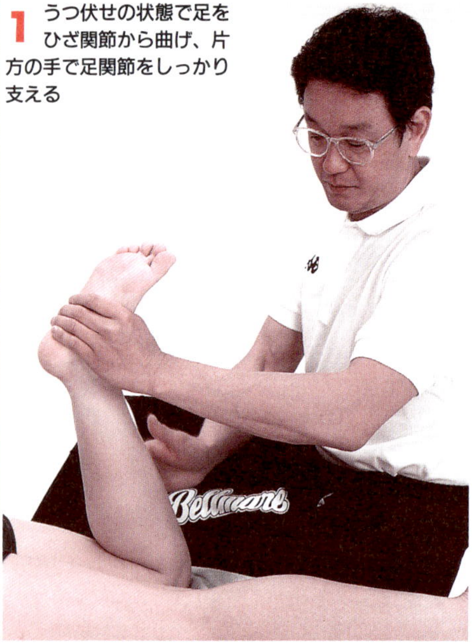

1 うつ伏せの状態で足をひざ関節から曲げ、片方の手で足関節をしっかり支える

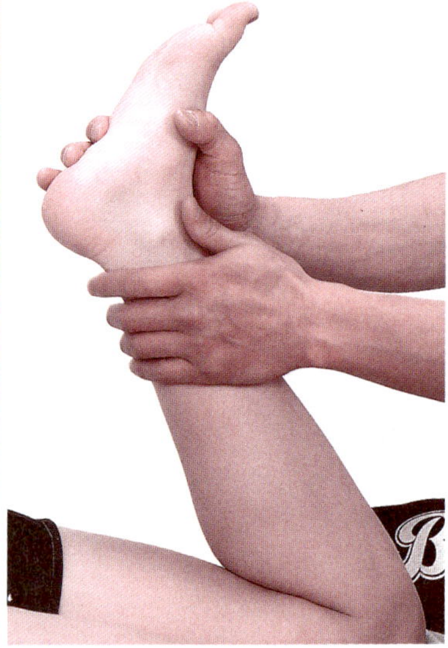

技法のポイント

●軽擦法は、アキレス腱からひざ裏方向に一方通行で行う（揉捏法も同じ）

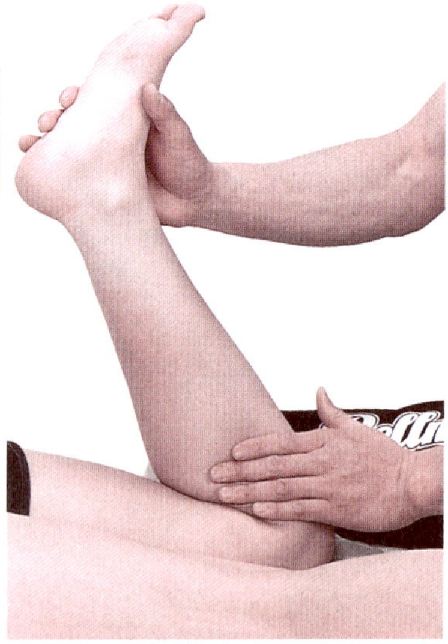

2 アキレス腱からひざの裏側まで、一方通行で四指軽擦する

ひざ関節を曲げずに行う軽擦法

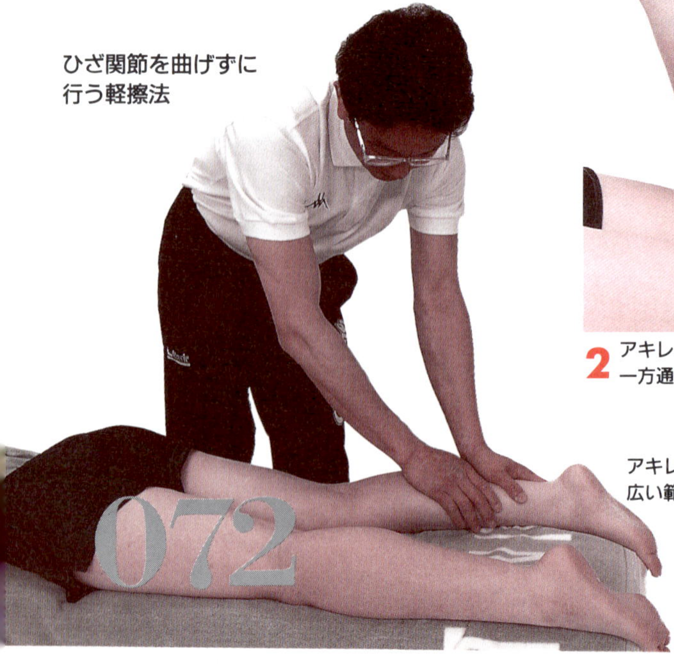

アキレス腱から大腿後部まで広い範囲を軽擦できる

技法のポイント

●把握揉捏法は筋肉を骨から剝がす感覚で行い、3回に1回ほど軽擦法を入れてマッサージする

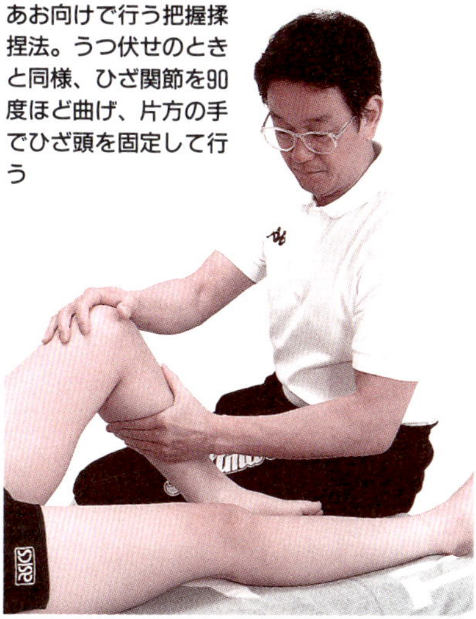

あお向けで行う把握揉捏法。うつ伏せのときと同様、ひざ関節を90度ほど曲げ、片方の手でひざ頭を固定して行う

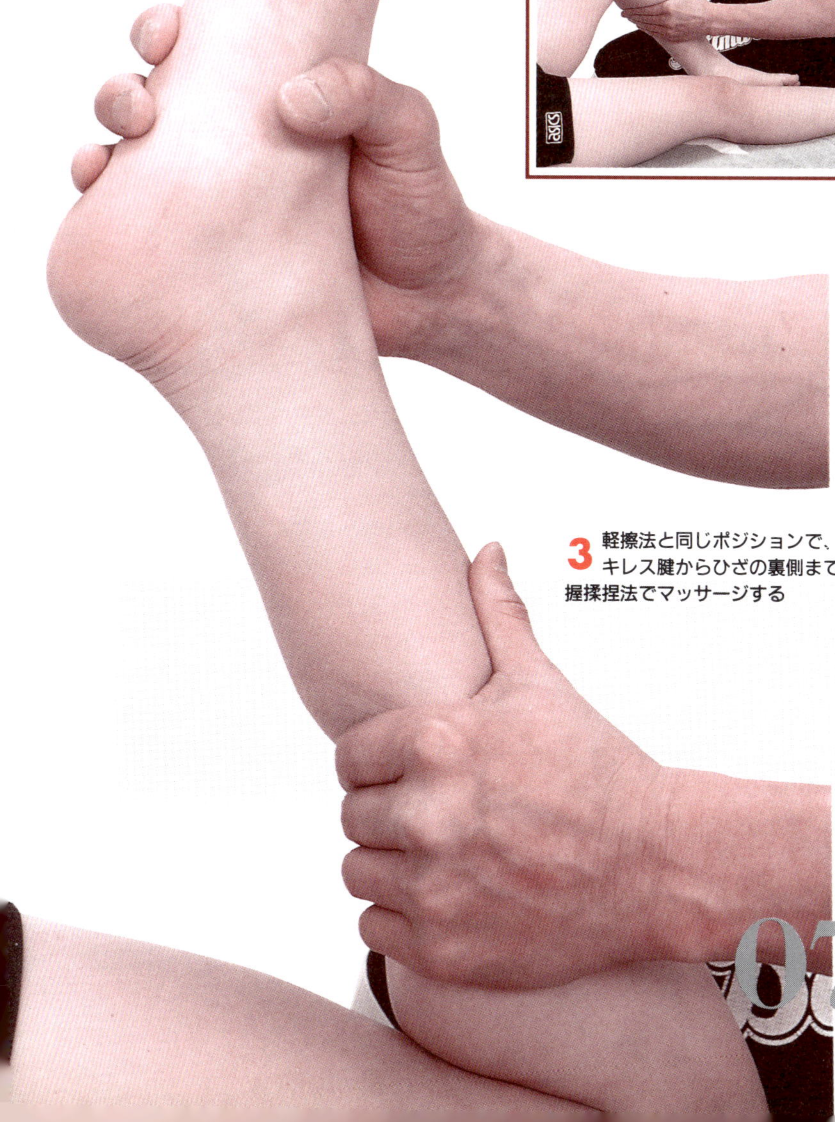

3 軽擦法と同じポジションで、アキレス腱からひざの裏側まで把握揉捏法でマッサージする

Several Parts Massage ❷

アキレス腱のマッサージ

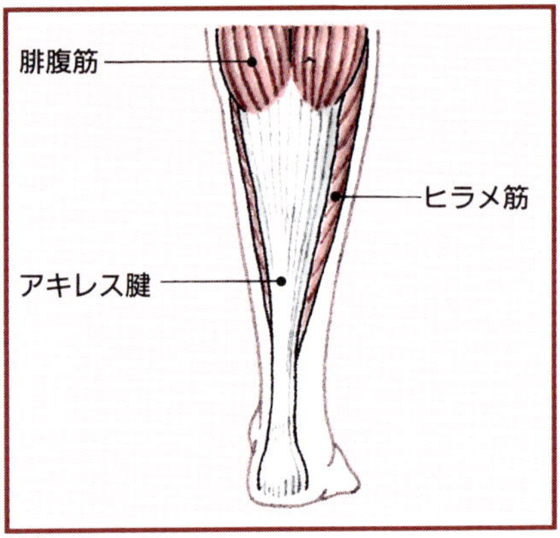

下腿後部の腓腹筋《ひふくきん》は大腿骨《だいたいこつ》から起こり、膝窩《しつか》部を越えてアキレス腱へ移行している。ヒラメ筋はひざ関節外側にある骨の出っぱりの腓骨頭《ひこつとう》から起こり、腓腹筋とアキレス腱でいっしょになる。

疲労はアキレス腱最下部にたまりやすい

アキレス腱の最下部は、かかとの骨の上部から伸びているが、疲労はこの部分にたまるケースが多い。

ここは、意外と気づきにくい部分なので、アキレス腱の周囲を、指頭《しとう》などで丹念に揉み、こりをとるようにする。

アキレス腱自体は柔らかく揉むことが重要

腱自体は柔らかく揉み、むしろくるぶしの周囲などを丁寧にマッサージし、ツボを刺激することが大切である。

細かい部分に疲れがたまっていることが多いので、指腹《しふく》や指頭などを使って、この部分を柔らかくしておくことが、アキレス腱損傷の防止に役立つ。

アキレス腱の疲れがとれると、足全体の動きがスムーズになる。スポーツ選手には見逃せないポイントだ。

アキレス腱に痛みがある場合は

腱自体はひものようなもので、強烈な痛みを伴うことは少ない。

だが、痛みがさほどでない場合でも、アキレス腱が断裂しかかっていることがある。逆に、腱自体に痛みを感じるときは、専門家の診断が必要であり、仲間同士での安易な判断は避けるべきだ。

こうした場合のマッサージは、専門家の判断を仰いだうえで、どうするかを決定すべきである。この点に注意したい。

アキレス腱の二指軽擦法

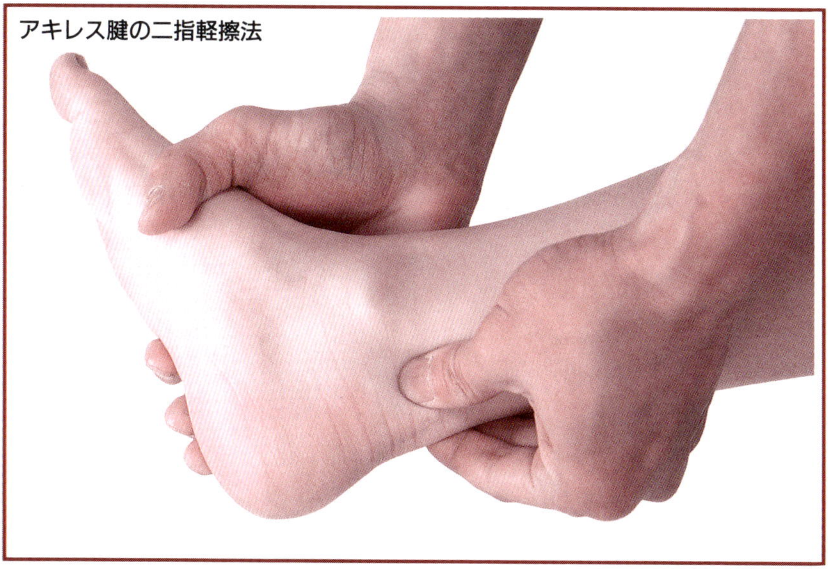

1 母指（親指）と示指（人さし指）を使う二指軽擦法でマッサージする。足首からふくらはぎ方向に行うこと

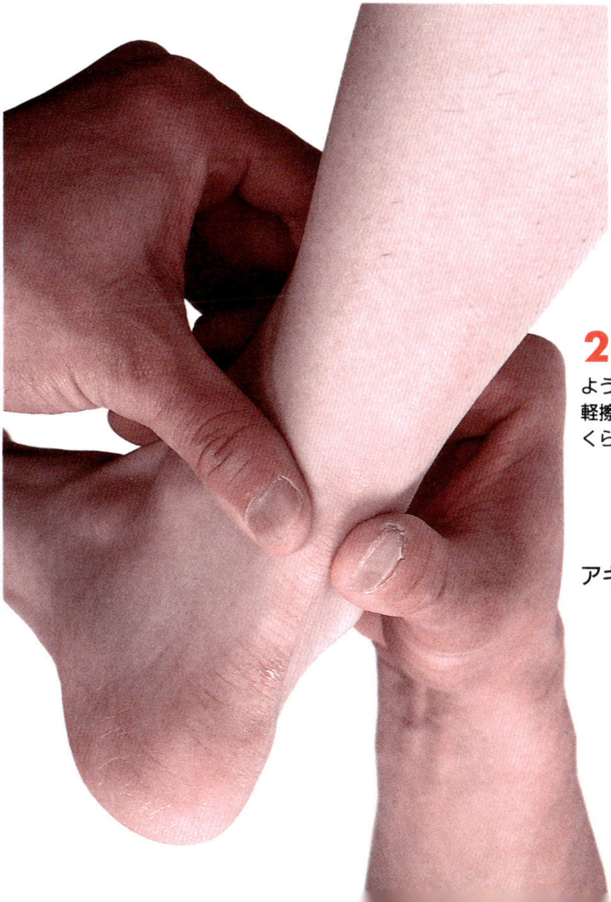

2 両手の母指を使って、アキレス腱を挟み込むように母指軽擦する。二指軽擦法と同様、足首からふくらはぎ方向に行う

アキレス腱の母指軽擦法

Several Parts Massage ❸

足底・足指のマッサージ

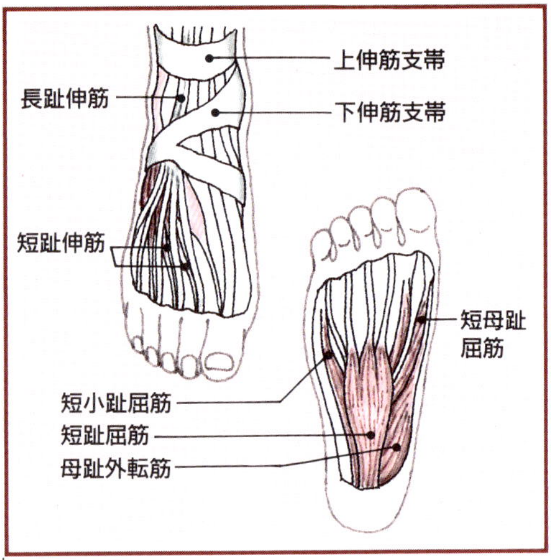

足底部には、短小《しょうし》趾屈筋《くつきん》、短母《ぼ》趾《し》屈筋、短趾屈筋、母趾外転《がいてん》筋《きん》などがある。屈筋とは曲げる筋肉、外転筋とは外に開く筋肉である。

また、足関節部には、長趾伸筋、短趾伸筋などの筋肉（伸筋とは伸ばす筋肉）や、上伸筋支帯や下伸筋支帯などの靭帯が複雑に組み合わさっている。

足底のマッサージは、軽擦《けいさつ》のあと、母指を使った揉捏《じゅうねつ》・圧迫法を中心に、足背部の骨間母指揉捏を行う。

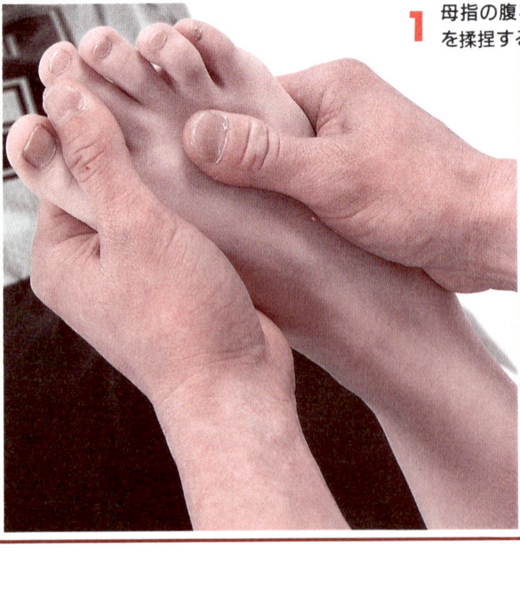

1 母指の腹を使って、足の甲や指部分を揉捏する

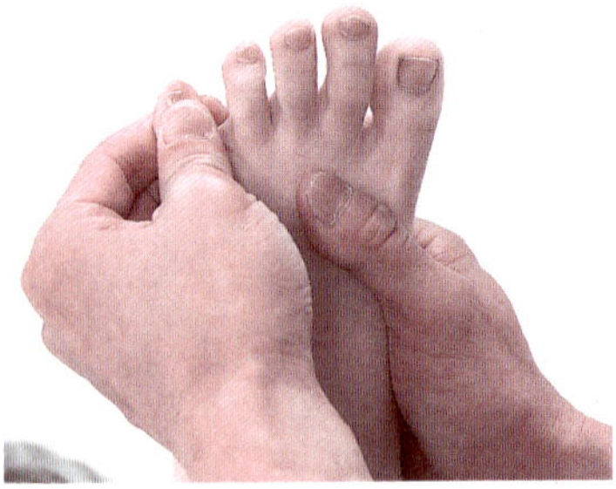

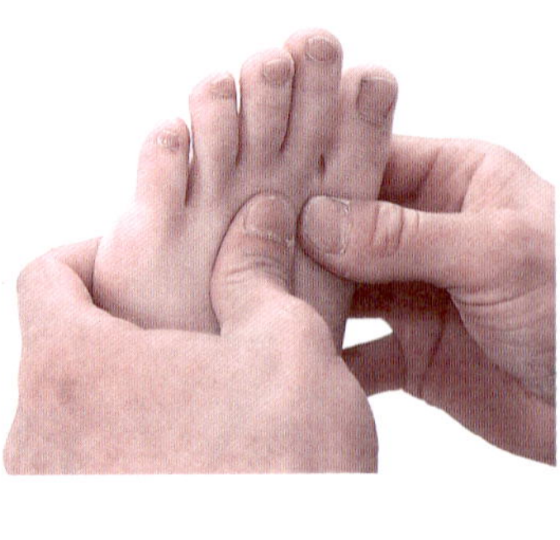

2 足の指は母指揉捏法でマッサージし、指の付け根の中足骨は可動範囲まで前後に動かす（アーチ部の疲労解消に有効）

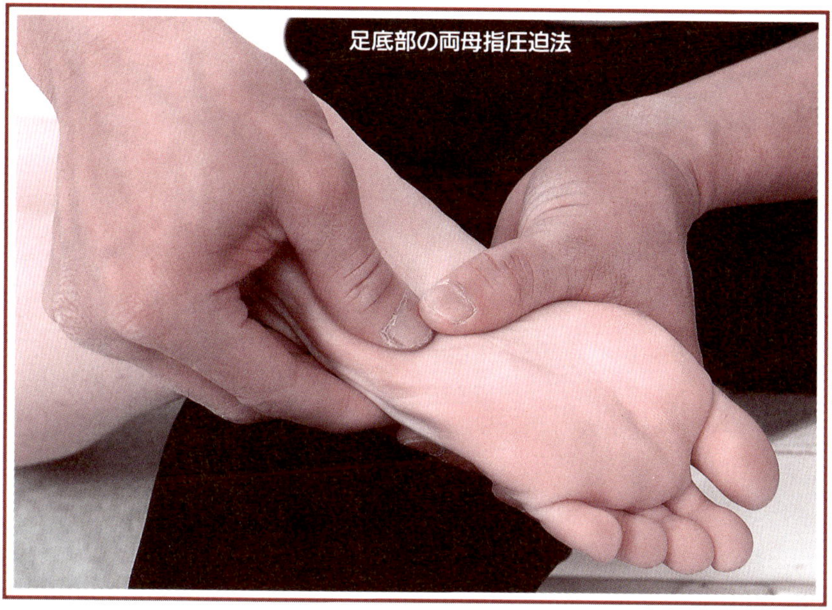

足底の土踏まずの部分は、両母指で圧迫するように押す

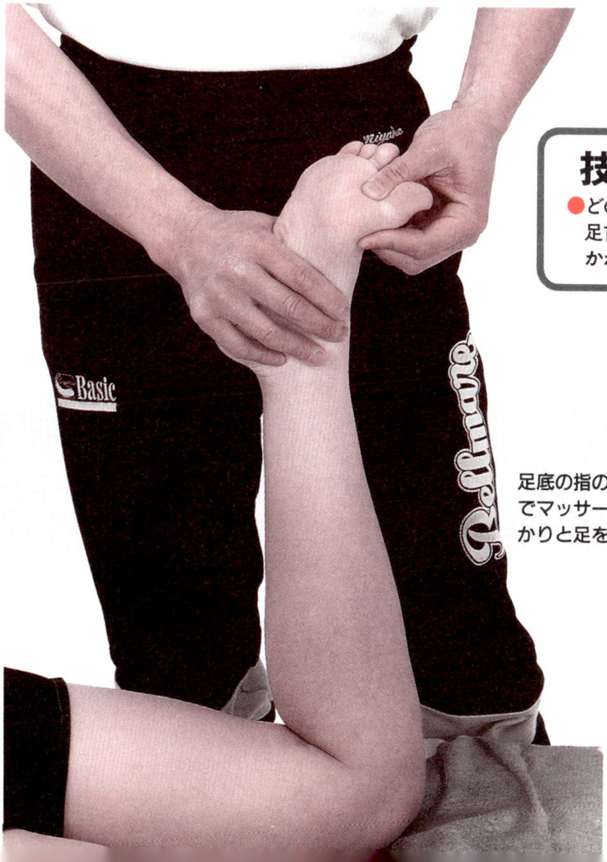

技法のポイント

- どの技法も、足背部は足指から足首方向に、足底部は足指からかかと方向にマッサージする

足底の指の付け根は母指揉捏法でマッサージ。片方の手でしっかりと足を支えること

Several Parts Massage ④

下腿前部（すね周辺）のマッサージ

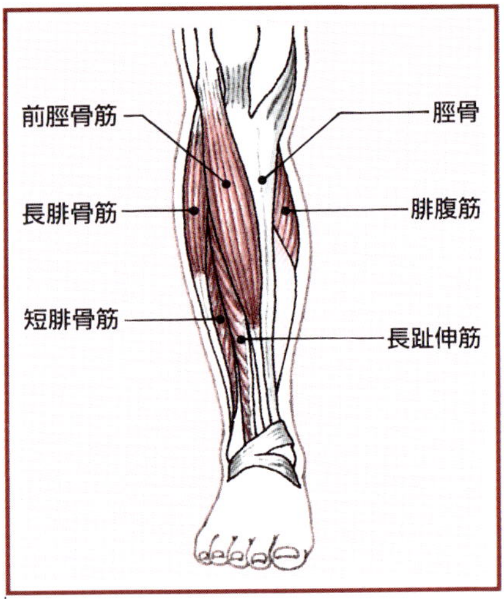

下腿前側の筋肉はおもに前脛骨筋《ぜんけいこつきん》で、脛骨外側から足関節前側を通り、足の親指側足底部に達している。

前脛骨筋は、おもに足関節の背屈《はいくつ》（足関節を手前に上げる）外返し動作に作用し、その外側には、前脛骨筋の動きに協力する長趾伸筋《ちょうししんきん》や長・短腓骨筋《ひこつきん》がある。腓骨筋はアキレス腱に移行し、足関節外側を通り、第 5 趾の足底に達している。

これらは足関節をサポートする筋肉で、ねんざなどのケガを予防するには、下腿《かたい》部の筋力強化が必要である。特に、慢性ねんざや足関節周囲に傷害のある人は、筋力アップが不可欠だ。

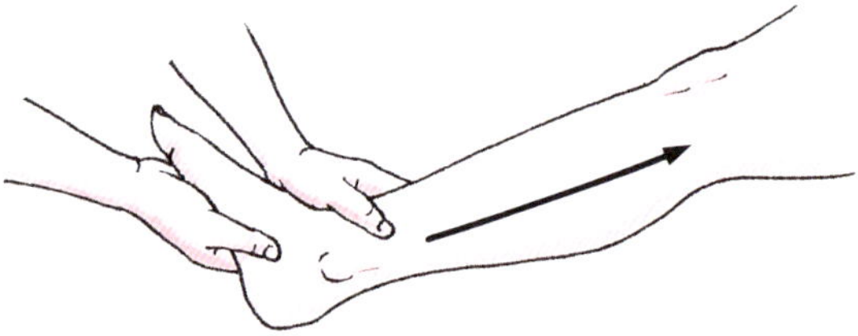

片方の手で足関節を支え、手のひらを密着させ、足関節からひざ下まで軽擦する

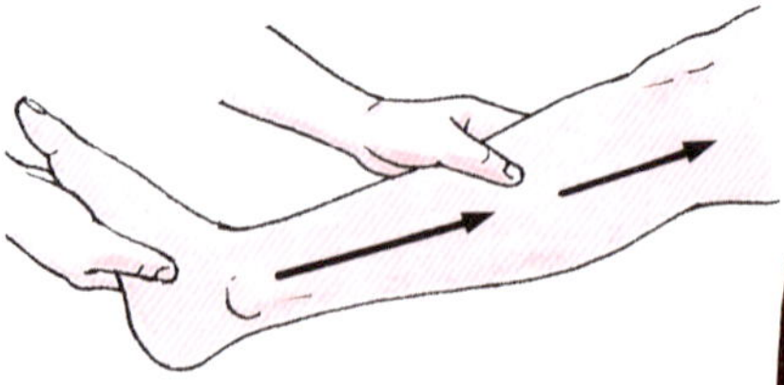

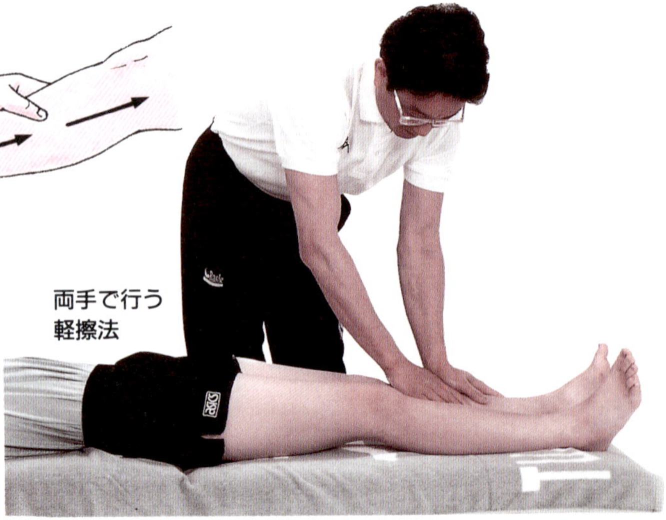

両手で行う軽擦法

同じ圧・同じリズムで下腿部を軽擦する

マッサージを受ける者はあお向けの姿勢でリラックスし、術者は受ける者の足先に位置する。片方の手で足関節を支え、手のひら全体で足関節上部から前脛骨筋、その外側の腓骨筋まで、同じ圧・同じリズムで、母指四指間《ぼししし》で脛骨を挟むように軽擦をする。

両手を使って軽擦する場合は、手のひらを筋肉に密着させて、足首からひざ方向に数回繰り返し行う。

前側の筋に3つのラインを設定する

次に揉捏法《じゅうねつほう》。左足をマッサージする場合、術者は受け手の下腿部右外側に位置する。そして、下腿部前側の筋《すじ》に3つのラインを設定し、両母指を重ねて圧迫揉捏を行う。この3つのラインは、1本目は脛骨際筋肉と骨の境目、2本目は中央腹の部分（筋腹部）、3本目は腓骨際付近に設定する。各ラインの上を5ポイントほどに

圧迫揉捏を行う下腿部前側の筋の3つのライン

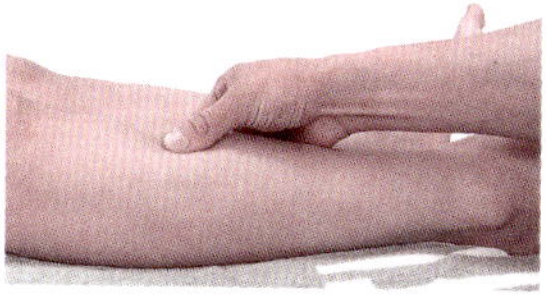
脛骨際筋肉と骨の境目

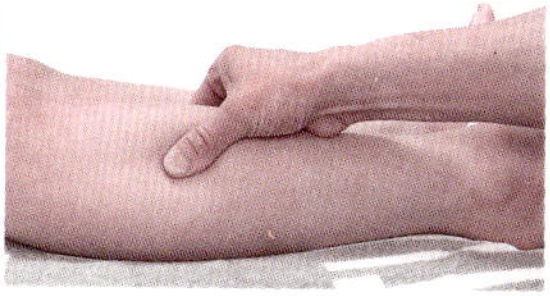
筋腹部（中央）

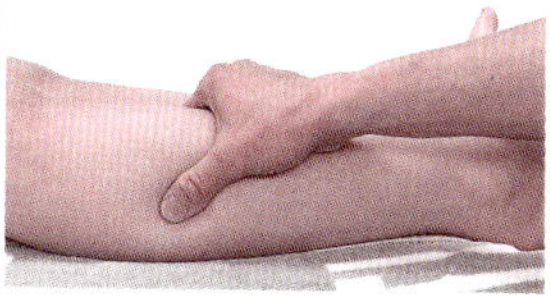
腓骨際付近

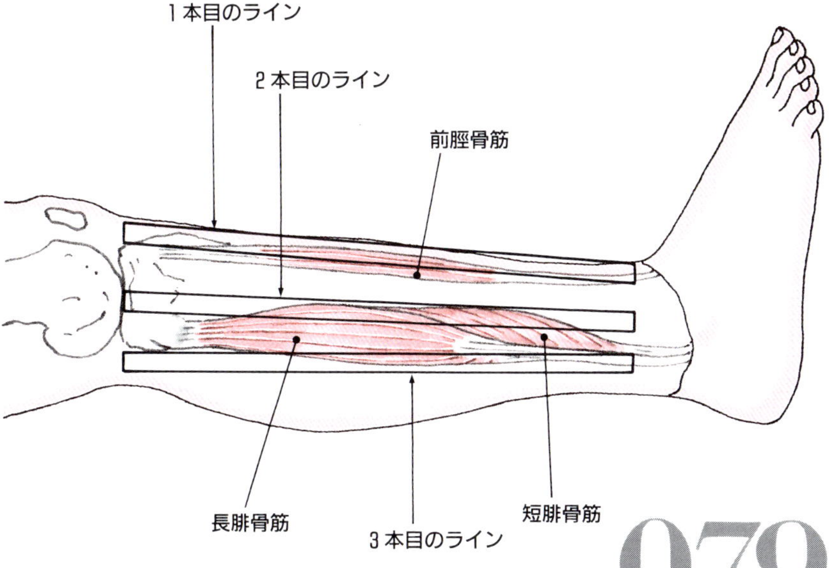

分け、少しずつずらしながら、足関節上部からひざ関節下部まで、四指で脛骨面を支え、母指による圧迫揉捏を行う。
術者は受け手の痛みを確認しながら、刺激をゆっくりとポイントに置いてくるようにマッサージする。刺激を放つのではなく、置いてくる感覚を意識して行うことが重要である。

すね周辺の圧迫揉捏法

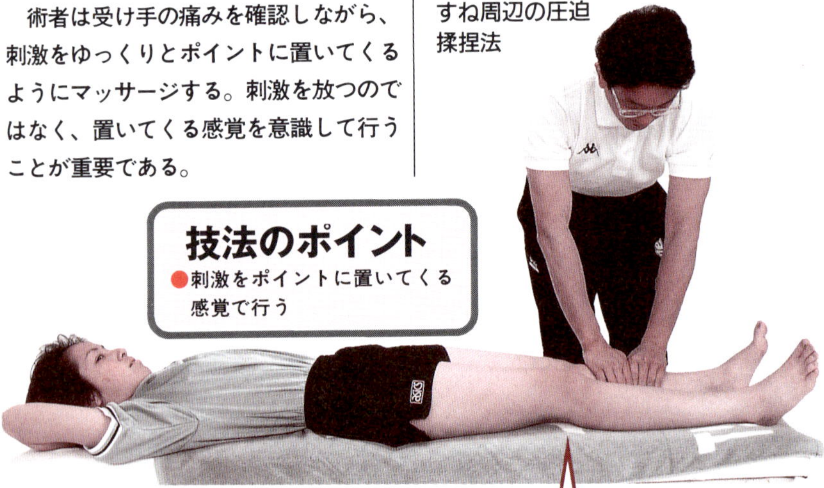

技法のポイント

● 刺激をポイントに置いてくる感覚で行う

前ページの3つのライン上を、足首からひざに向かって両母指圧迫揉捏する

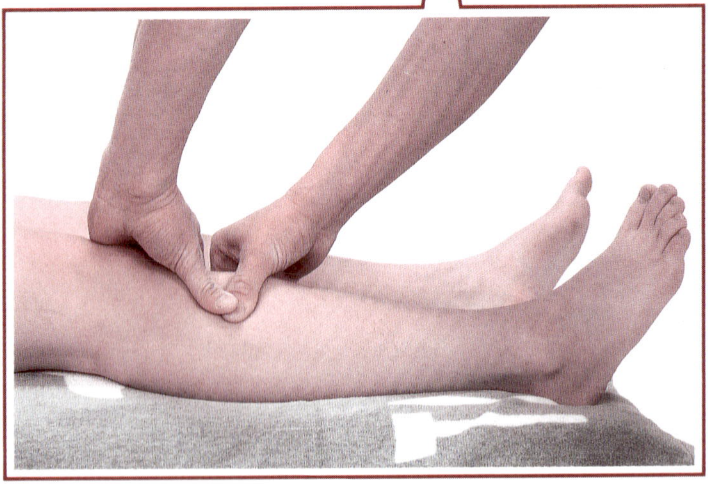

Several Parts Massage ⑤

大腿後部（ハムストレングス）のマッサージ

大腿後部には、大腿二頭筋《だいたいにとうきん》・半《はん》腱《けん》・半膜様筋《はんまくようきん》・薄筋《はくきん》などがある。これらは坐骨《ざこつ》結節部から起こり、二頭筋はひざ外側下部の腓骨頭《ひこつとう》まで、半腱・半膜様筋・薄膜はひざ内側（鵞足《がそく》部）まで達する。

肉離れを起こしやすい部位で、おもにかかとを臀部に近づけるスポーツでよく起こる。肉離れを予防するには、大腿後部の筋《すじ》全体の柔軟性を維持することを目的としたストレッチを行う（66ページ参照）。

また、大腿《だいたい》部前側の筋（大腿四頭筋《しとうきん》）とのアンバランス（後ろ側の筋のほうが弱い）を考慮し、大腿部後ろ側の筋力強化トレーニングを怠らないように心がけることも大切だ。

そして、マッサージで筋の硬縮など状態を確認したら、本人にアドバイスして自覚させ、トレーニング量をコントロールすることが、ケガを未然に防ぐポイントである。

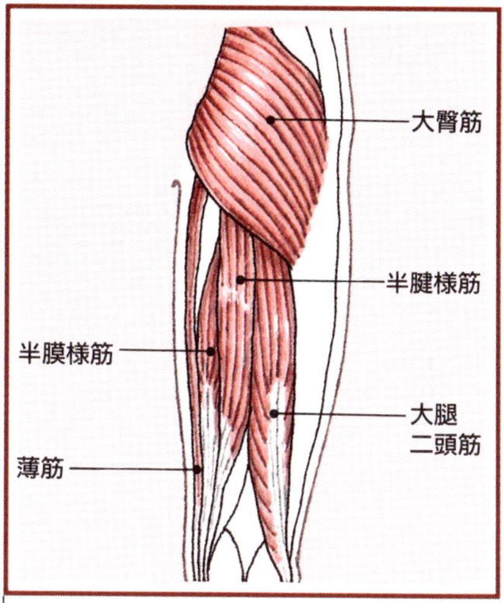

刺激を部位に置いてくる感覚で行うこと

マッサージを受ける者はうつ伏せになり、術者は受け手の下《か》腿《たい》部外側に位置する。右足のマッサージでは、左手を左臀部へ軽く置き、右手の母指《ぼし》を内側に向けて皮膚に手のひらを密着させ、膝窩《しっか》部（ひざの裏）から坐骨《ざこつ》結節部まで、同じリズム・同じ圧で4～5回繰り返し軽擦法《けいさつほう》を行う。筋の緊張・腫《は》れなどを確認しながら行うのがポイントだ。

次に、揉捏法《じゅうねつほう》。術者は大腿部の右外側へ位置し、左足をベッドの上に乗せる。マッサージを受ける者（うつ伏せの状態）のひざを約90度屈曲させ、足関節を術者の大腿部の付け根で支え、両手を重ねて手掌《しゅしょう》部全体、または手根部で、ひじを

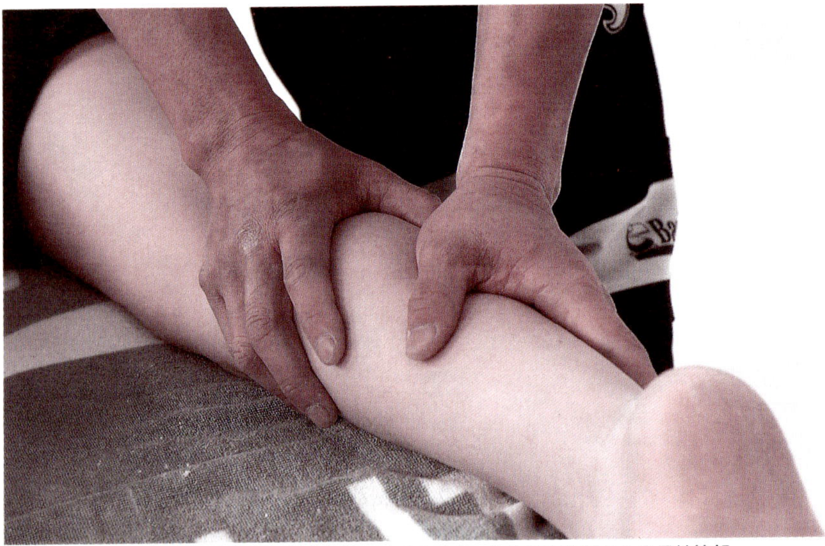

1 手のひらを皮膚に密着させ、ふくらはぎ、または下腿部から坐骨結節部まで、同じリズム・圧で4～5回繰り返し軽擦する

技法のポイント

- 揉捏法は、表面だけでなく内部の筋まで圧を入れるように、体重をかけて揉む
- マッサージを受ける者が少し顔をしかめるくらいの強さかどうかが目安

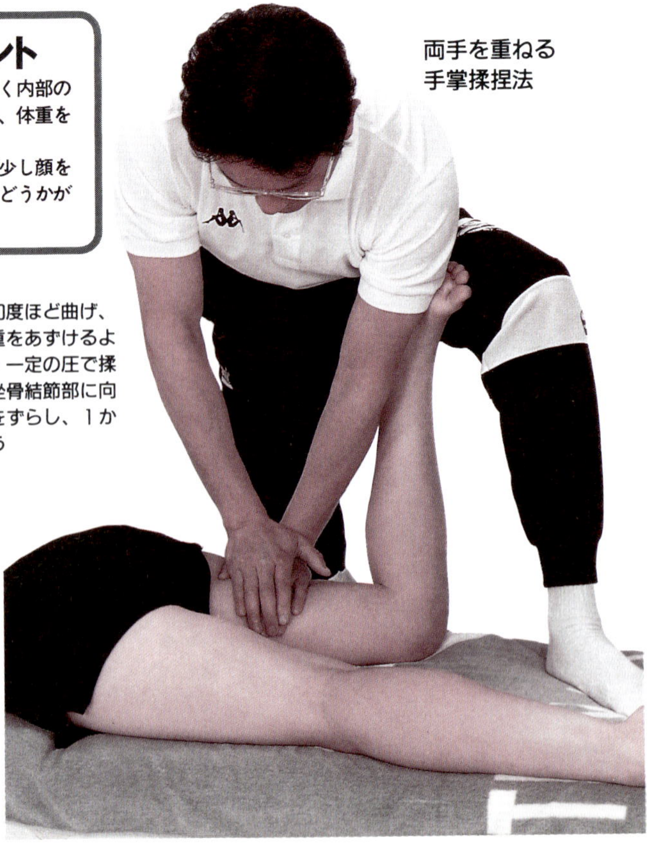

両手を重ねる
手掌揉捏法

2 受け手のひざを90度ほど曲げ、両手を重ねて体重をあずけるように、一定のリズム・一定の圧で揉捏する。膝窩部から坐骨結節部に向かって少しずつ位置をずらし、1か所につき3回ほど行う

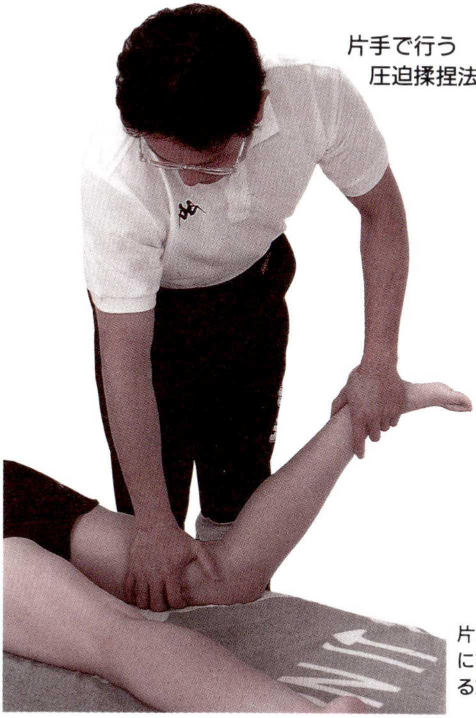

片手で行う
圧迫揉捏法

曲げずに体重をゆっくりあずけるように、大腿部の内側・中央・外側部分をジワーッと一定のリズム・圧で上下に圧迫揉捏する。表面だけでなく、深部まで圧を入れることを意識して、1か所につき3回ほど行う。少しずつ位置をずらし、坐骨結節部へ向かって内側・中央・外側各ラインを5回ほど揉捏し、最後に軽擦法を5回ほど行う。

治療のポイントは、刺激を置いてくる感覚で行うこと。刺激を放つような感覚では、効果が期待できない。

また、刺激の程度は、受ける者が少し顔をしかめる強さがよい。強すぎると逆効果になることがある。

片方の手で曲げた足を支え、手のひらを皮膚に密着させ、筋肉をつかむように圧迫揉捏する方法もある

圧迫揉捏法

手のひらを大腿後部に密着させ、筋肉をつかむように揉みほぐす。筋肉を骨から剥がすように行う

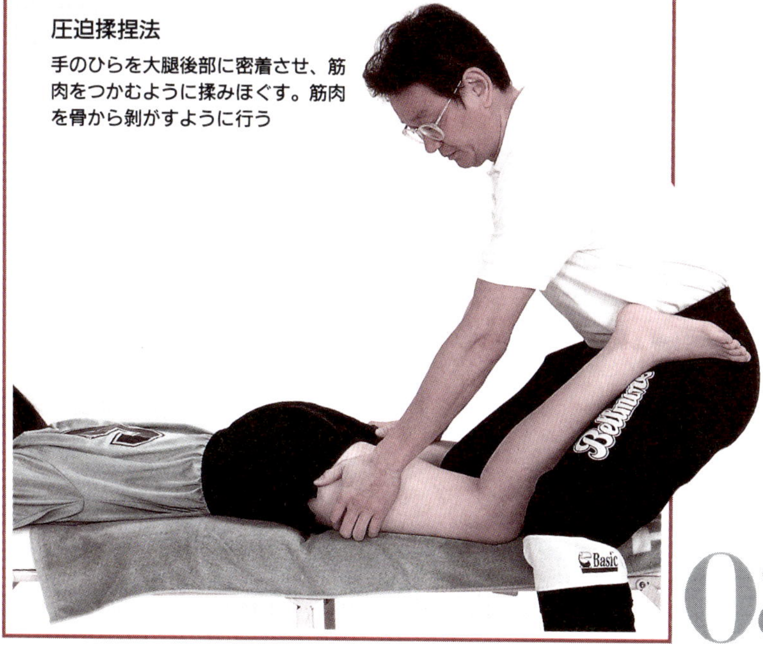

Several Parts Massage ❻

大腿前部のマッサージ

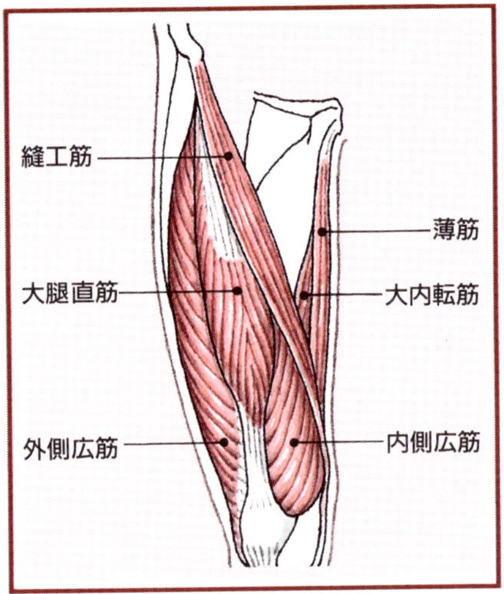

大腿前部にある大腿四頭筋《だいたいしとうきん》は、体の中でいちばん強い筋肉で、大腿直筋《ちょっきん》と内側広筋《こうきん》、中間広筋、外側広筋とで成り立っている。大腿直筋は股関節、下前腸骨棘《ちょうこつきょく》から、他の広筋は大腿骨から起こり、ひざ付近で1つの腱になり、膝蓋骨《しつがいこつ》まで達している。大腿直筋はおもに2関節から成り、股関節の屈曲やひざ関節の伸展に作用する。

大腿前側には、上前腸骨棘から起こり、大腿前面を斜めに渡りひざの内側（鵞足《がそく》部）へ達する「縫工筋《ほうこうきん》」と呼ばれる筋肉がある。縫工筋は、おもに股関節の屈曲とひざ関節の屈曲に作用する。

大きく円を描くように、把握・手掌揑捏でマッサージ

まず、大腿四頭筋の軽擦法からスタート。マッサージを受ける者はあお向け、術者は下腿《かたい》外側に位置する（左足であれば右側）。左手はひざ関節の内側に添えて、右手のひら全体で4つの筋を意識しながら、一定のリズム・圧で、ひざ関節上部から股関節方向へ一方通行でマッサージする。

軽擦法で筋《すじ》の状況を確認したら、次に

手掌軽擦法

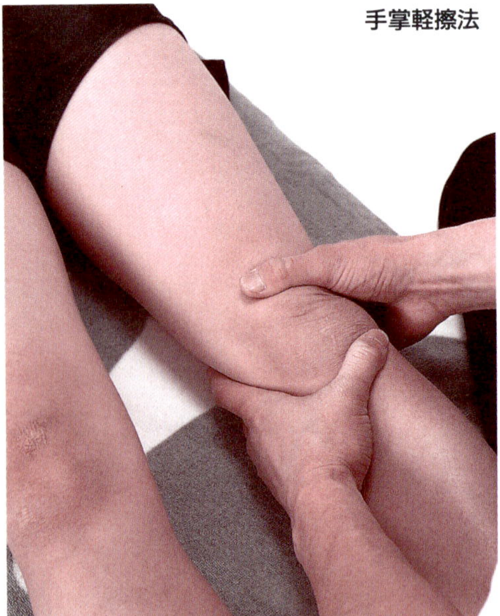

1 右足の大腿四頭筋のマッサージでは、左手をひざ関節内側に添えて、右手の手のひら全体で、ひざ関節から股関節方向に軽擦する

揉捏法《じゅうねつほう》。手のひら全体を密着させ、大きく円を描くイメージで把握・手掌《しゅしょう》揉捏を行う。筋肉を骨から剥《は》がすような要領で、少しずつずらしながら行うのがポイント。3回に2回ほど軽擦法をミックスするのがよいだろう。

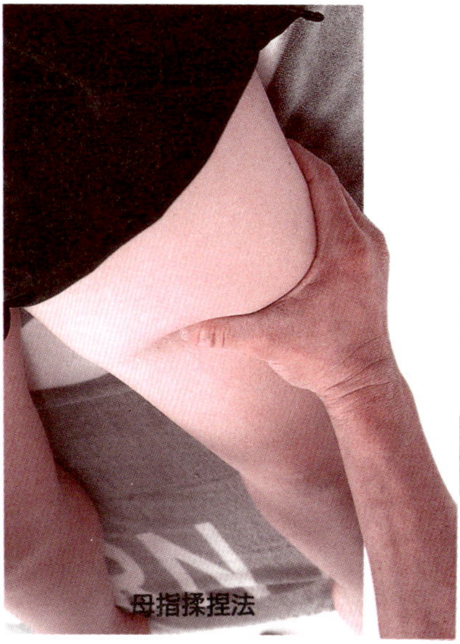

母指揉捏法

母指の腹全体で大腿直筋の中央部をマッサージ

中央部の大腿直筋のマッサージには、母指《ぼし》圧迫揉捏法を用いる。母指の腹全体を使って“面”でゆっくり痛みを確認してから、刺激量をコントロールする。深部へ圧が入るように意識してゆっくり行うことが大切である。

技法のポイント
- 筋肉を骨から剥がす要領で行う

2 手のひら全体を皮膚に密着させ、ひざ関節から股関節方向に少しずつずらしながら揉みほぐしていく

ひざ内側の鵞足部は四指揉捏法でマッサージ

鵞足部の四指揉捏法

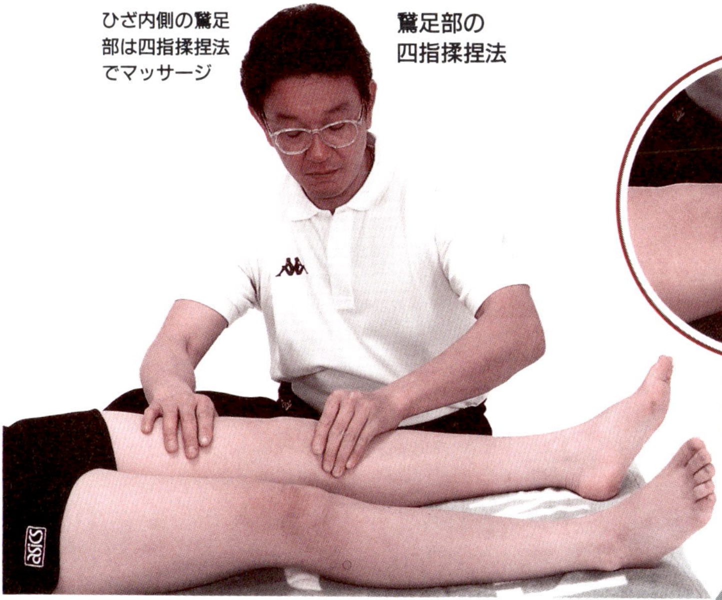

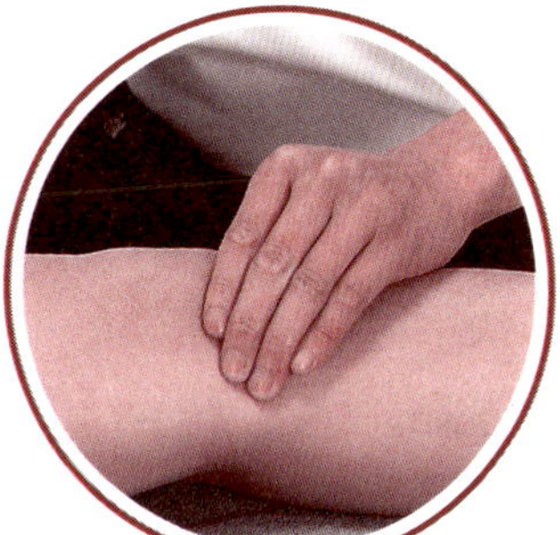

四指の腹全体で深部まで圧が入るように意識して、ゆっくりと行う

Several Parts Massage ❼

大腿内側部のマッサージ

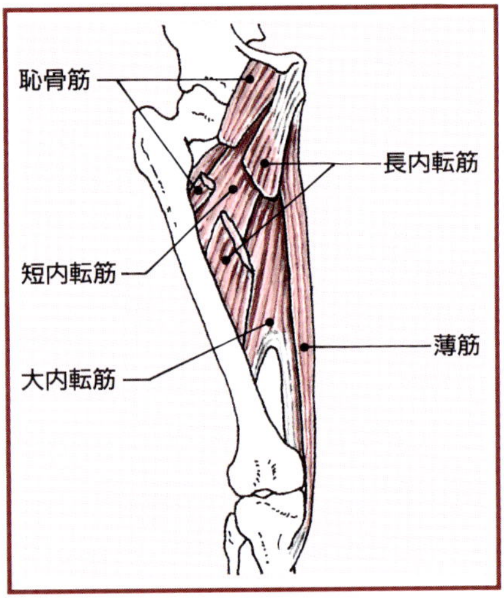

大腿内側部は「内転筋群《ないてんきんぐん》」といわれ、大腿《だいたい》部を内転（外側から内側に動かす動作）する作用がある。浅層《せんそう》部には恥骨筋《ちこつきん》、長内転筋、薄筋《はくきん》、中間層には短内転筋、深層には大内転筋がある。大内転筋は恥骨から股関節を渡り大腿骨へ、薄筋は恥骨から股関節を渡りひざ関節内側（鵞足《がそく》部）に達している。内転筋群は、ひざ関節の動きへも関与している。

内転筋群にストレスがたまると体のキレが悪くなる

サッカーなどのスタートダッシュ、ターン、キック、またはグラウンドコンディションなどにより、大腿内転筋群にストレスがたまり柔軟性が失われると、足が上がりにくくなったり、体のキレが悪くなる。

また、内転筋群は腰痛と深い関係があり、思わぬ傷害が隠されている部位でもあるので、注意深い観察が必要だ。

恥骨付近は強め、ひざ関節は弱めにマッサージする

マッサージを受ける者はあお向けになり下腿《かたい》部を屈曲したポーズ、術者は受け手の下腿前部に座わる（左足の場合は右側）。股関節の外側を術者の左大腿部の上へ乗せるようにし、右手の手のひら全体でひざ内側の上部から恥骨に向かって一定の圧・リズムで軽擦《けいさつ》する。このとき、股関節が伸展しすぎないように注意して行うことが大切である。

そして揉捏法《じゅうねつほう》。術者は軽擦のときと同じポジションに位置し、内転筋群の手掌《しゅしょう》揉捏《じゅうねつ》・手根揉捏を行う。１つの部位について3回ほど行い、少しずつずらして恥骨部まで丹念にマッサージする。

特に、ひざ関節内側の上部は痛みを強

く感じる部分なので、ゆっくりと弱めに行うことが大切である。受け手の反応を観察しながら、同じリズムで部位別に圧を変え、内転筋群の筋肉を意識しながらマッサージする。

恥骨付近は多少強く刺激しても大丈夫なので、母指《ぼし》圧迫揉捏法を用いてゆっくり強めにマッサージする。

また、刺激は点ではなく面で行うことも重要なポイントである。

手掌軽擦・揉捏法の形

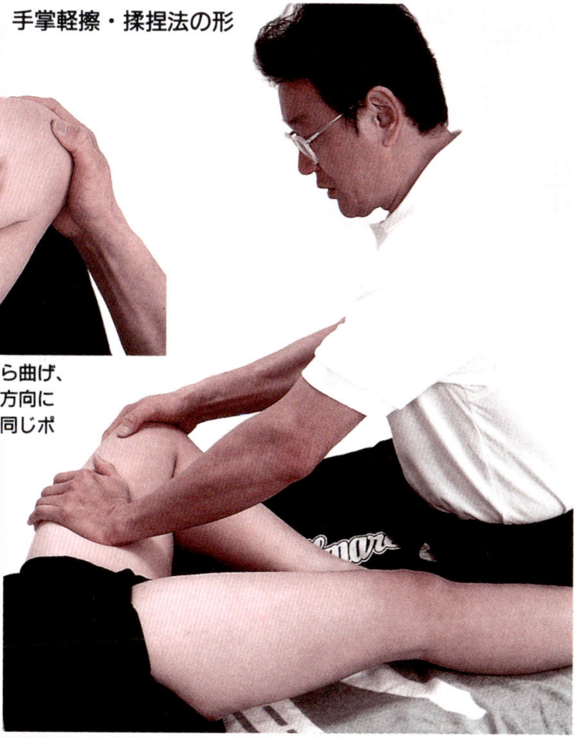

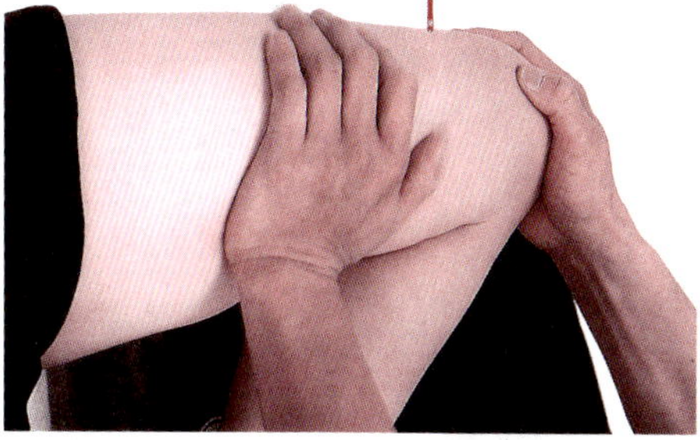

あお向けの姿勢で足をひざ関節から曲げ、手のひら全体でひざ内側から恥骨方向にマッサージする（軽擦・揉捏とも同じポーズ）

内転筋の
把握揉捏法

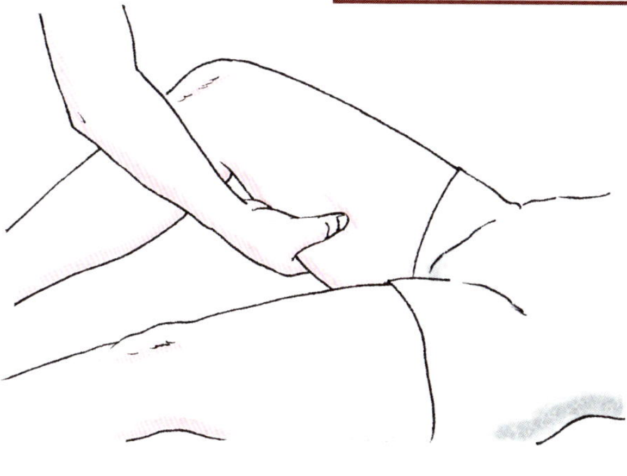

筋肉を剥がすように、ひざ内側から恥骨方向にマッサージ。恥骨付近は両手で行ったほうがよい

Several Parts Massage ❽

腰背肩部のマッサージ

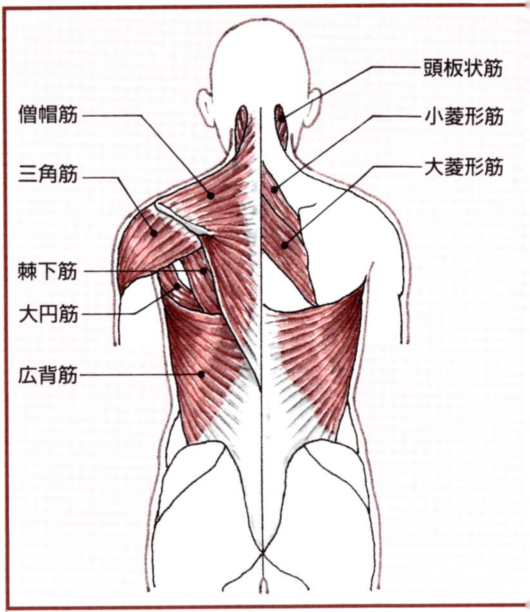

腰背部の筋肉は肩や腕を動かすことを主とする表層の筋肉で、三角筋、僧帽筋《そうぼうきん》、広背筋《こうはいきん》、頭《とう》板状筋《ばんじょうきん》などがある。体をひねる（回旋）、体を反る（背屈《はいくつ》）動作を主とする深部の筋肉は「脊柱《せきちゅう》起立筋」といわれ、内側には棘間筋《ちょくかんきん》、外側には最長筋《さいちょうきん》、腸肋筋《ちょうろっきん》などがある。また、体の中心には脊柱（頸椎《けいつい》、胸椎《きょうつい》、腰椎《ようつい》、仙骨《せんこつ》、尾骨《びこつ》）があり、その中を脊髄《せきずい》が通っている。椎骨《ついこつ》と椎骨の間には「椎間板《ついかんばん》」というショックアブソーバー役の軟骨《なんこつ》がある。

腰背部は、腹筋と背筋とのアンバランスによる痛みが出る場合が多く、特に腹筋の強化運動などは意識して行うことが大切だ。

腰背部、肩背部全体をマッサージしていく

マッサージを受ける者はうつ伏せになり、顔や腕がリラックスできるポジションをとる。術者は受け手の腰・臀部に位置し、左右の上部僧帽筋を手のひら全体でゆったりとつかみ（痛みを伴わない程度にしっかりとつかむ）、そのまま力を抜いて脊柱際部を挟み、仙骨部まで一気に軽擦《けいさつ》する。これを２、３回繰り返す。

軽擦が終わったら、肩から頸部《けい》にかけての筋肉を四指《しし》・手掌《しゅしょう》・母指《ぼし》・手根揉捏《じゅうねつ》法でマッサージする。僧帽筋、三角筋、そして深部の筋群を意識して肩甲骨《けんこうこつ》周囲、大菱形筋、小菱形筋、棘下筋を丹念にほぐしていく。

手根揉捏は、小指球、母指球を部位的に使い分け、“さよなら”と左右に手を振るような動きで体重をかけながら行うのがポイント。

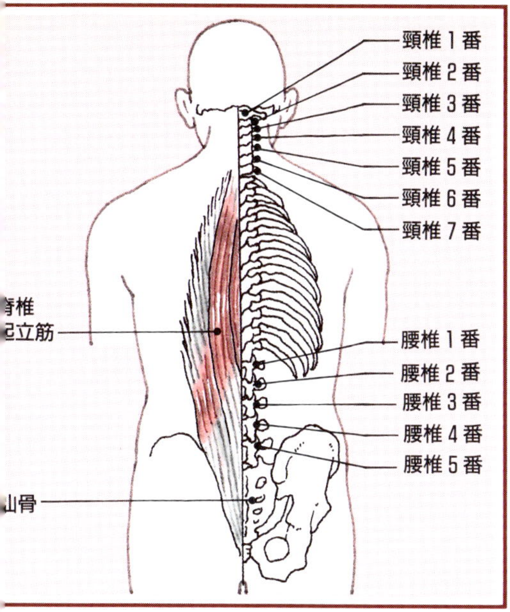

また、三角筋、上腕の筋、広背筋などは、手掌《しゅしょう》・四指揉捏法と併せて把握揉捏法を用いる。把握揉捏法は指先だけでなく、手のひら全体で筋肉を吸い上げ、骨から剝《は》がす感覚が大切である。手全体に意識を集中して、左右のバランス、硬結、張りなどをチェックすること。

腰背部、肩背部のマッサージは、全体的に行うことで表層部の筋《すじ》の緊張や弾力性が回復してくることが感じとれるはずだ。把握法や揉捏法である程度表層の筋がゆるんできたら、次に腰背部の母指圧迫揉捏法へ移る。

マッサージする筋は、体の回旋・後屈のときに作用する脊椎起立筋。腰椎５番あたりの２、３センチ外側に左右の母指（利き指を下に）を重ね、ゆっくり体重を母指に乗せる。肩の力を抜いて、ひじ関節から力が抜けないように角度は変えず、自然な呼吸で受け手の吸気に合わせてジワーと垂直に２～３秒圧迫する。そのあと、慎重に圧を上に抜いていき（筋肉の丘を越えるような感覚）、少しずつずらして、腰椎、胸椎、頸椎７番くらいの位置を、基本的に右側は右から、左側は左から母指圧迫揉捏法でマッサージする。

ストレッチや運動療法を併用することにより、体の動き、回旋、前後屈動作がスムーズに行えるようになるだろう。

仙骨周囲は刺激が強すぎると“もみ返し”が出やすい

腰椎４、５番から頸椎７番付近までの母指圧迫揉捏が終わったら、次に仙骨周囲の腰椎５番付近から下方（仙骨孔《せんこつこう》）、または仙骨右側部分の大臀筋《だいでんきん》の起始部を母指圧迫揉捏する。仙骨孔を指先で確認しながら母指を浮かさず、少しずつ下方へずらして尾骨際までマッサージする。

この部位は刺激過多による“もみ返し”が出やすいので、マッサージ中、仙骨孔への感触に変化が感じられたときは、それ以上の刺激は控えること。

最後に、大臀筋がスタートする仙骨際を手掌軽擦する。

腰背肩部のマッサージの手順

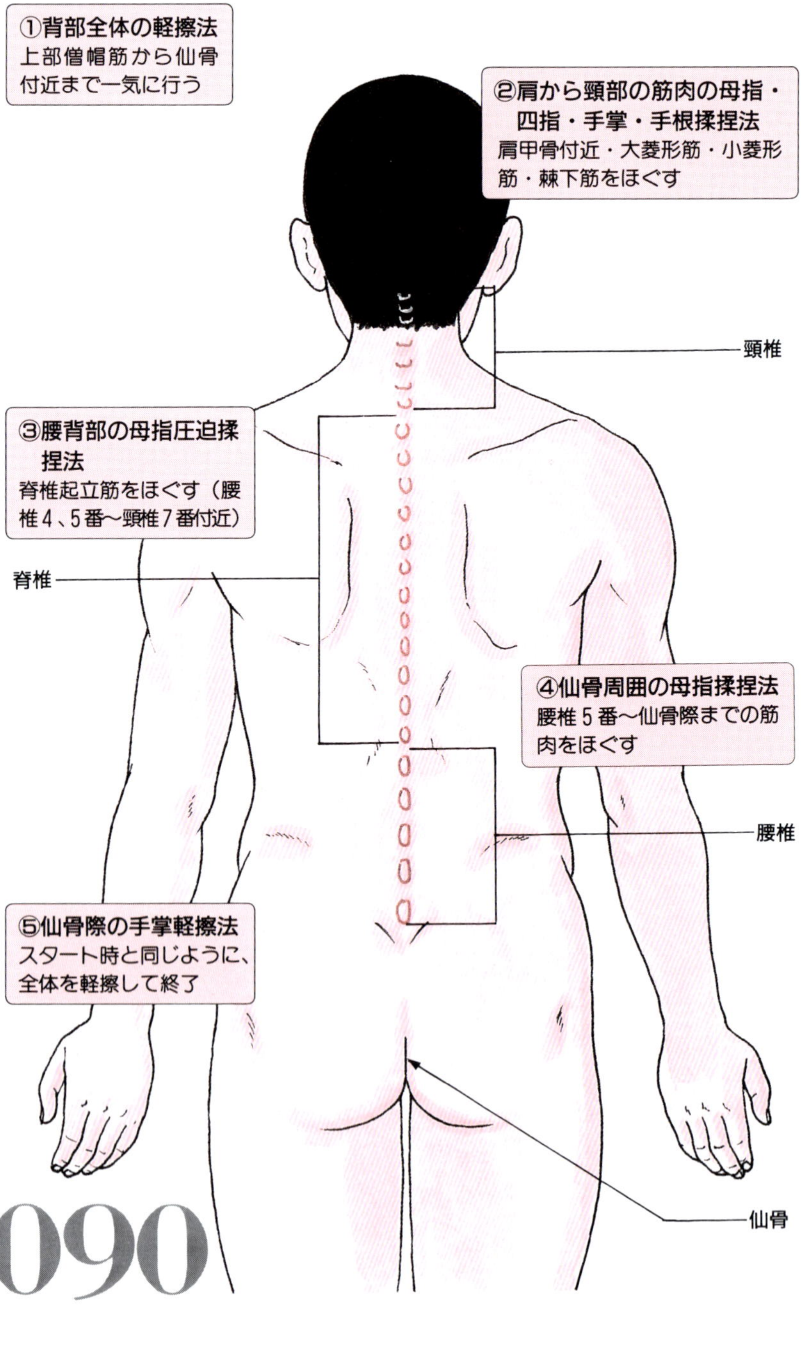
①背部全体の軽擦法
上部僧帽筋から仙骨付近まで一気に行う
②肩から頸部の筋肉の母指・四指・手掌・手根揉捏法
肩甲骨付近・大菱形筋・小菱形筋・棘下筋をほぐす
頸椎
③腰背部の母指圧迫揉捏法
脊椎起立筋をほぐす（腰椎 4、5 番〜頸椎 7 番付近）
脊椎
④仙骨周囲の母指揉捏法
腰椎 5 番〜仙骨際までの筋肉をほぐす
腰椎
⑤仙骨際の手掌軽擦法
スタート時と同じように、全体を軽擦して終了
仙骨

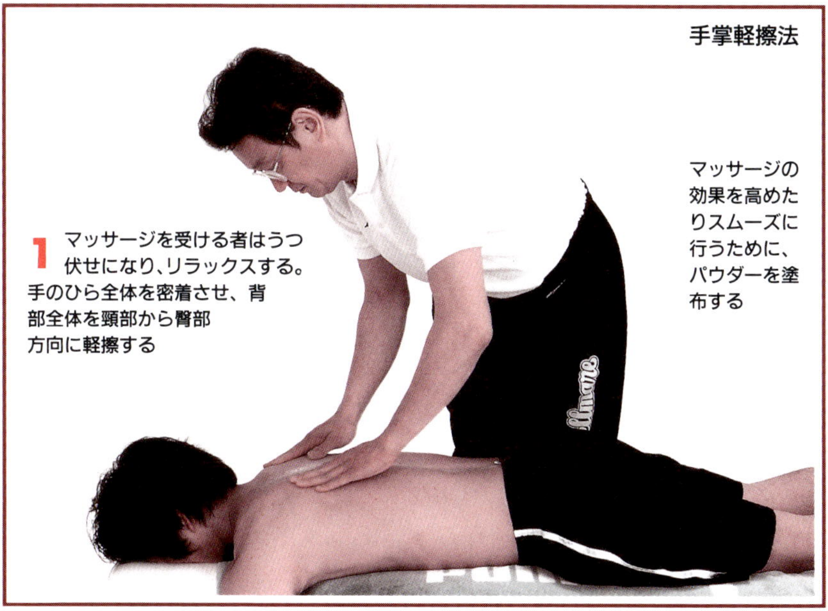

手掌軽擦法

マッサージの効果を高めたりスムーズに行うために、パウダーを塗布する

1 マッサージを受ける者はうつ伏せになり、リラックスする。手のひら全体を密着させ、背部全体を頸部から臀部方向に軽擦する

肩甲骨周辺の手根揉捏法

2 小指球と母指球を使い分け、肩甲骨周辺をマッサージ

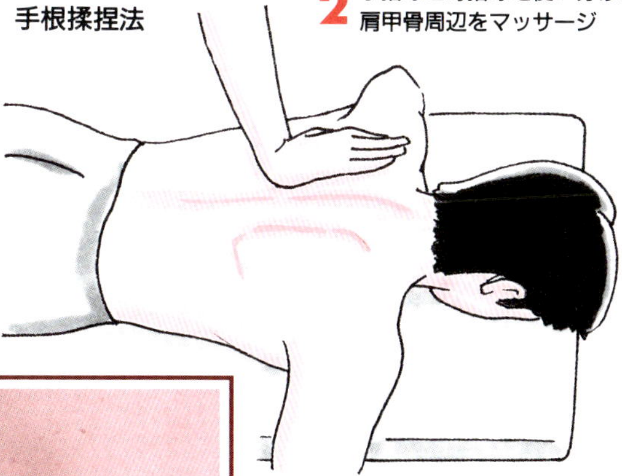

技法のポイント

- “さよなら”と左右に手を振るように体重をかけながら行う

母指揉捏法

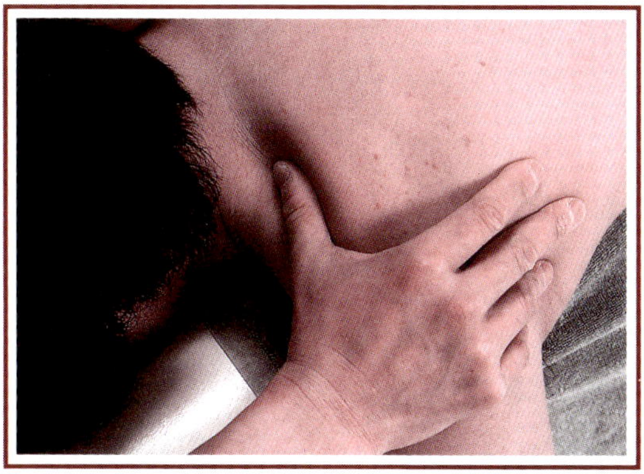

僧帽筋は母指揉捏法で丹念に揉みほぐす

三角筋周辺の
把握揉捏法

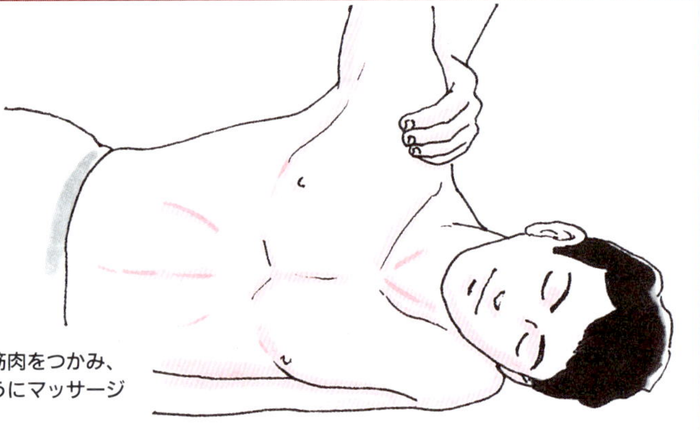

手のひら全体で筋肉をつかみ、
骨から剝がすようにマッサージ
する

腰背部の母指圧迫揉捏法

3 腰椎5番あたりのやや外側に母指を重ね（利き指を下に）、腰椎→胸椎→頸椎の順に少しずつずらして揉みほぐす

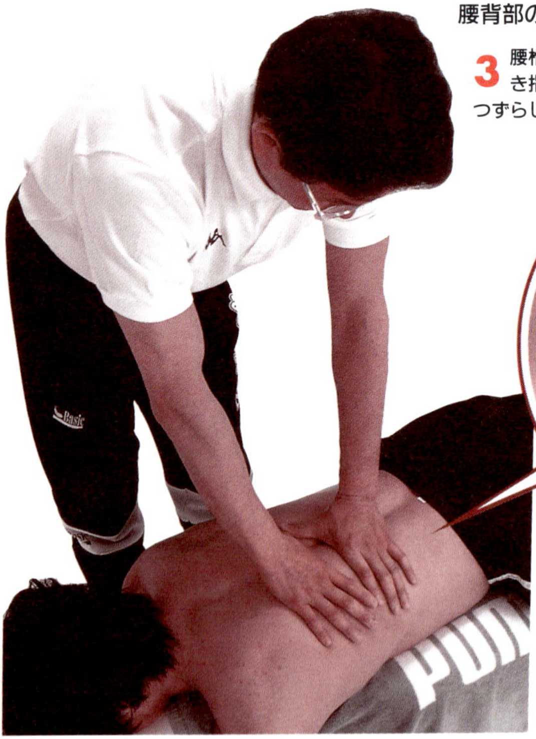

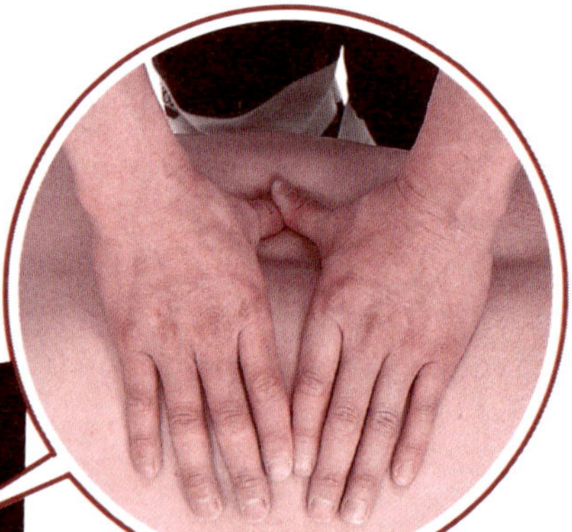

技法のポイント

●受け手の吸気に合わせて2～3秒圧迫するように揉み、筋肉の丘を越えるように圧を抜く

仙骨周囲の母指圧迫揉捏法

4 腰背部の母指圧迫揉捏と同じ要領で、仙骨周囲の腰椎5番から尾骨方向に少しずつずらしながらマッサージする

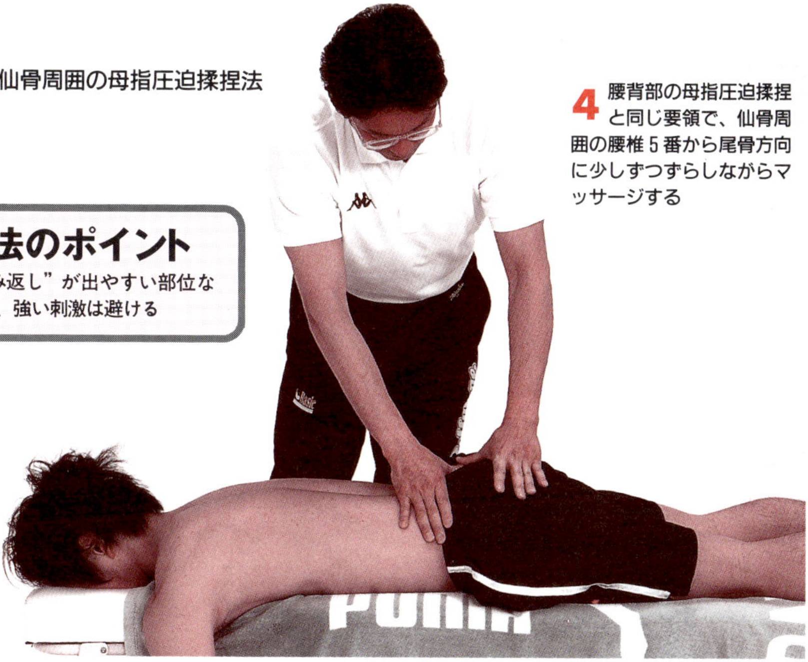

技法のポイント

●“もみ返し”が出やすい部位なので、強い刺激は避ける

コラム 筋肉強化トレーニングやストレッチングを行うと、マッサージ効果が高まる

スポーツマッサージの効果をより高めるためには、筋肉強化トレーニングや自己回復能力促進法を積極的に行うことが大切だ。

具体的には、事故を未然に防ぐために腰や背筋など自分の弱い部分の筋肉を強化したり、ストレッチング、ウオームダウンまたはクールダウンで、疲労物質や炎症物質などをすみやかに周りの組織に分散させることにより、疲労や筋肉痛を予防することである。

そのようなトレーニングを行ったあとにスポーツマッサージを受けると、行わなかったときと比べて、その効果は歴然と違うはずだ。

Several Parts Massage ❾

肩周辺のマッサージ

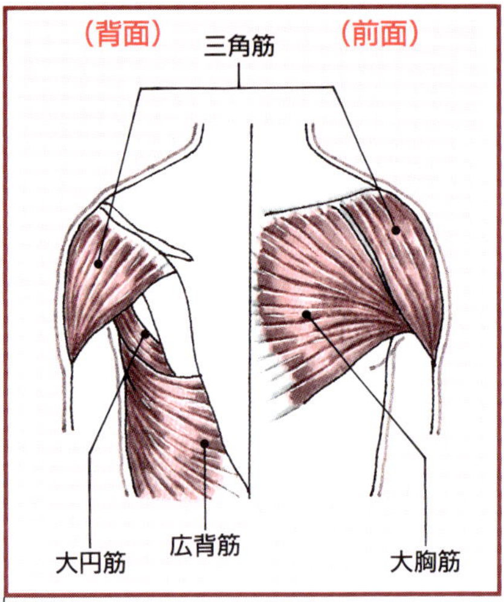

肩周辺には三角筋、大胸筋《だいきょうきん》、大円筋、広背筋《こうはいきん》などがあり、それぞれ複雑な構造になっている。三角筋は肩をおおっている大きな筋肉で、前部・中部・後部に分かれ、腕を前方・側方・後方へ上げるときに作用する。大胸筋は胸を大きく包む幅広い筋肉、大円筋・小円筋は広背筋と三角筋におおわれている筋肉である。

三角筋は前・中・後部の3つに分けて考える

三角筋のマッサージは、前部・中部・後部の3つの部位を意識して行うことが大切である。マッサージを受ける者はベッドかいすに腰掛け、術者はマッサージを行う側に位置する。右側をマッサージする場合、右足をベッドの上に乗せ、ひざの上にひじを乗せたポジションをとる。左手は軽く左肩に添えて、右手で3つの部位を意識しながら軽擦《けいさつ》する。

次に全体を把握揉捏《じゅうねつ》し、部位別に四指《しし》揉捏、母指《ぼし》揉捏、手根揉捏を行う（反対側も同様）。

三角筋のマッサージの姿勢

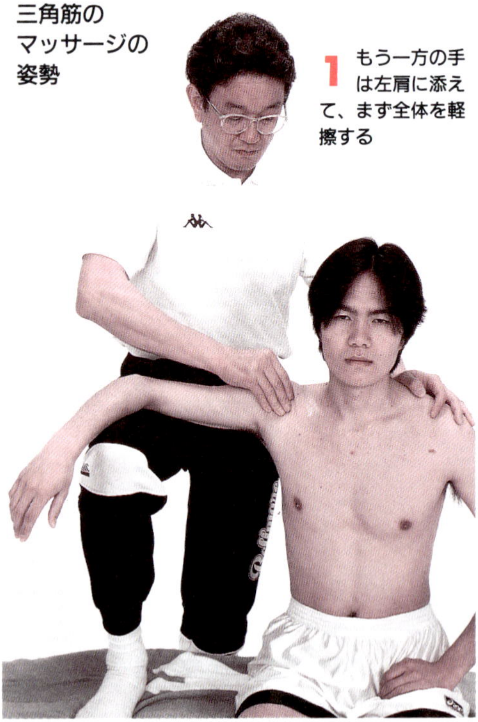

1 もう一方の手は左肩に添えて、まず全体を軽擦する

術者はベッドの上に片足を乗せ、ひざの上にマッサージをする腕を乗せたポジションをとる

2 軽擦が終わったら、全体を把握揉捏法でマッサージ

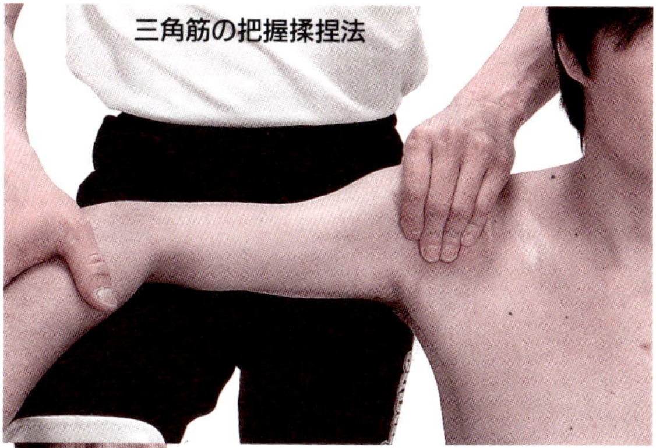

三角筋の把握揉捏法

3 前部・中部・後部を四指・母指揉捏法でマッサージ

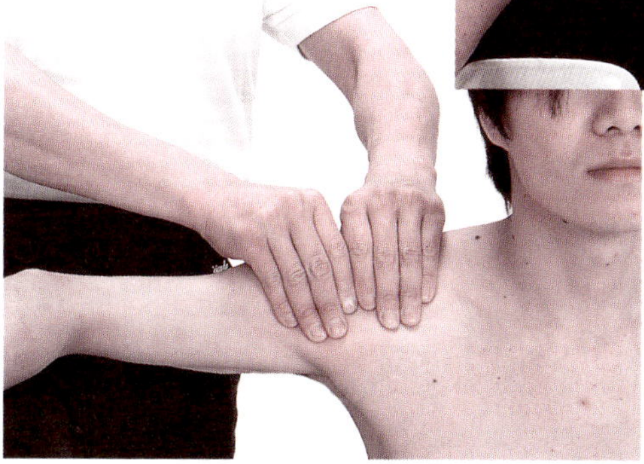

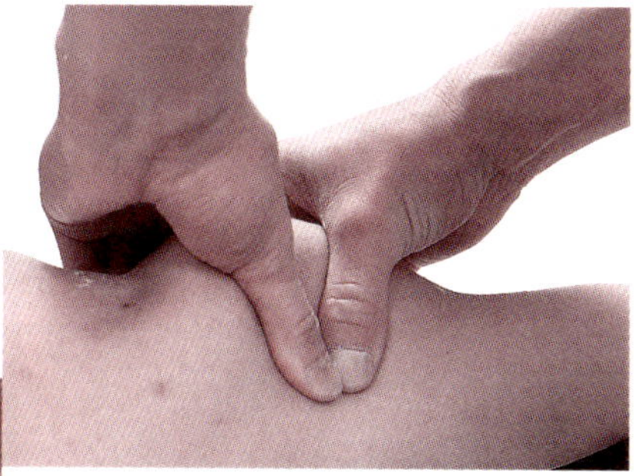

腋下部の把握揉捏法

指先で揉むのではなく、手のひら全体を使い、ダイナミックに行う

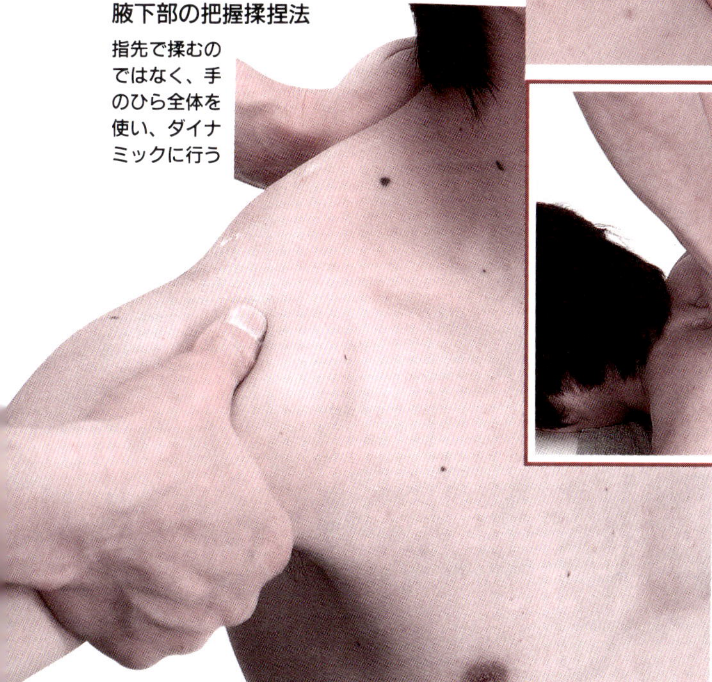

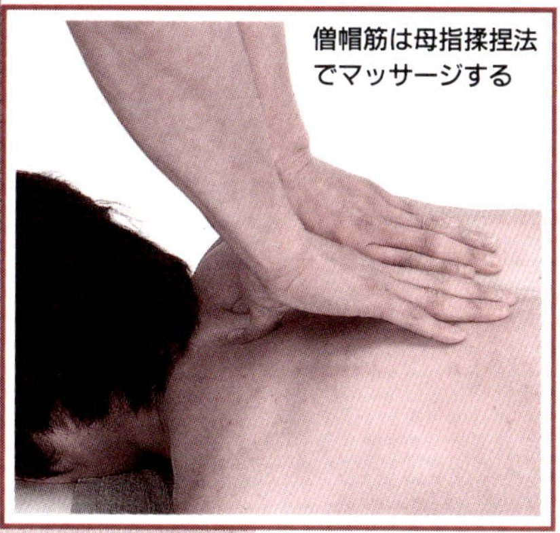

僧帽筋は母指揉捏法でマッサージする

大きな筋肉はダイナミックに、小さな筋肉は指先に気持ちを込めてマッサージ

胸を大きく包む大胸筋は、手根揉捏法（母指球・小指球）でマッサージする。筋肉だけでなく、胸骨の間などの細い部位を意識して行うことがポイント。

広背筋も手根揉捏法でマッサージする。マッサージを受ける者はベッドに腰掛け、術者はベッドに片ひざをついて座る。前腕を術者の左右どちらかの肩の上へ乗せ、大胸筋、肩甲骨周囲を軽擦する。

軽擦が終わったら、次に大胸筋を手根揉捏法で、腋下部《えきか》（わきの下）を把握揉捏法でマッサージする。腋下部はくすぐったい部位なので、しっかり把握し、大きく動かすことがポイント。指先で揉むのではなく、手のひら全体を使い、ダイナミックに揉捏する。

大円筋周囲のマッサージは、深部の筋肉を意識して、肩甲骨周囲や棘上《ちょくじょう》部を同時に行うのがポイント。

肩上部の僧帽筋は四指・母指揉捏法で

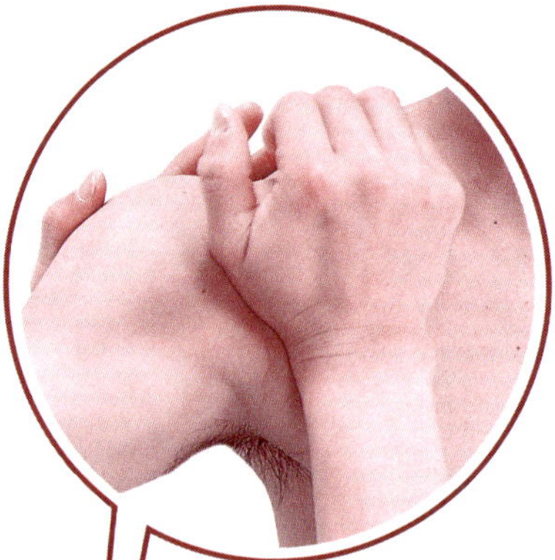

大胸筋の手根揉捏法

大胸筋や肩甲骨周辺を軽擦してから行う

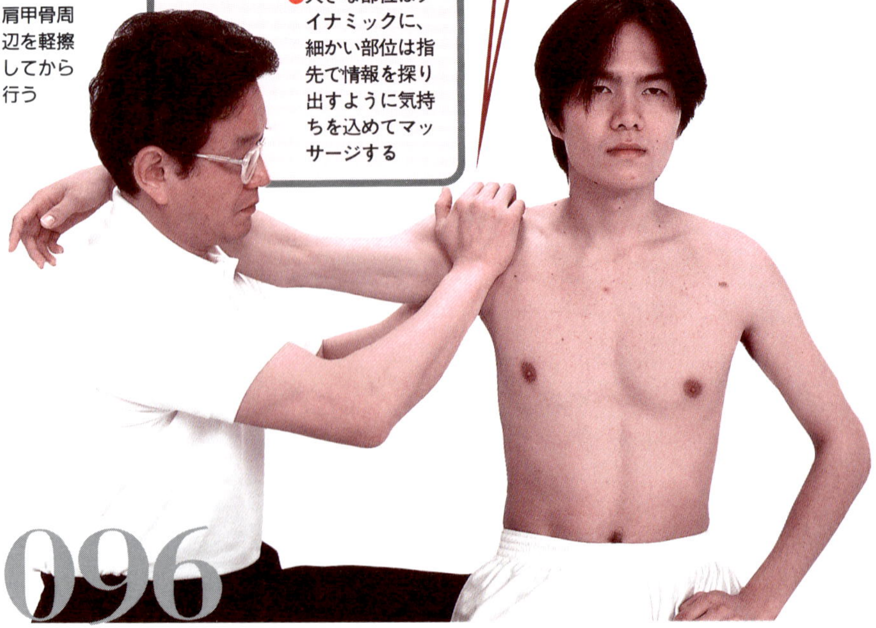

技法のポイント

●大きな部位はダイナミックに、細かい部位は指先で情報を探り出すように気持ちを込めてマッサージする

マッサージする（91ページ参照）。このとき、必ず軽擦法を入れること。

大胸筋や広背筋、大円筋、菱形筋《りょうけいきん》がリラックスして肩甲骨の動きがスムーズになると、肩関節の可動域が大幅に改善される。

広背筋の
手根揉捏法

大胸筋の手根揉捏と同様、
周辺を軽擦してから行う

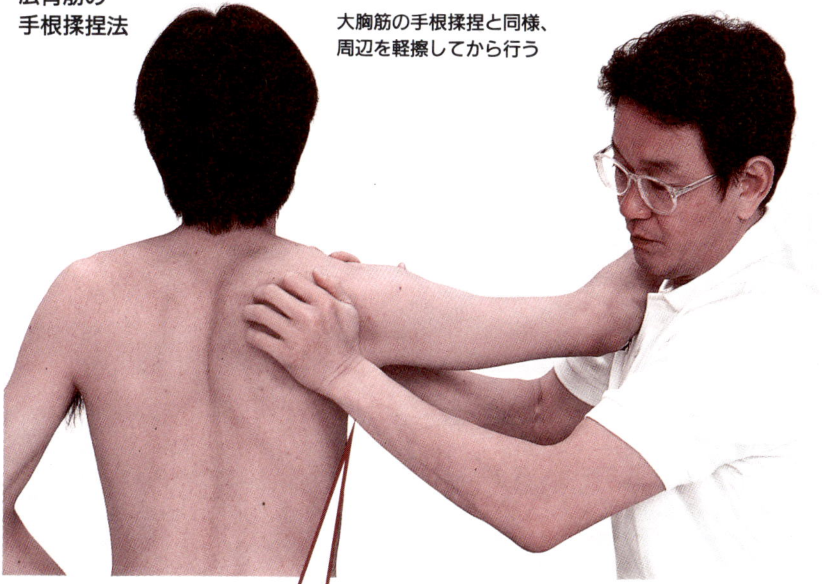

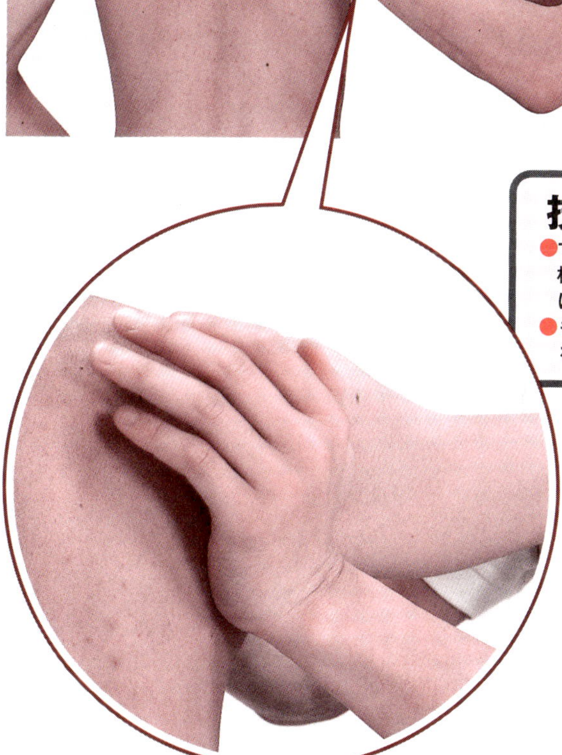

技法のポイント

- マッサージをする部位に手の根部を密着させるように揉みほぐす
- もう一方の手は反対側で支えるように押し返す

Several Parts Massage ⑩

臀部のマッサージ

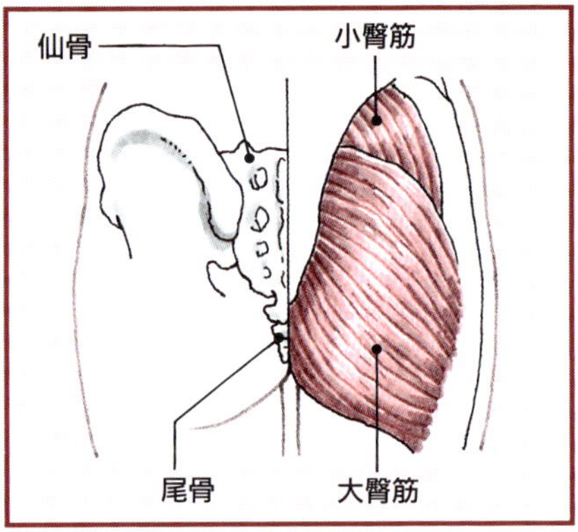

臀部の筋肉は「仙骨《せんこつ》」という部分から起こり、大腿骨《だいたいこつ》まで達している。いすから立ち上がったり、スタートダッシュ時には、臀部でいちばん大きな大臀筋《だいでんきん》が働いている。

大臀筋は体の中央から後部にある大きな筋肉で、その内側には中臀筋が、さらに内側には小臀筋がある。

手根揉捏法

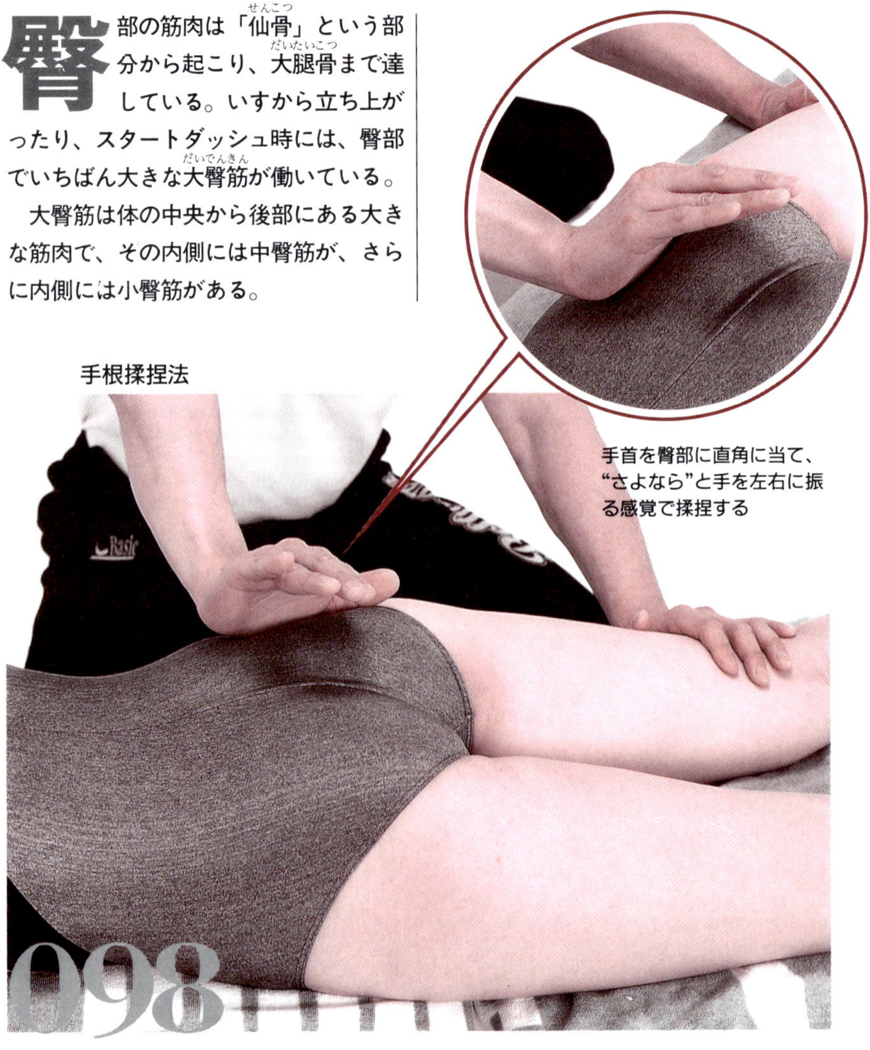

手首を臀部に直角に当て、“さよなら”と手を左右に振る感覚で揉捏する

体全体を使って体重をかけ、手根揉捏法

マッサージを受ける者はベッドにうつ伏せになり、右臀部をマッサージする場合、術者は受け手の下腿《かたい》部右外側に位置する。左手は左臀部へ軽く置き、右手で坐骨《ざこつ》結節部から腸骨《ちょうこつ》、および仙骨《せんこつ》方向へ軽擦法《けいさつほう》を数回行う。

次に揉捏法《じゅうねつ》。筋《すじ》の走行に対して手首を直角に当て、手根・母指球《ぼしきゅう》・小指球《こしきゅう》を使い、"さよなら"と手を左右に振る感覚で揉捏《じゅうねつ》する。

圧が深部まで行き届くようにしっかり体重をかけ、手だけでなく体全体を使うように意識して行うことが大切である。

技法のポイント

- 手根揉捏は体全体を使うように行う
- 筋肉が硬くなっている部分は、両母指圧迫揉捏法で周りからほぐしていく

3回に1回ほど軽擦法を入れるのがよいだろう。

母指圧迫揉捏法は刺激を部位に置いてくる感覚で行う

揉捏法で臀部の筋の硬結（硬くなった部分）が緩和しないとき、また治療ポイントへ刺激を置いてきたいときは、両母指を重ねて母指圧迫揉捏を行い、周りからゆっくりと硬結部を揉捏する。

また、治療のポイント部分は、母指で持続的に3～5秒ほど圧を加える「母指持続圧迫法」でマッサージする。母指持続圧迫法は刺激を置いてくる感覚で、いろいろな角度から行う。

圧を入れるときと抜くときに硬結部分の変化を確認し、最後に軽擦法を十分に行う。このようにマッサージすると、あとから痛みが出る"揉み返し"を予防することができる。

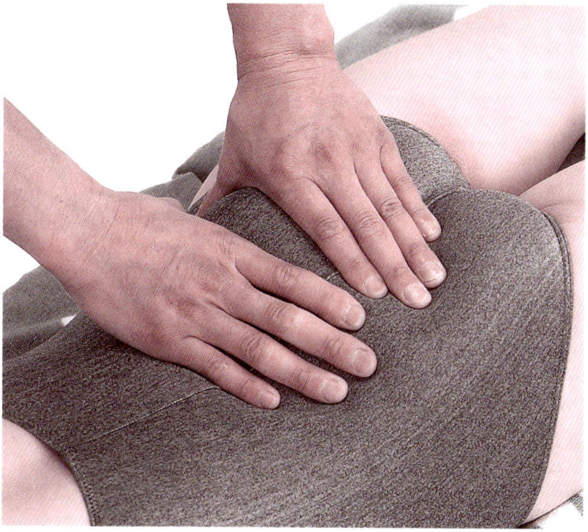

治療のポイント部分は、3～5秒ほど持続的に圧迫する「母指持続圧迫法」でマッサージする

Several Parts Massage ⑪

腹部のマッサージ

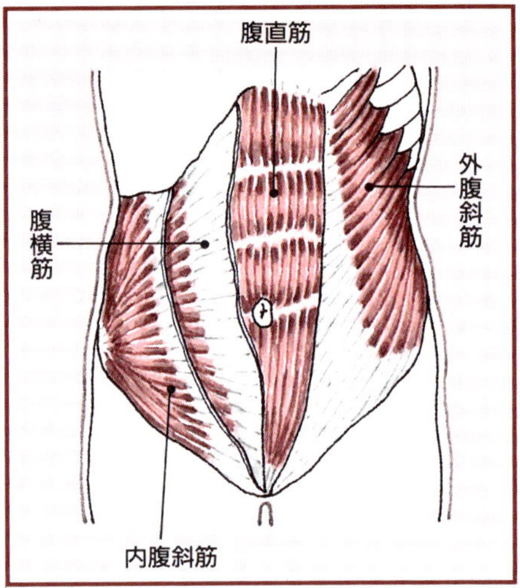

胃や肝臓、小腸、大腸などの内臓を保護している筋肉は、腹《ふく》直筋《ちょっきん》、内腹斜筋《ないふくしゃきん》、外腹斜筋である。

「漢方は腹にあり」という漢方医もいるほど、東洋医学では腹部を重視する。腹部が柔らかく柔軟性にとんでいれば「健康な証拠」、どこかに病気があれば、その部分が硬くなったり弾力がなくなっていく。内臓の保護だけではなく、ふつう「腹筋」といわれている腹直筋は、体を立て、前に曲げる働きをしている。

また、体を左右にひねるときには、内腹斜筋、外腹斜筋などが総合的に働いている。さらに、腹筋が弱っていると腰痛の原因にもなる。

これらの筋肉は、スポーツでも重要な働きをしている。ランニング、ジャンプ、キック、ターンなどの動作には、腹部の

技法のポイント

- 息を吐いているときに圧迫する
- 強く圧迫すると逆効果になる

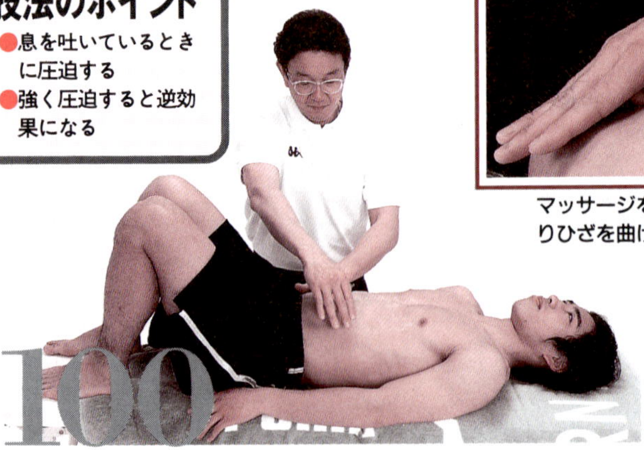

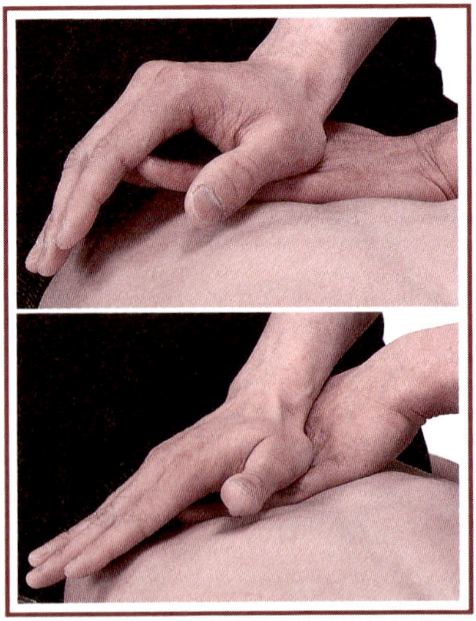

マッサージを受ける者は、あお向けになりひざを曲げる。腹部全体を軽擦したあと、両手を重ね、手のひら全体で手根部から四指に圧を移動させるようにマッサージする。腹筋の緊張を取り去ることにより、腰痛緩和に効果大！

筋肉が強く、かつ敏感に反応しないと思いどおりのプレーができない。

腹部のマッサージは内臓に直接刺激を与える

腹部と他の部位とのマッサージの違いは、内臓に直接刺激を与えることだ。それだけに、次の 3 つの点に注意が必要である。

1．術者は必ず手を温めておく
2．強すぎるマッサージは行わない
3．食後は避ける

また、手や足、腰などのマッサージを先に行い、他の部分の血液の循環をよくしてから腹部のマッサージを行うと、より効果的である。

軽擦法を中心にゆっくりと大きく行う

マッサージを受ける者は、あお向けになりひざを立てる。ひざを立てることによって腹部の筋肉がゆるみ、息をゆっくり吐くことで副交感神経が働き、全身がリラックスできる。

スポーツ選手は試合の前には緊張するが、このとき必ずといっていいほど腹部が硬くなっている。野球のピッチャーがピンチの場面に、マウンド上で深呼吸をしている姿をしばしば見かけるが、これは無意識に全身の緊張、特に腹部の緊張を解きほぐしているのである。

腹部のマッサージは、まず軽擦法《けいさつほう》でゆっくりと持続的に腹部や内臓に軽い刺激を与え､筋肉の緊張を解きほぐしていく。そうすることで副交感神経の働きを活発にして、内臓や筋肉の働きを活性化するのである。腹部全体を軽擦したら、手のひら全体を使い、手根部から四指《しし》に圧を移動するようにマッサージする。

腹部のマッサージでは、強さよりもゆっくりとした､大きな動きが大切であり、軽擦法を中心に行うことがポイントになる。

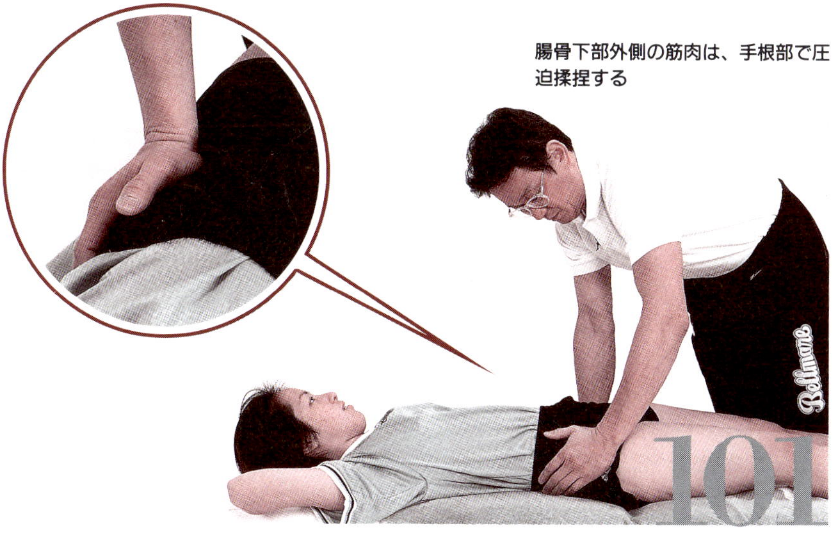

腸骨下部外側の筋肉は、手根部で圧迫揉捏する

Several Parts Massage ⑫

頭部（首）のマッサージ

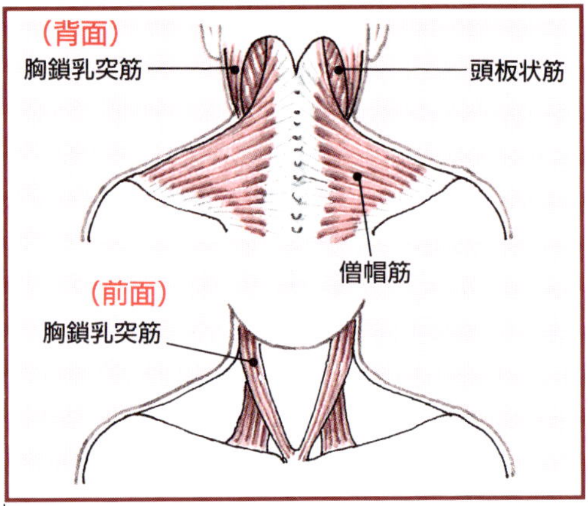

頸部は頭を支える部位で、重要な神経や太い血管が通っている。頸部《けいぶ》には頭板状筋《とうばんじょうきん》、前中後斜角筋群《しゃかくきん》、僧帽筋《そうぼうきん》、胸鎖乳突筋《きょうさにゅうとつきん》などがあるが、この4つの中でもっとも重要な筋肉は胸鎖乳突筋である。この筋肉は、胸鎖骨《きょうさこつ》と鎖骨から起こり、耳の後部の乳《にゅう》様突起《ようとつき》（出っぱった骨）まで達している。左右に2本あり、同時に収縮すると頭部は前に倒れ、片方に収縮すると頭部は反転して縮んだ筋肉のほうへ引かれる。胸《きょう》郭《かく》を引き上げる作用もあり、頸《けい》部の働きのほとんどにかかわる重要な筋肉である。

もっともよく動く筋肉なので、疲労しやすく、寝違えなどの原因になることも多い。頭部を右に回して右頸部が痛いときは右の前斜角筋、頭頸部を左に回して右頸部が痛いときは右の後斜角筋、頭

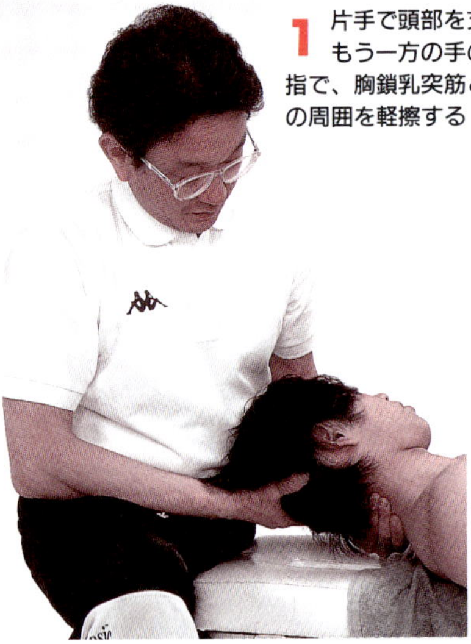

1 片手で頭部を支え、もう一方の手の四指で、胸鎖乳突筋とその周囲を軽擦する

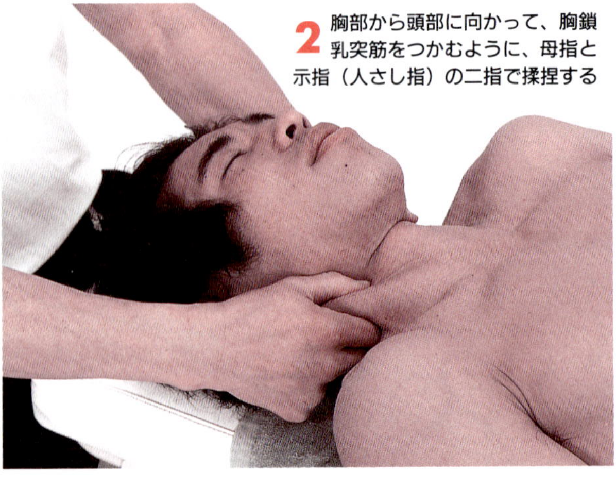

2 胸部から頭部に向かって、胸鎖乳突筋をつかむように、母指と示指（人さし指）の二指で揉捏する

うつ伏せで行う背部の胸鎖乳突筋の
四指・母指揉捏法

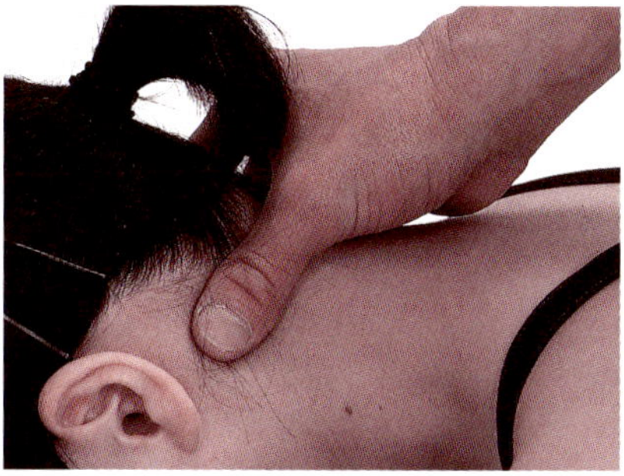

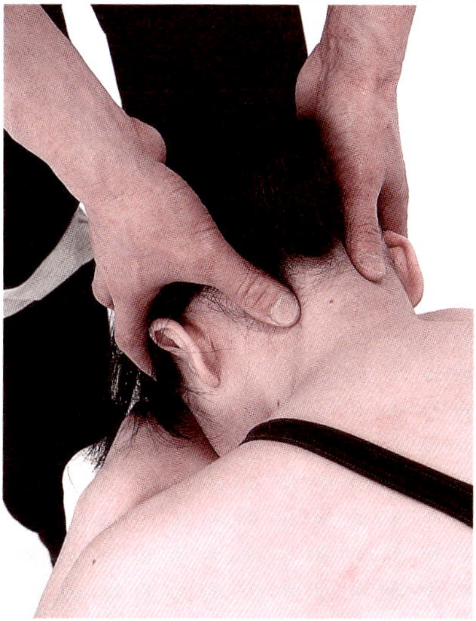

四指揉捏法は筋肉をつかむように、
母指揉捏法はやさしくほぐすように
背中に向けてマッサージする

頸部を横に傾けたとき肩に痛みがあるときは中斜角筋にも原因が隠されていることがあるので、胸鎖乳突筋を中心にその周囲の筋《すじ》も必ずチェックしてみよう。

敏感な部位なので ゆっくりと慎重に強く 行わないのが基本

マッサージを受ける者はあお向けに寝て、術者は頭部の後ろに位置する。片手で頭部を支え、もう一方の手で胸鎖乳突筋とその周囲の四指軽擦《ししけいさつ》を行う。敏感な部位なので、相手の反応を見ながら行うことが大切である。

そして、胸部から頭部方向に胸鎖乳突筋を二指揉捏法《にしじゅうねつほう》でマッサージする。示指《じし》の内側面、母指《ぼし》の中外側腹でつまむ面積を大きくとり、ゆっくり慎重に強く行わないことが基本だが、しっかり把握することが大切だ。その後、周囲の部分を四指揉捏法でマッサージし、最後に軽擦法で終了する。患者をリラックスさせるように頭部を支えるようにマッサージするのがポイント。

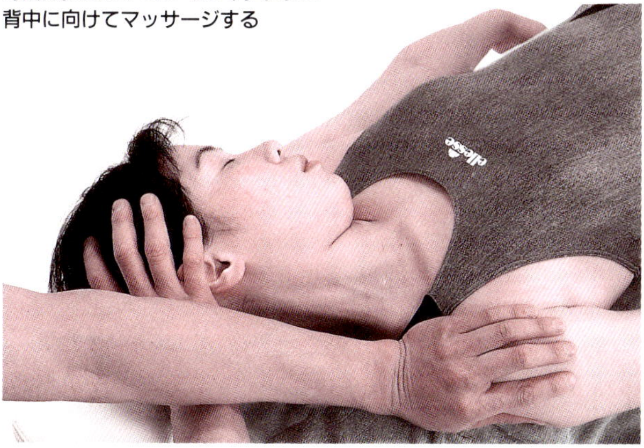

あお向けで行う
頸部の伸展法

両腕をクロスするように、
一方の手は肩に置き、もう
一方の手で頭を押すように
胸鎖乳突筋を伸ばす

Several Parts Massage ⑬

上腕部のマッサージ

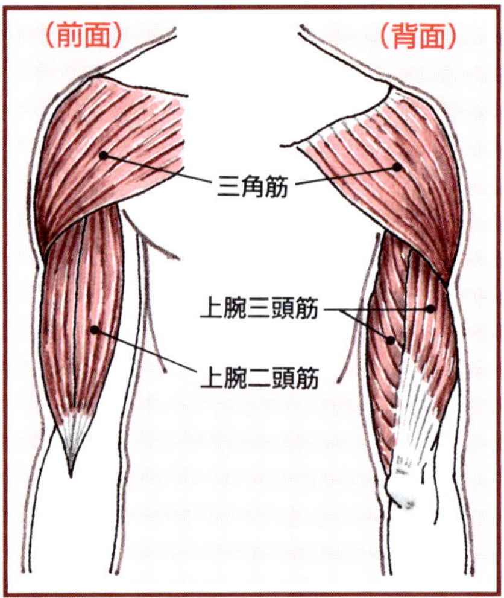

上腕部の筋肉は、ひじ関節の屈《くっ》曲《きょく》伸展運動（上腕を曲げたり、伸ばしたりする動作）と肩甲《けんこう》上腕部の動きに作用する。

上腕部の筋肉には上腕二頭筋《にとうきん》（前側）と上腕三頭筋《さんとうきん》（背側）があり、上腕二頭筋はひじ関節の屈曲に作用し、上腕三頭

上腕三頭筋のマッサージ

軽擦を行ったあと、把握揉捏法を中心に、手掌・四指・二指揉捏法でマッサージする。四指揉捏法は筋肉を引っ掛けてはじくように行う

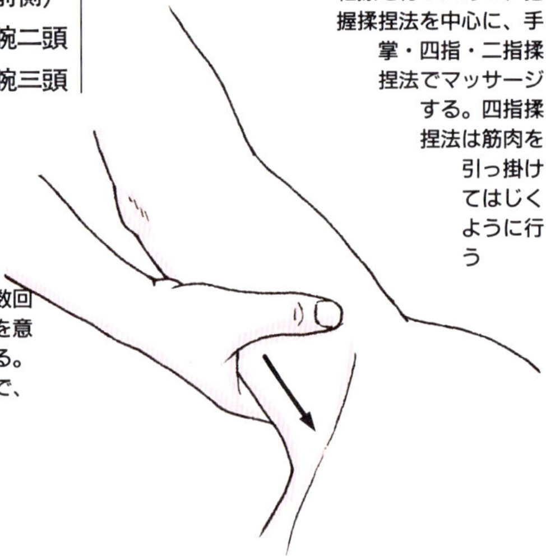

上腕二頭筋のマッサージ

ひじ関節から肩に向かって軽擦法を数回行い、次に外側の長頭と内側の短頭を意識して、把握揉捏法でマッサージする。把握揉捏法はぞうきんをしぼる感覚で、骨から筋肉を剥がすように行う

筋はひじ関節の伸展に作用する。

上腕二頭筋のマッサージは長頭と短頭を意識して行う

術者は一方の手で前腕部を軽く支え、もう一方の手でひじ関節から肩へ向かって数回軽擦《けいさつ》し、手を持ち替えて上腕部全体を軽擦する。

次に揉捏法《じゅうねつほう》。上腕二頭筋は長頭《ちょうとう》と短頭《たんとう》があるので、それらをまずイメージしてみよう。外側の長頭と内側の短頭筋膜は把握揉捏法で、細部は母指《ぼし》と示指《じし》の二指《にし》揉捏法でマッサージする。ポイントになるところは母指揉捏を行うが、痛みを強く感じる部分なので、相手の反応を確認しながら、母指腹全体を使い、点ではなく面でマッサージすることを意識して慎重に行うことが重要である。

上腕二頭筋のマッサージが終わったら、その流れで上腕三頭筋のマッサージに移る。上腕二頭筋の場合と同じように、片手で受ける者の前腕部を支え、もう一方の手で軽擦する。上腕二頭筋のマッサージである程度筋肉がほぐれているので、スムーズに揉捏法へ入ることができる。把握揉捏法を中心に、手掌《しゅしょう》・四指・二指（母指・示指）揉捏法を用いてマッサージし、特にひじ関節周囲の細部は指頭《しとう》・四指・母指を使って行う。

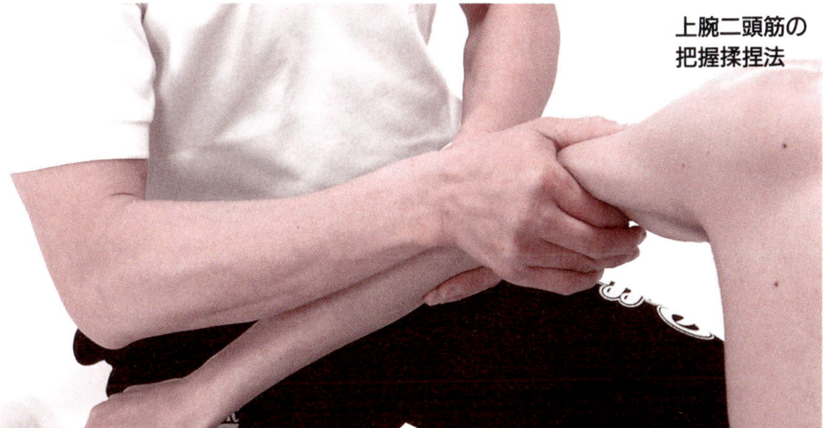

上腕二頭筋の把握揉捏法

ひじ関節から肩に向かって、筋肉をつかむように、親指と示指で揉みほぐす

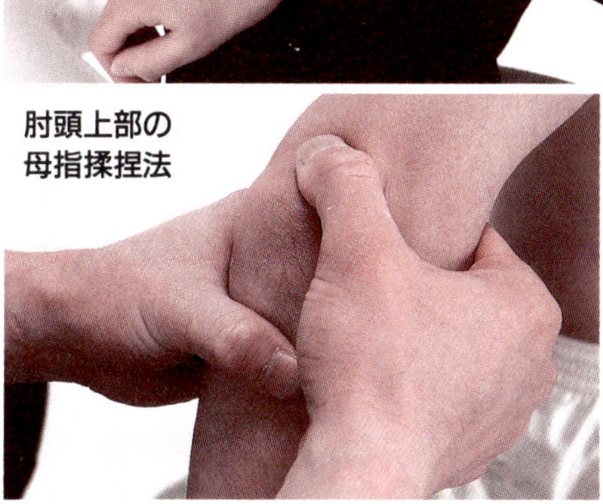

肘頭上部の母指揉捏法

母指腹全体を使い、点ではなく面で揉みほぐすようにマッサージする

Several Parts Massage ⑭

前腕部のマッサージ

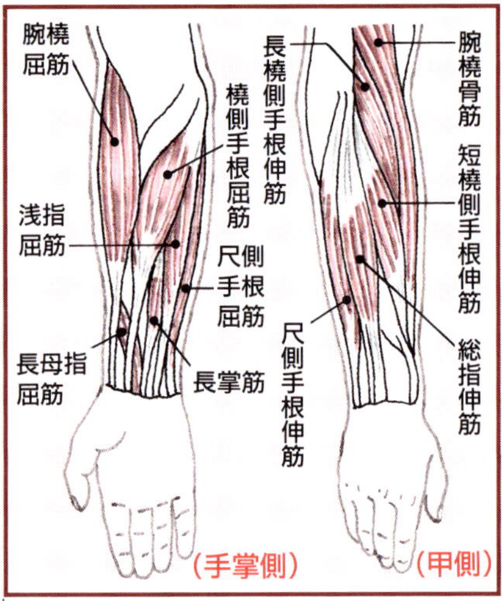

前腕部の内側（手掌側）には、手関節、指関節の屈曲《くっきょく》に作用する尺側手根屈筋《しゃくそくしゅこんくっきん》、橈側《とうそく》手根屈筋、長掌筋《ちょうしょうきん》、浅指屈筋《せんしくっきん》、長母指屈筋があり、前腕部の外側（手背部）には、指関節の伸展に作用する長橈側手根伸筋、短橈手根伸筋、尺側手根伸筋、ひじ関節の屈曲に作用する腕橈骨筋がある。

受ける者が苦痛にならない姿勢で行うこと

前腕部のマッサージはいろいろなポジションで行うことができるが、マッサージを受ける者が苦痛になったり、不安定になるポジ

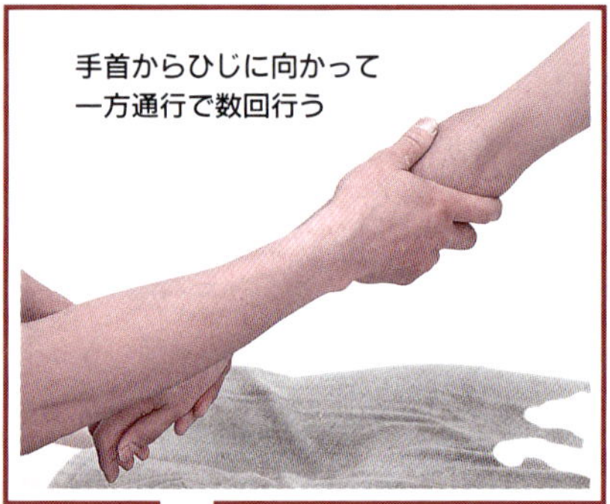

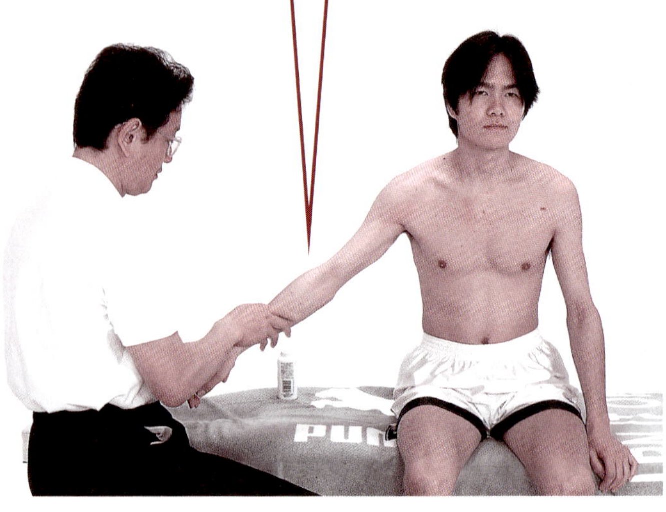

1 一方の手で手関節付近を握り、もう一方の手で軽擦する。あお向け、うつ伏せなどの場合も、同様に行う

ションは避けること。ここでは、手軽にどこでも行える座位のテクニックを紹介する。

マッサージを受ける者はいすやベッドに腰掛け、術者は受け手の外側に位置する。一方の手で手関節付近を軽く握り、もう一方の手で軽擦《けいさつ》する（手を変えて内側も同様に行う）。軽擦法は、基本どおり一方通行で数回行う。

次に、同じポジションで把握揉捏法《じゅうねつほう》を行う。腕橈骨筋、橈骨手根伸筋、尺骨手根屈筋などの筋肉を意識し、確認しながら行う。ぞうきんをしぼるように骨から筋肉を剝《は》がす感覚でひじ関節のほうへ少しずつずらしていく。尺側手根屈筋などは四指《しし》揉捏法を用いるが、筋肉を引っ掛けてはがす感覚で行うのがコツ。そして、最後は基本どおり、軽擦法を必ず行って終了となる。

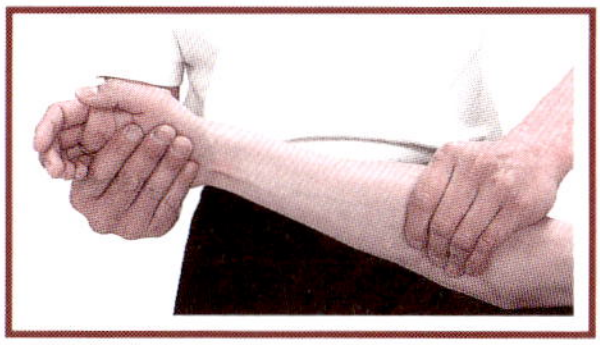

2 骨から筋肉を剝がすように、手首からひじ方向に把握揉捏する

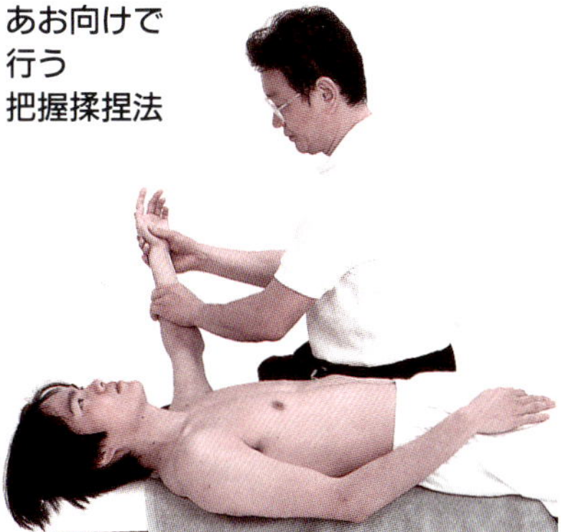

あお向けで行う把握揉捏法

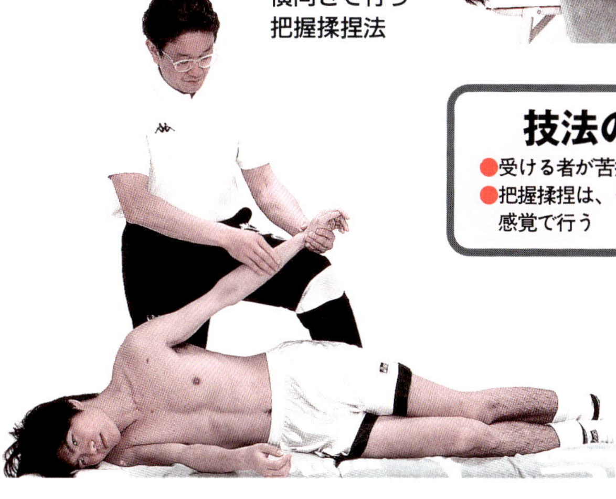

横向きで行う把握揉捏法

技法のポイント

- 受ける者が苦痛にならない姿勢で行う
- 把握揉捏は、ぞうきんをしぼるような感覚で行う

Several Parts Massage ⑮

手関節部のマッサージ

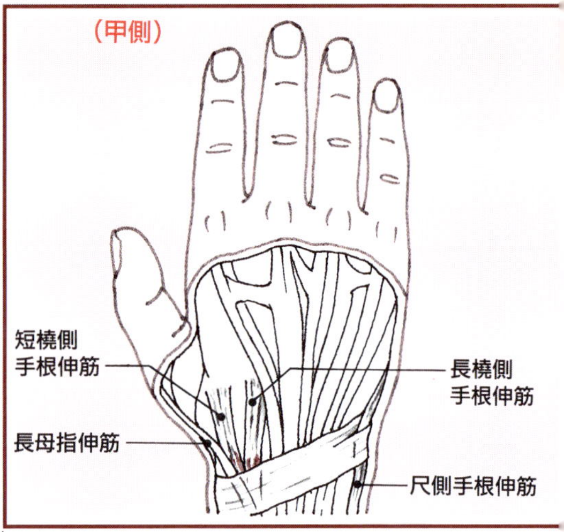

手関節には、伸筋《しんきん》（伸ばす筋肉）と屈筋《くっきん》（曲げる筋肉）がある。伸筋には長橈側手根伸筋《ちょうとうそくしゅこんしんきん》、橈側手根伸筋、尺側《しゃくそく》手根伸筋、屈筋には尺側手根屈筋、橈側手根屈筋、長掌筋《ちょうしょうきん》などがあり（106ページ参照）、これらの筋肉は前腕部から始まり、手指まで達している。

また、物を握るときは母指《ぼし》と四指《しし》を使うが、そのとき作用する筋には、長母指屈筋、母指外転筋《がいてんきん》などがある。

手の甲の骨間部を母指揉捏法で丹念にマッサージ

手関節部のマッサージは、まず手掌部《しゅしょう》（手のひら）と手背部（手の甲）の軽擦《けいさつ》からスタート。ポジションは、あお向けか横向きがよいだろう。手のひら、または手の甲から前腕に向かって軽擦する。

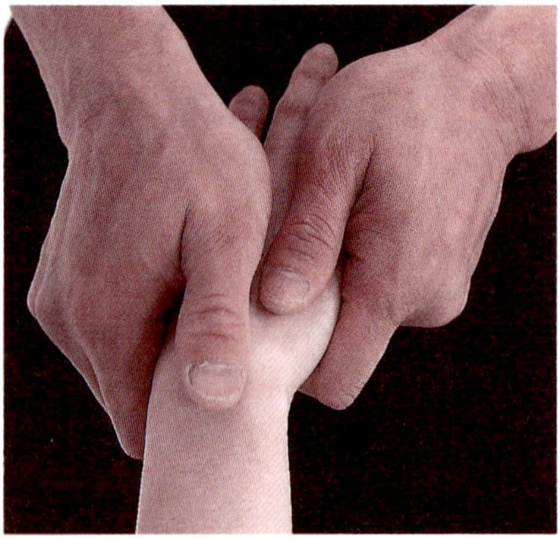

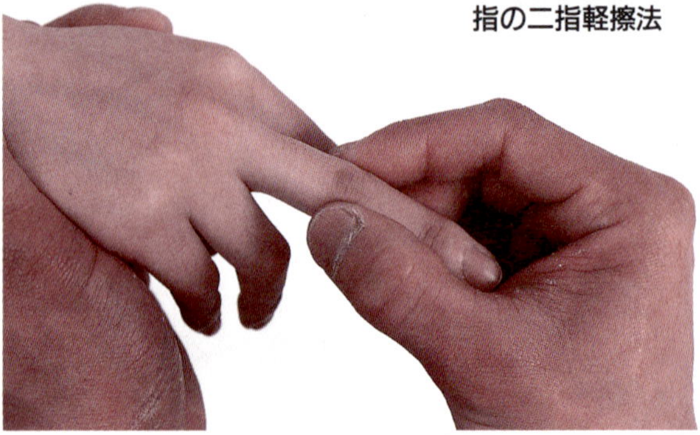

指の二指軽擦法

手の甲は母指腹全体で、指は母指と示指を使って軽擦する

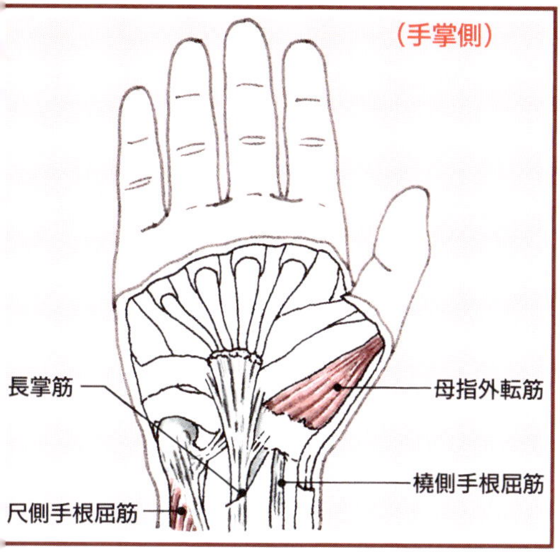

母指と示指の間の「合谷」というツボを揉みほぐす

指のマッサージは、母指と示指《じし》を使って、軽擦→揉捏の順に行う。指先から手に向かって、1本1本を丹念にマッサージする。

また、手背部の母指と示指の間には「合谷《ごうこく》」というツボがあるので、ここを数回押すと指の動きがよくなる。

次に揉捏法《じゅうねつほう》。手掌部は、両手の母指を使った母指揉捏法で指から手関節方向にマッサージする。手背部も、同様に母指揉捏を行うが、とくに骨間部を丹念にマッサージする。

「合谷」のツボのマッサージ

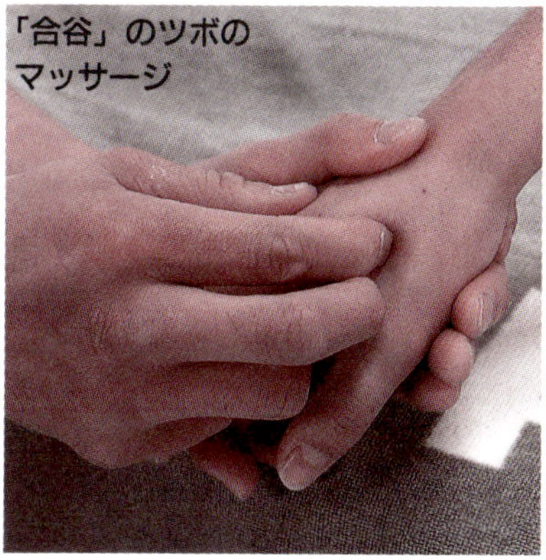

母指と示指の間にある「合谷」というツボを揉捏法でマッサージすると効果的

指の二指揉捏法

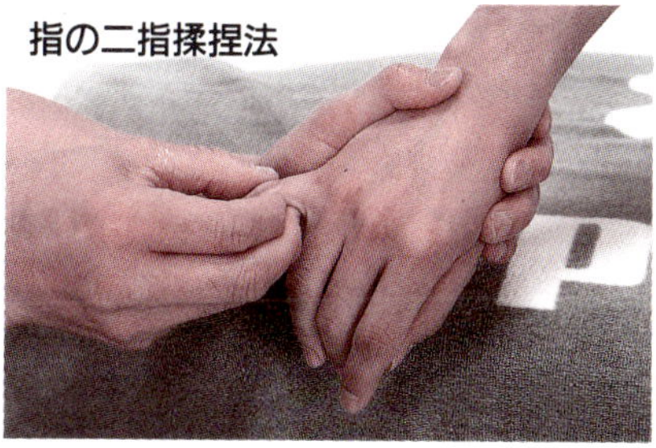

指先から手方向に母指と示指を使って揉みほぐす

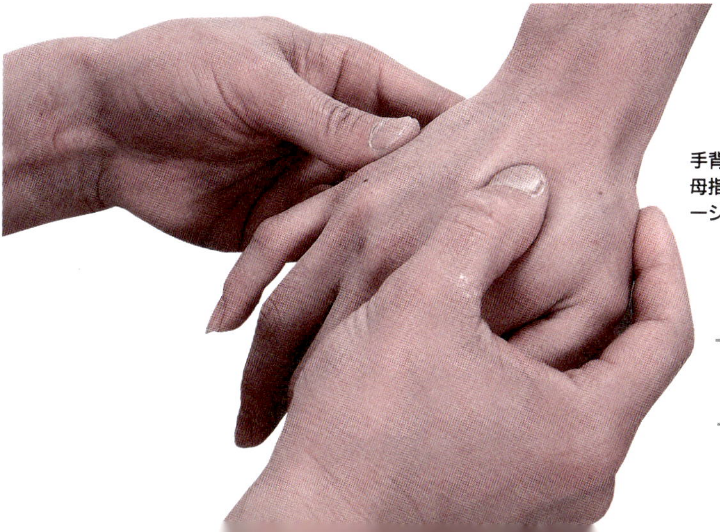

手背部は、骨と骨との間を母指揉捏法で丹念にマッサージする

コラム マッサージを行ってはいけない場合

●発熱しているとき

熱があるときにマッサージをすると、熱がさらに上がり、症状を悪化させてしまうことがある。熱が37度以上あるときは、マッサージをしないこと。

●けがをした直後

ねんざや肉離れなどを起こした直後にマッサージをすると、傷害した部位の炎症がさらに悪化してしまう。

●酒を飲んだとき

アルコールは血管を拡張させ、筋肉や神経の感覚をまひさせるので、刺激が強くなりやすい。

●食後１時間以内

食事をしてから１時間以内の“満腹状態”でのマッサージは避ける。

PART 3

THE TECHNIQUE OF SPORTS TAPING

スポーツテーピングの技術

Taping Is Classified Three Types According To Purposes

テーピングは目的により 3種類に分けられる

テーピングは、筋肉や関節などの可動範囲を制限し、負傷したり疲労している部位に必要以上に負担をかけないようにすることがおもな目的である。ケガの予防や再発防止には欠かせないものであると同時に、応急処置のときにも使用される。

予防・再発防止・応急処置がテーピングの目的

テーピングの役割は、予防・再発防止・応急処置の3つに大別される。

①予防のテーピング

右のふくらはぎのあたりが昨日とは違う感じだ、左の足首に違和感がある、太ももの裏にひっかかりがあるような気がする…。このような状態のときは、筋肉が疲労しているか、筋《すじ》や骨に無理がかかっていることが考えられる。そのような場合に、テーピングによって筋肉や筋の動きを補助して、傷害を未然に防ぐのである。

②再発防止のテーピング

靭帯は、一度伸びてしまうと100%完全に回復することはない。一度限界まで

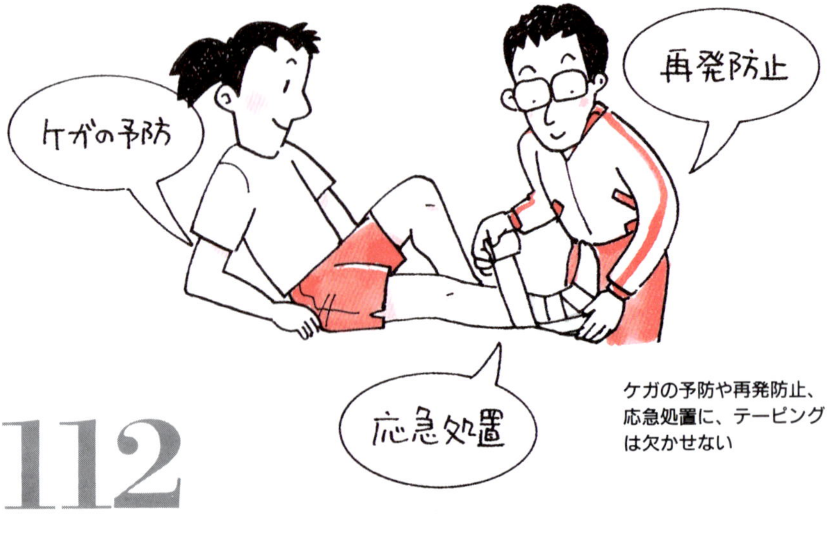

ケガの予防や再発防止、応急処置に、テーピングは欠かせない

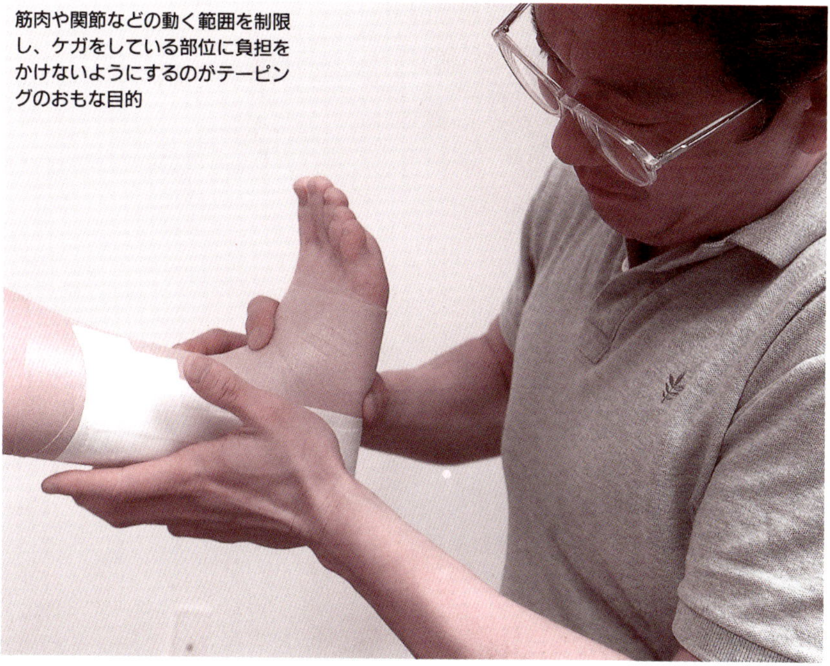

筋肉や関節などの動く範囲を制限し、ケガをしている部位に負担をかけないようにするのがテーピングのおもな目的

伸ばしてしまったゴムが、完全にもとに戻らないのと同じである。

靭帯に限らず、体調が悪かったり、その部位に疲労がたまったりすると、「何かへんだ、しっくりこない」と感じるはずだ。

このような場合に、その部位にテーピングをして、負傷の再発を防ぐのである。

③応急処置のテーピング

ゲーム中に足首などをねんざしてしまった場合、すぐに交代して処置をするのがベストだが、それができないことがある。試合の状況から、「テーピングをすれば、残り時間は持ちこたえられる」と医師やトレーナーが判断した場合に、可動域を狭め、負傷した部位の負担を軽くする目的でテーピングを用いるのである。

テーピングは、以上のような場合に利用されるが、こんな目的もある。負傷して完全に回復するまでまったくトレーニングをしないと、筋力は確実に落ちるし、関節の可動域は狭くなってしまう。そこで、負傷の回復途上であっても、テーピングを利用して安全な範囲に限定してトレーニングを続けることで、筋力の低下をくい止めることができる。

What Is The Technic Of Taping Restricting Movement

可動域を制限したテーピングの技術とは

スポーツテーピングは、医療用のギブスのように、関節をがちがちに固めてしまうものではない。

関節はある程度動かせるようにしながらも、痛みや不安のある方向に負担がかからない、つまり関節の可動域を制限することが目的だ。

したがって、適切なテーピングをするには、各関節の可動域の範囲や解剖学的知識をしっかり頭に入れておくことが前提である。

「可動域」とは関節などが動く範囲

可動域、聞き慣れない言葉だと思うが、これは関節などが動く範囲のことである。

ごくあたり前にプレーしていれば、足首は前方にはかなり自由に動くが、後方には曲がらない。つまり、足首の可動域は、自在に動く範囲のことを意味している。

テーピングをして可動域をどのようにするかの判断は、負傷の程度によってトレーナーが決定する。

負傷の程度や個々の選手の特徴を考えてテーピングを施す

どこにテープを巻けばどの動きを制限できるかをつねに考え、テープを巻き終わったら選手にテープの巻き具合いを確かめることで、可動域を体験的に知ることができる。

また、各関節の可動範囲は一様ではなく、1人1人で異なっている。各プレーヤーの身体的特徴を把握し、テーピングをする前に、ケガの状況をよく観察することが不可欠だ。

このように、正しくテーピングをするためには、テーピングの基本をしっかりと身につけたうえで、プレーヤー個々に対応しなければならない。

足首のケガでもっとも多いのが「内返しねんざ」

足首の負傷でもっとも多いのが、内返しねんざである。足首の内側の靭帯が通常の可動域以上に伸びてしまうケガである。

足首やひざ、股関節などの可動域は、個人差があり、選手の柔軟性とも密接に関連している。肩や首なども、可動域に差があるのはいうまでもない。

テーピングをして、可動域をどこまで制限するか、また動きを保ちつつ負傷した靭帯の筋肉の動きを制限するのは、負傷の度合い、個々の選手の柔軟性などによって千差万別である。

したがって、テーピングがひと通り完成したら、実際に選手に動いてもらい、きつければテープをひと巻き減らすか、ハサミで切れ込みを入れて、選手の実際の感覚を確かめることが欠かせない。

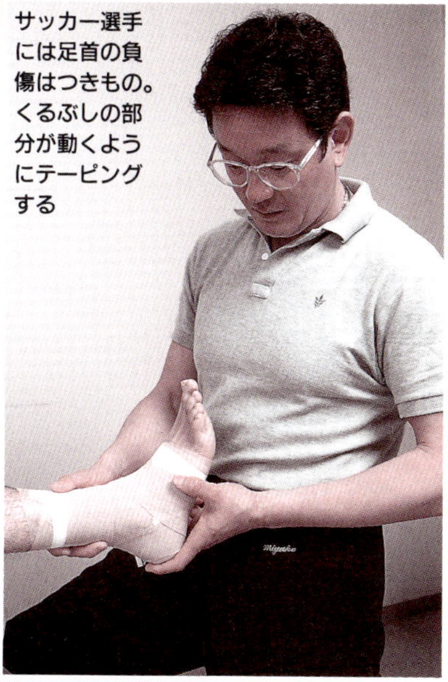

サッカー選手には足首の負傷はつきもの。くるぶしの部分が動くようにテーピングする

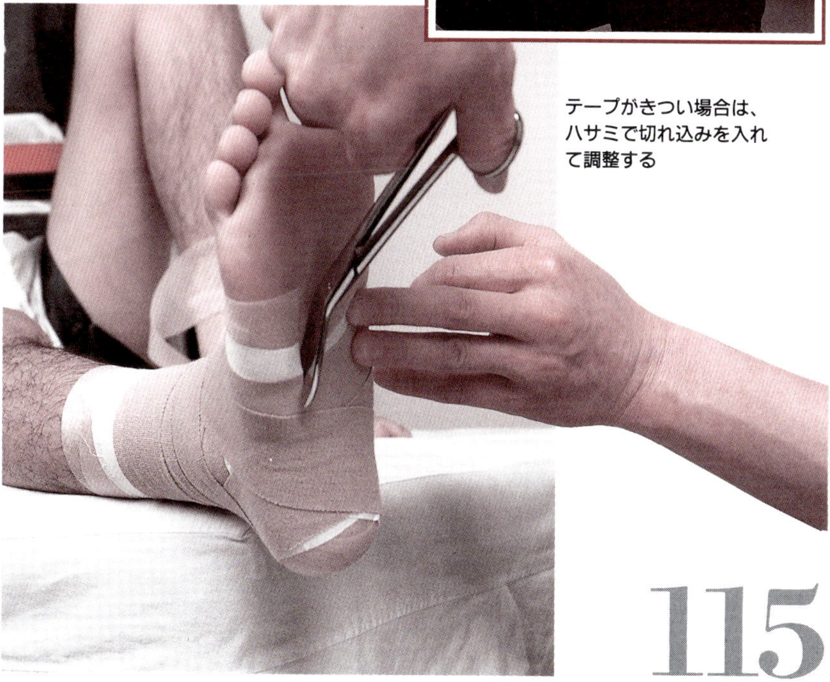

テープがきつい場合は、ハサミで切れ込みを入れて調整する

足関節・ひざ関節の可動域

●足関節の可動域

足首の関節の側面は多くの靭帯でしっかりと支持され、足首はさまざまな角度に自在に動く（背屈・底屈・内反・外反・内転・外転など）。しかし、細かく柔軟に動くだけに、外からの衝撃には弱い

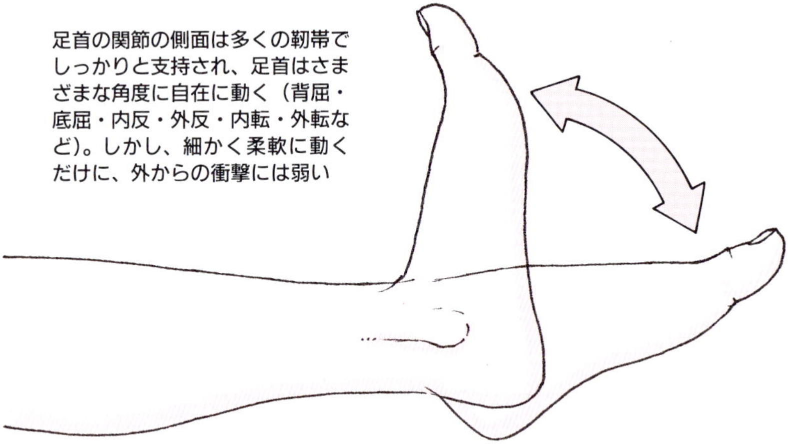

●ひざの可動域

ひざ関節は、体の上下動や体全体を反転させる際の要点になる役割を果たしている（伸展・屈曲など）。ひざは前後に動くようになっており、横からの予想外の力に弱い

肩関節・ひじ関節・手関節の可動域

●肩関節の可動域

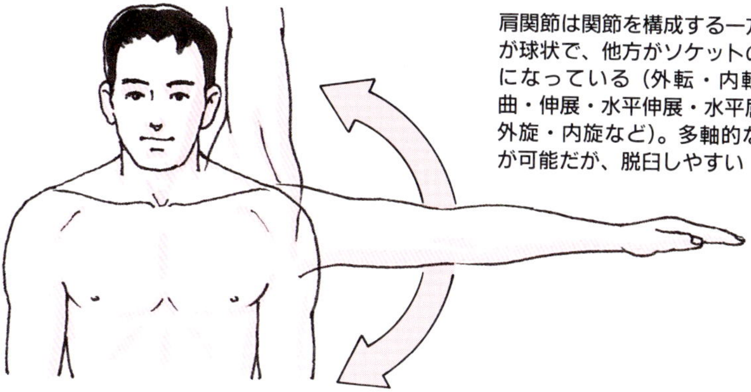

肩関節は関節を構成する一方の骨が球状で、他方がソケットのようになっている（外転・内転・屈曲・伸展・水平伸展・水平屈曲・外旋・内旋など)。多軸的な運動が可能だが、脱臼しやすい

●ひじ関節の可動域

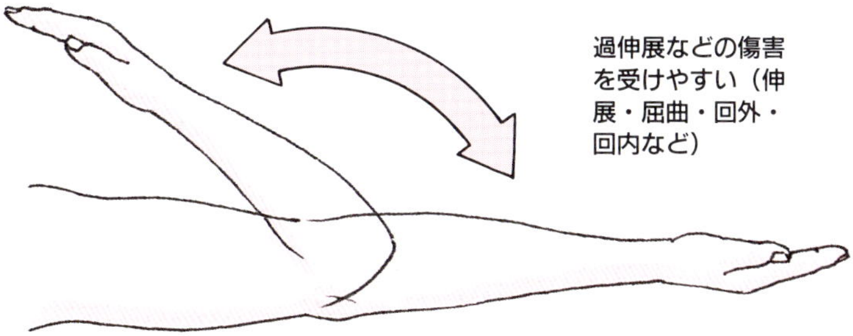

過伸展などの傷害を受けやすい（伸展・屈曲・回外・回内など)

●手関節の可動域

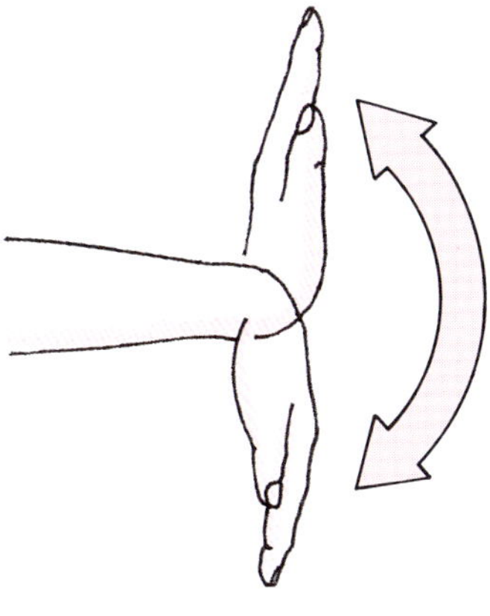

ひじ関節と同様、過伸展などの傷害を受けやすい（背屈・てい屈・尺屈・とう屈)

The Kinds And The Purposes Of Tape

テープの種類と用途を知る

テーピングに使用するテープは、伸び縮みする「伸縮性テープ」と、伸び縮みしない「非伸縮性テープ」に大別される。そのほかに、予備的な役割を果たす「アンダーラップ」、概念が異なる「キネシオテープ」などがある。

負傷の程度や可動域を考えてテープを巻く

伸縮性・非伸縮性テープを組み合わせて、足首やひざ、腰、手首などに巻くわけだが、負傷の程度や足首などの可動域によって、巻き方をコントロールする。それぞれのテープの特徴を説明していこう。

①アンダーラップ

柔らかく薄い材質のテープ。テーピングをする部分にまんべんなく巻いて、テープのズレや水ぶくれなどを防ぐ。

②非伸縮性テープ

一般に「白テープ」といわれる伸び縮

アンダーラップは肌を守り、テープのズレを防ぐ

ホワイトテープ（非伸縮性）は、いちばん多く用いるテープ

伸縮性テープは、筋肉や関節の動きに適応する

みしないテープ。しっかり固定する場合に使われる。

このテープでテーピングをすると、巻いた部位がガチガチになり、関節などが自由に動かなくなる。

張力の弱い伸縮性テープ（ハンディカットタイプ）

キネシオテープ。筋肉の筋に沿って貼り、筋の動きを促進する

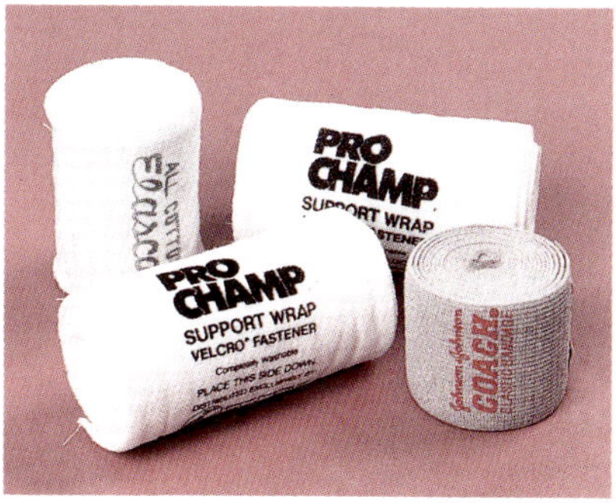

バンデージは、伸縮性のある包帯

③伸縮性テープ

ある程度自由に動きつつ、負傷した部位をカバーするには、伸縮性のあるテープを利用する。持続性があるため、伸縮・非伸縮テープを組み合わせて使用する。

④キネシオテープ

固定するというより、筋肉を刺激することで筋肉自体の動きを活発にすることが、キネシオテープの基本な考え方。つまり、従来のテーピングの概念とはまったく別のものだ。

1

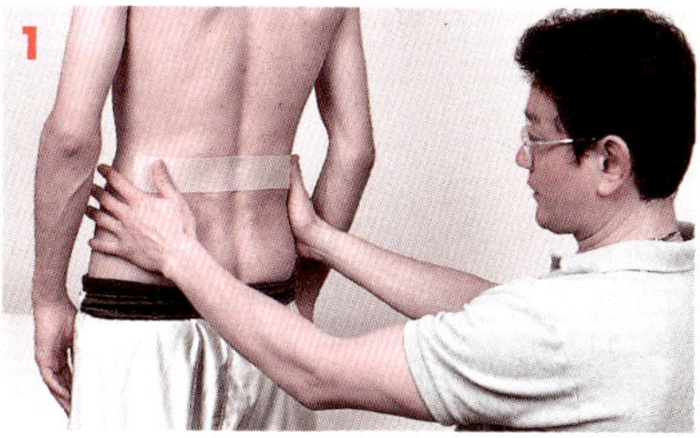

2

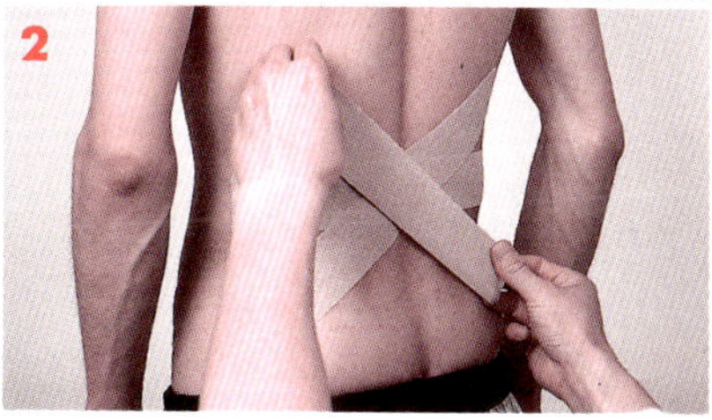

3

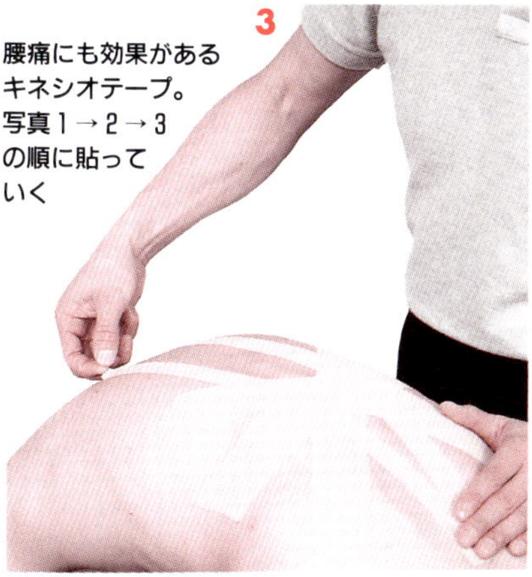

腰痛にも効果があるキネシオテープ。写真1→2→3の順に貼っていく

How To Use The Tape

テープの扱い方（持ち方・巻き方・切り方）

テーピングを巻く人の手に、汗や油、クリームなどがついていると、スムーズにテープがカットができなかったり、テープの張力が不安定になったりして、巻いたときの違和感の原因になる。テーピングをする前は、手を清潔に保ち、つめもきれいにカットしておく。

また、テープを貼る部位に傷やマメがあるとその部分を悪化させるおそれがあるので、必ず絆創膏《ばんそうこう》やガーゼなどで処置をしてからテーピングをすること。

また、ゴミやホコリなどで汚れていたり、湿布のあとや、クリームを塗ったあとは、粘着力が低下する。テーピングをする部位はきれいに洗って、毛深い部分は除毛しておいたほうがよい。

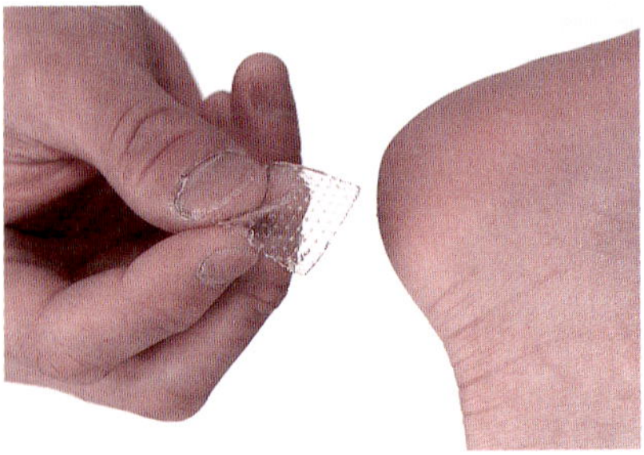

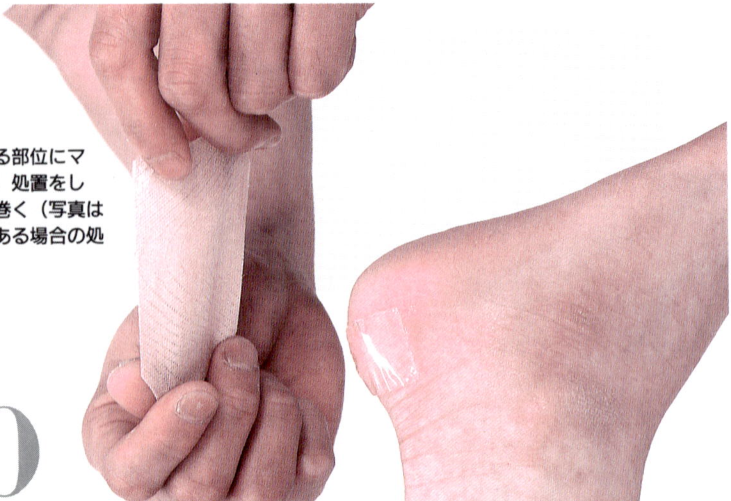

テーピングをする部位にマメがある場合は、処置をしてからテープを巻く（写真はかかとにマメがある場合の処置）

利き手の中指をロールの芯の中に入れるように持つ

テープの基本的な持ち方は、右利きの人の場合、右手でロールを持ち、左手でテープの端を引っ張る。

右手の中指をロールの芯の中に入れ、残りの4本の指でロールを握る。左手の人さし指、中指、薬指の3本の指と手のひらでテープの端をはさみ、全体にしわが寄らないようまっすぐに引っ張る。

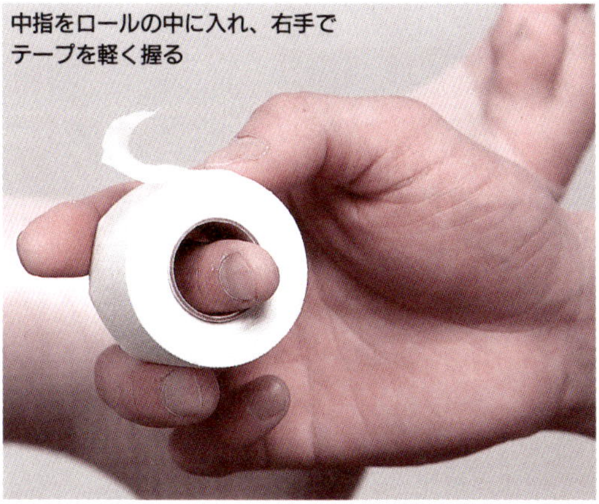

中指をロールの中に入れ、右手でテープを軽く握る

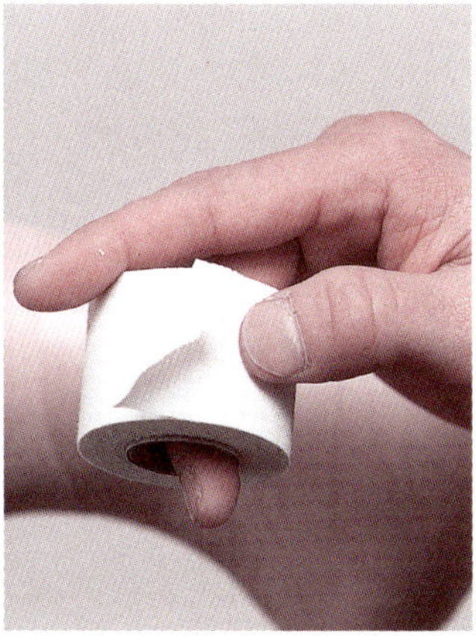

テープは両手の親指と人さし指に挟んで切るのが基本

実際のテーピングでは、短時間で手際よく、きれいに仕上げなければならない。

テープの切り方の基本は、両手の親指と人さし指でテープを挟んで、切り口から両方に開くように切る。

慣れてくると、一方の指を固定しておき、一方を引き上げるように切ることもできる。

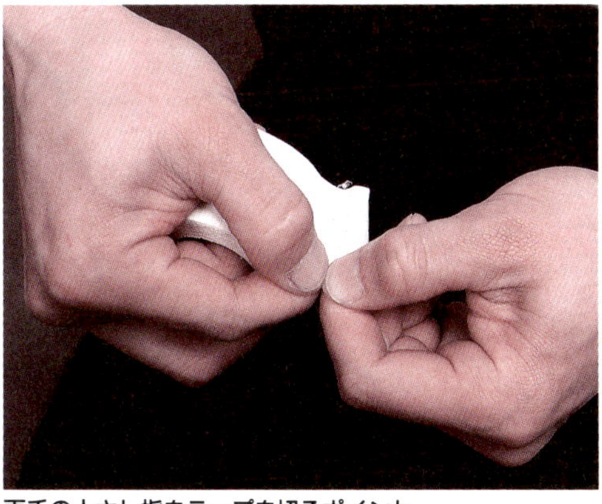

両手の人さし指をテープを切るポイントに置き、その上に親指をのせる

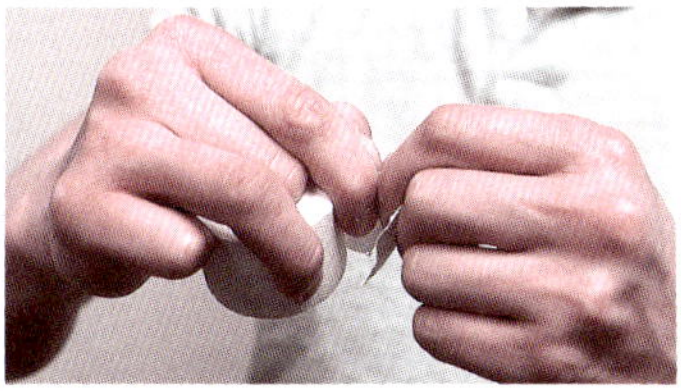

テープをねじらずに、左右に裂くように切る

テープを巻きながら切る場合は

効率的なテープの切り方を、順序に従って示すと、次のようになる。

左手の中指、薬指、小指で巻いてきたテープを上から押さえる。左右の人さし指をテープの粘着面につけ、親指を並べて、テープの端が親指の真ん中にくるように、人さし指の上にのせる。ひねらないで、そのまま、まっすぐ左右に引き裂くようにカットする。

カットしたあとは、左手の3本の指をすべらせて、テープの端を押さえる。強く引っ張りたいときは、両手でテープの端を持ち、引きながらゆっくりと貼る。

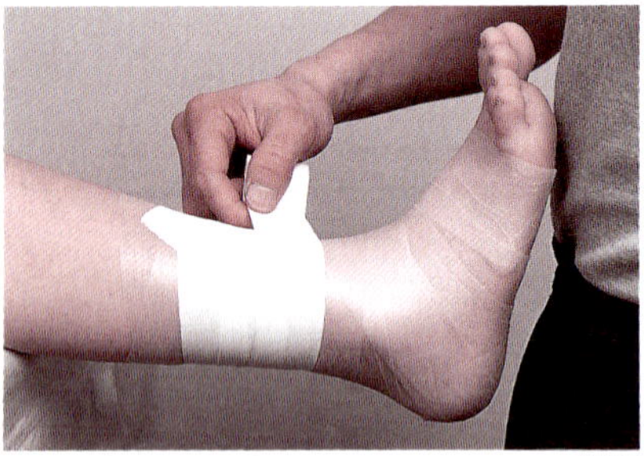

ひねらずに、まっすぐ左右に引き裂くようにカットする

テープは皮膚に密着させるように巻いていく

右手でロールを引っ張り、テープを引き出しながら巻くと、強く締めつけすぎたり、たるみが出やすく、上手に巻くことができな

テープはこのように巻く

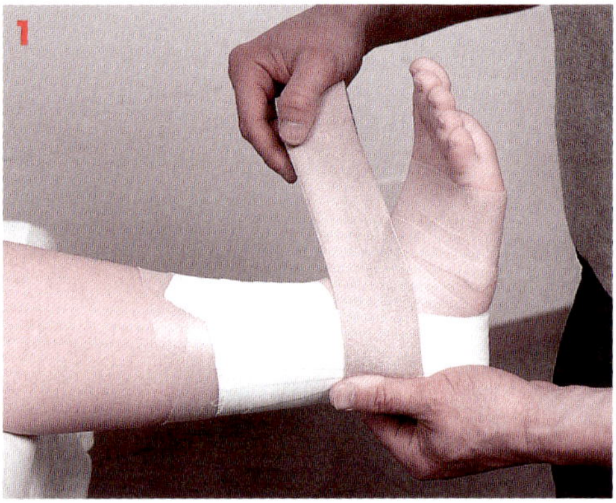

引き出したテープの端をスタート地点に貼り、左手の親指でしっかり押さえる。その他の指で足首を支える

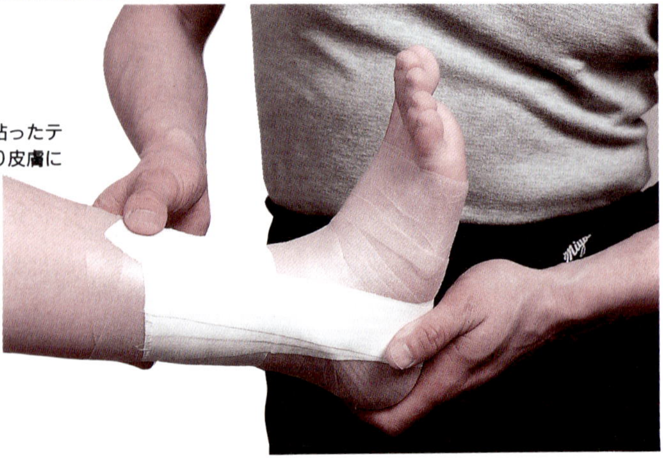

カット後は、貼ったテープをしっかり皮膚に密着させる

い。

左手でテープの端を引っ張り、あらかじめ必要な長さをロールから引き出して順次巻いていくとよい。

また、巻く部位のカーブに合わせて、皮膚と密着させるように貼っていくのがコツ。

テープは直射日光が当たらない、湿気の少ない場所に保管する

テープは選手の体に直接巻く重要なものなので、材質が変質しない状態で保存しなければならない。保存状態が悪いと、粘着力が弱くなったり、逆にテープ自体が剝がれにくくなってしまう。

直射日光が当たる場所やホコリの多い場所は避け、風通しのいい、湿気の少ないところに保管することが大切である。

2

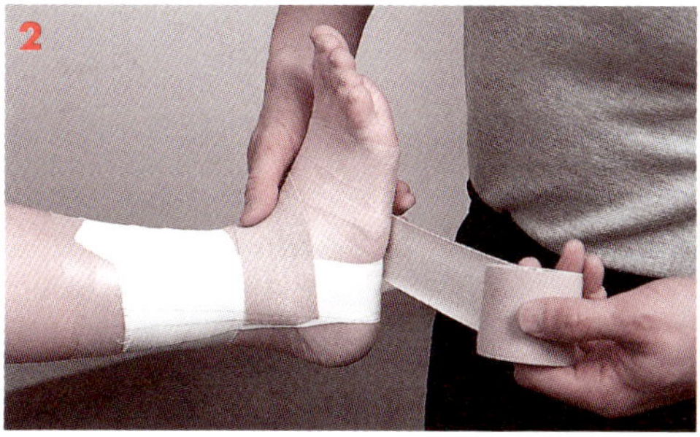

部位のカーブに合わせて、テープと皮膚を密着させるように巻いていく

3

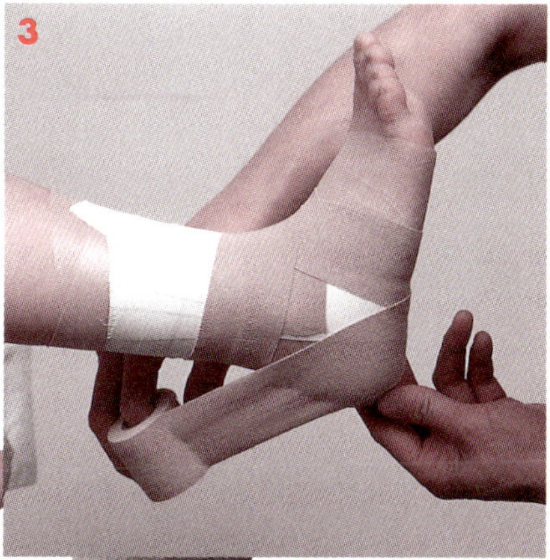

4

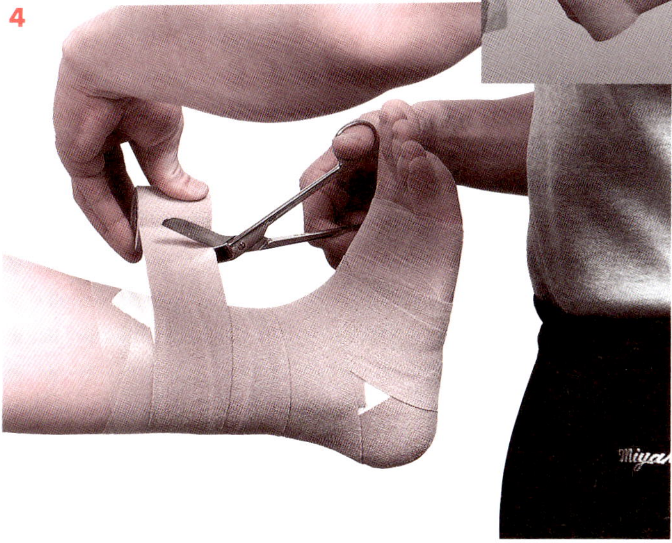

ハサミでカットする場合は、テープを引っ張り少し長めに切り、しっかりと密着させる

How To Roll Underrap

アンダーラップの巻き方

アンダーラップは、柔らかく薄い材質のテープで、巻くことによって皮膚を保護し、テープのズレを防ぐことができる。部位によっては巻かない場合もあるが、足首やひざのテーピングで断続的に巻く場合は、必ず巻くこと。

アンダーラップを巻くときは、同じ力加減で、部位との角度を一定に保つことが大切である。そのように巻けば、すき間があきすぎたり、たるみなどが発生せずに上手に巻けるはずだ。

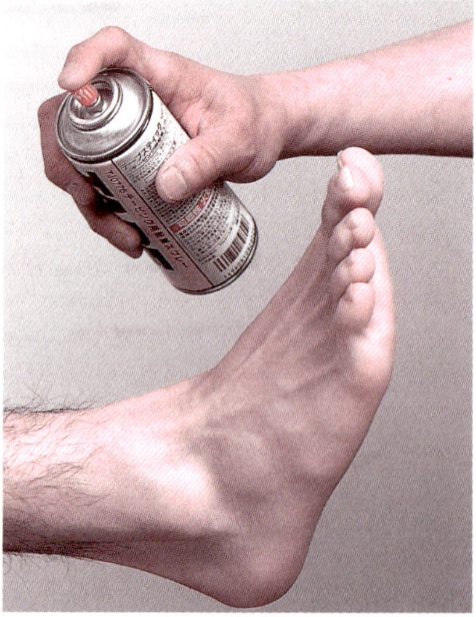

1 足首全体に粘着スプレーをかける

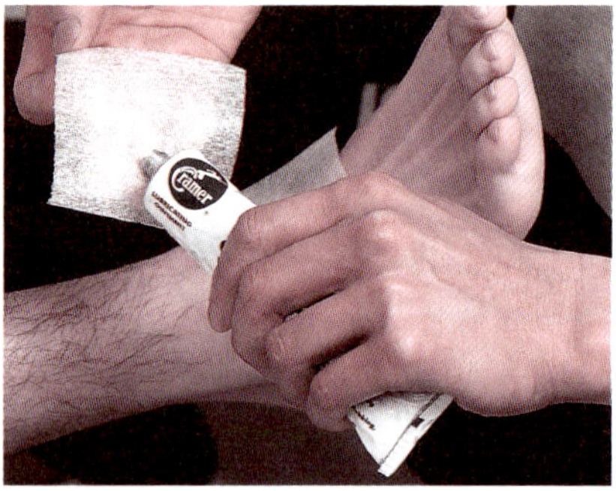

2 5センチほどのパッドにまんべんなくワセリンをつけ、足関節の甲側とアキレス腱に貼る（テープズレを防ぐため）

ヒール&レースパッドの作り方

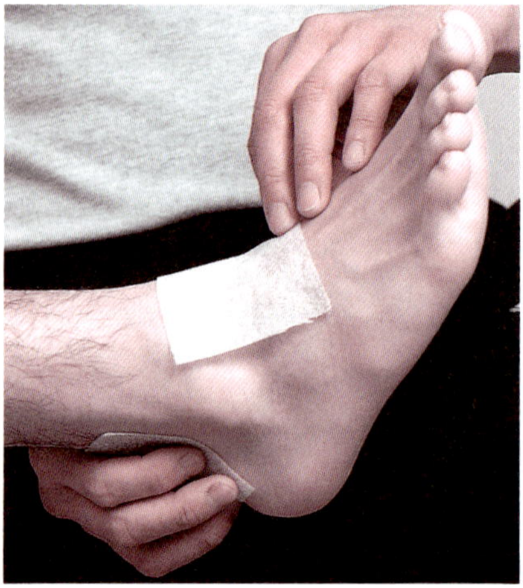

同じ大きさのレースパッドを2枚用意し、1枚にワセリンをつける。2枚のパッドを合わせて、ワセリンをなじませてから貼る

なお、アンダーラップには粘着性がないので、粘着スプレーを吹きつけてから巻くようにする。

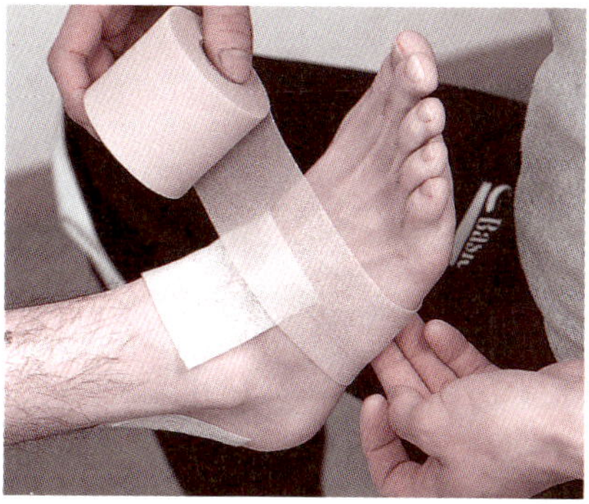

3 足の裏からアンダーラップを巻き始める

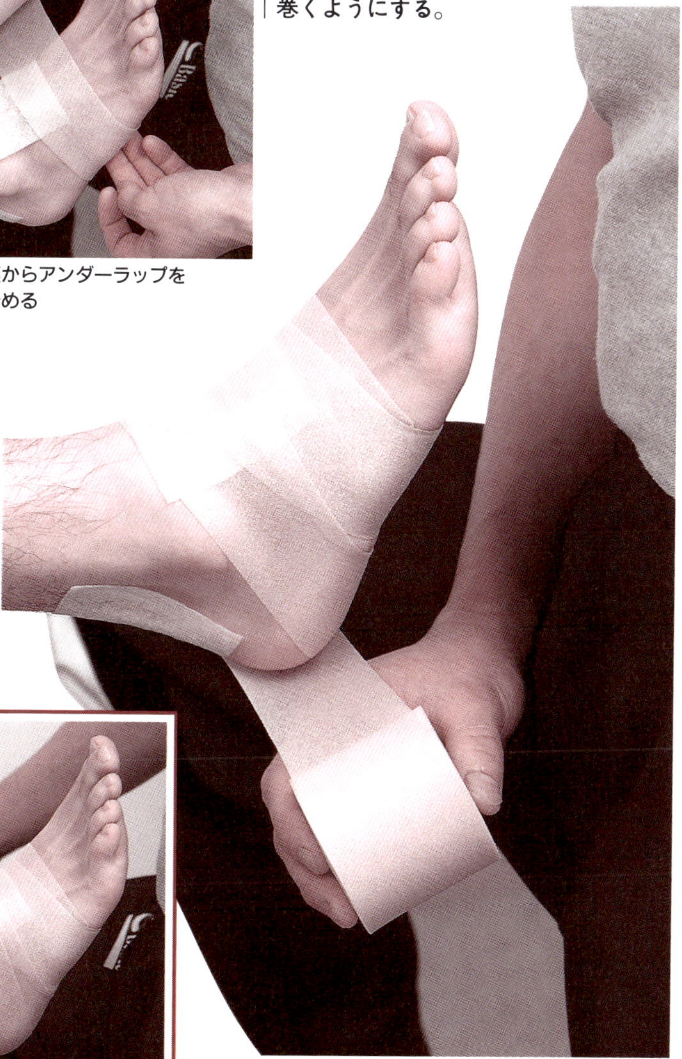

4 端が丸まらないように、ラップを伸ばしながら、かかとを通るまで巻き上げる

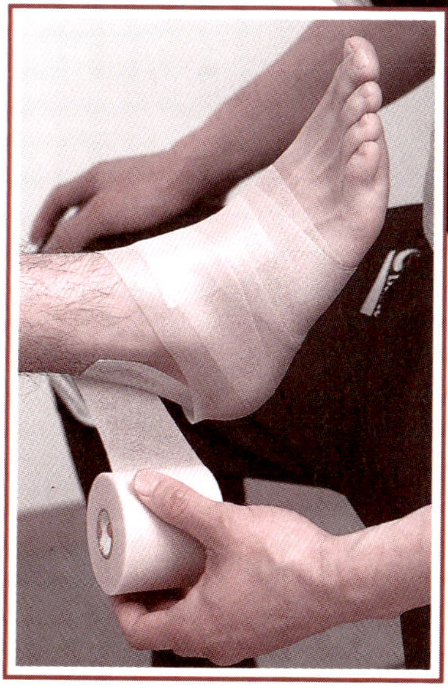

5 アキレス腱を通すように巻き上げ、かかとの外側へ

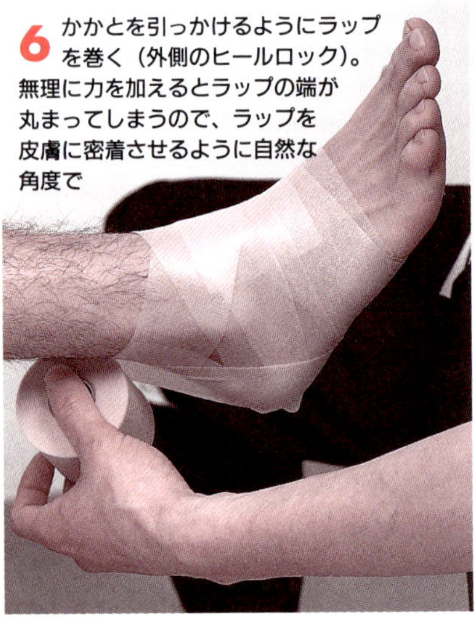

6 かかとを引っかけるようにラップを巻く（外側のヒールロック）。無理に力を加えるとラップの端が丸まってしまうので、ラップを皮膚に密着させるように自然な角度で

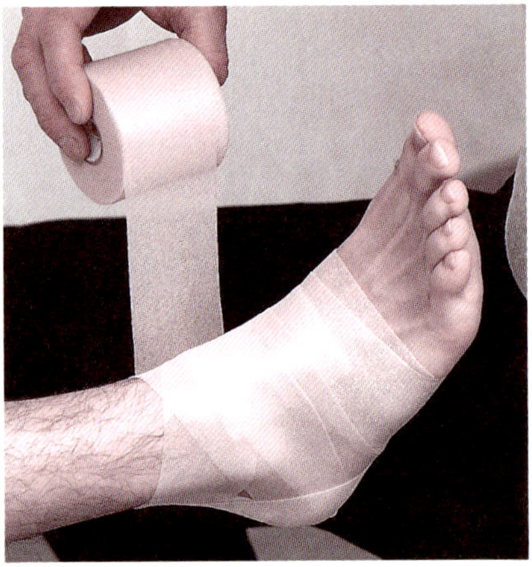

7 アキレス腱を通してラップを巻き上げる

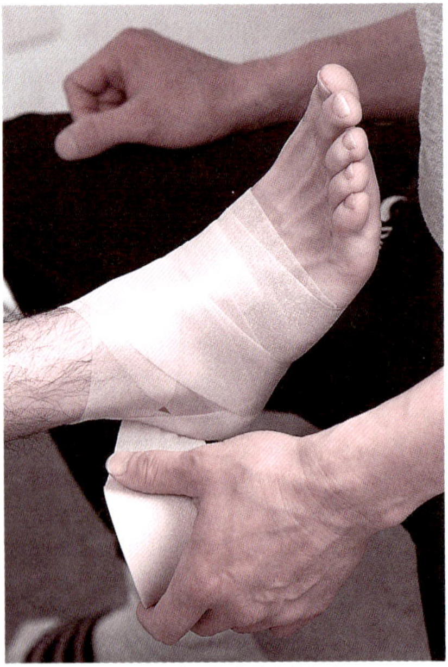

8 かかとを引っかけるようにラップを巻く（内側のヒールロック）

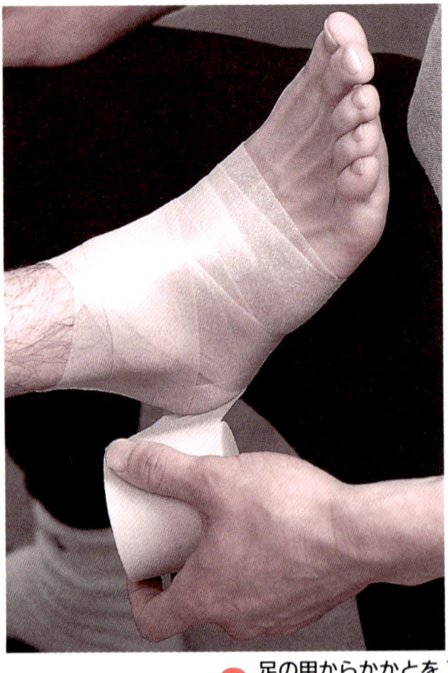

9 足の甲からかかとを1周させる

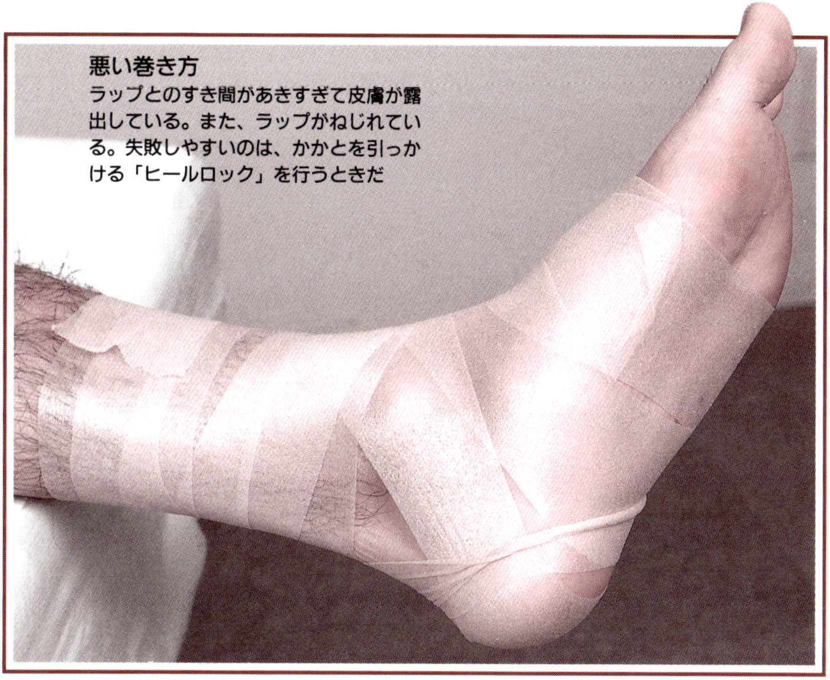

悪い巻き方
ラップとのすき間があきすぎて皮膚が露出している。また、ラップがねじれている。失敗しやすいのは、かかとを引っかける「ヒールロック」を行うときだ

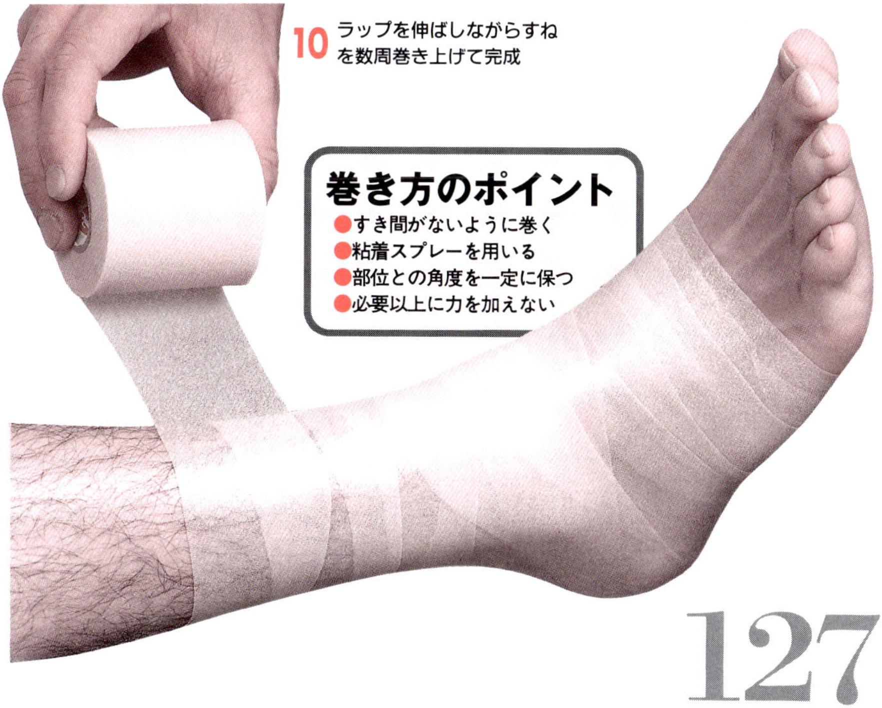

10 ラップを伸ばしながらすねを数周巻き上げて完成

巻き方のポイント

- すき間がないように巻く
- 粘着スプレーを用いる
- 部位との角度を一定に保つ
- 必要以上に力を加えない

Basic Taping "Anchor" And "Support"

テーピングの基本「アンカー」と「サポート」

テーピングは、基本的にアンカーとサポートの２種類で構成されている。

アンカーは「錨」の役割を果たすテープ

アンカーは、サポートテープをしっかり固定するテープで、「錨《いかり》」の役割を果たすものである。

アンカーの巻き方が適切でないと、プレー中にアンカーがずれ、そのあとに巻いたテープもずれて、テーピングの機能を果たさなくなる。

たった１本のテープだが、アンカーはとても大切な役割を担っているのである。

アンカーは力を入れた状態できつめに巻く

アンカーテープを巻くときは、つねに筋肉に力を入れた状態で、血行障害が起こらない程

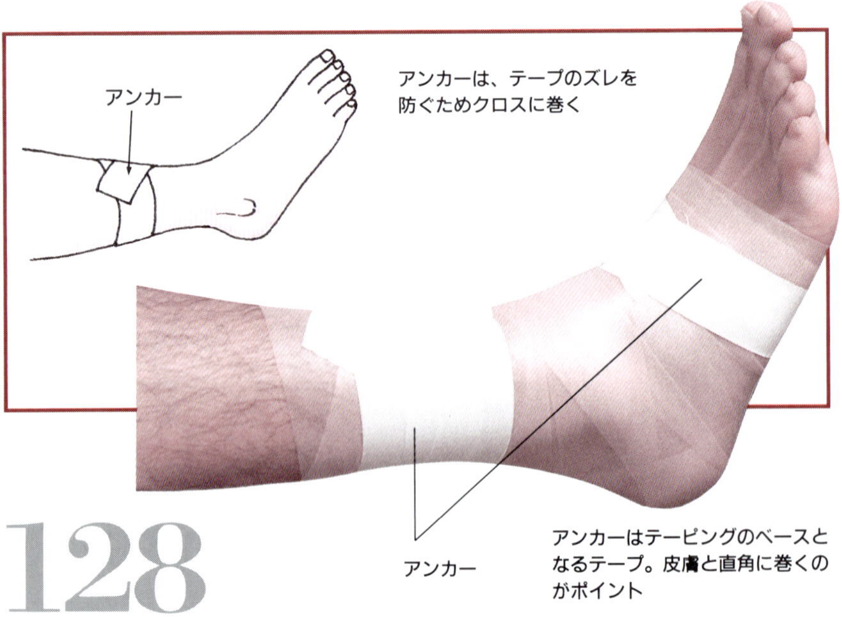

アンカーは、テープのズレを防ぐためクロスに巻く

アンカーはテーピングのベースとなるテープ。皮膚と直角に巻くのがポイント

アンカーの巻き方

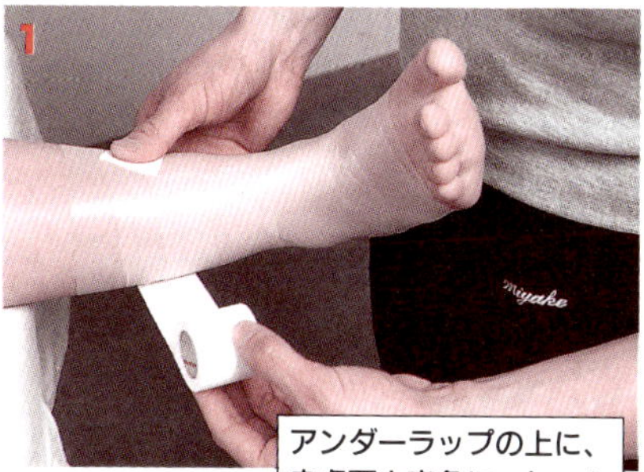

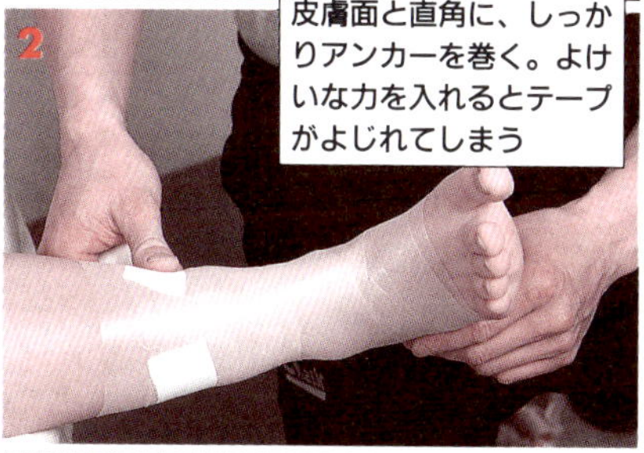

アンダーラップの上に、皮膚面と直角に、しっかりアンカーを巻く。よけいな力を入れるとテープがよじれてしまう

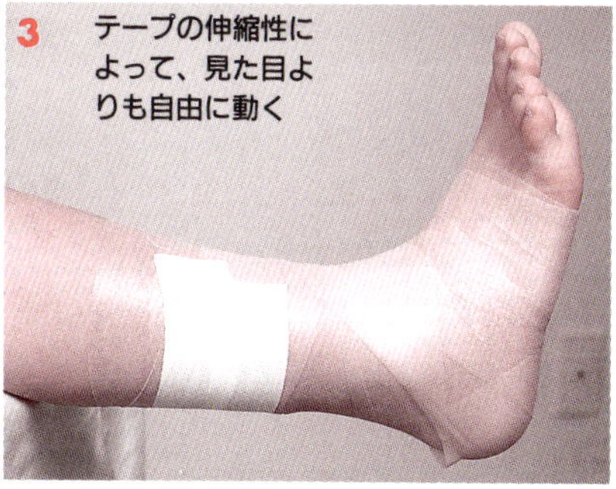

テープの伸縮性によって、見た目よりも自由に動く

度にしっかり巻くことが重要である。

筋肉をゆるめた状態でアンカーを巻くと、プレー中に筋肉に力が入りその部分が太くなったとき、テープが締まりすぎて、痛みが生じるおそれがある。

また、テープがずれないように、アンダーラップや皮膚に密着させて巻くことも重要なポイントだ。

腕や足は円錐《えんすい》状であり、根もとから先端に向けて細くなっている。それ以外の部位も体の表面は平らではないので、テープは体のカーブに沿って斜めに巻く、つまり皮膚の面とテープ面がつねに直角に接するように巻くことが大切である。

余計な力を入れずにテープ面の動きに合わせてスムーズに巻くことによって、すれや歪みがなくなる。

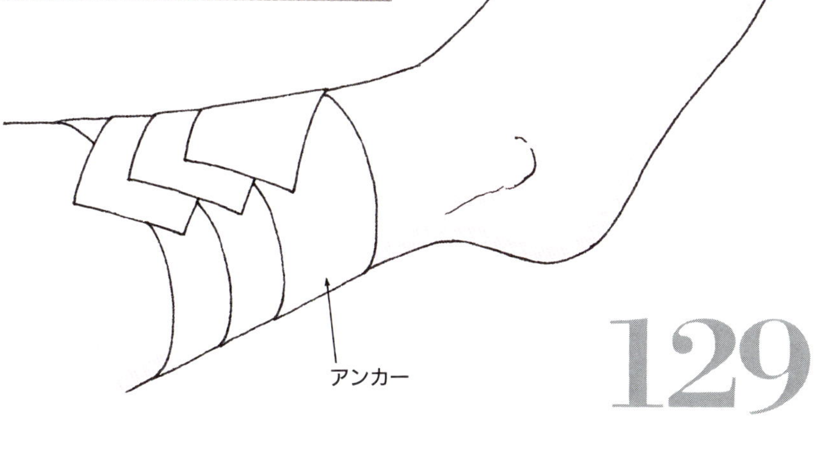

筋肉などの圧迫・補強、関節の固定をするのがサポートの目的

サポートとは、テーピングの主目的を果たすテープで、筋肉や靭帯を圧迫・補強したり、関節を固定したりする役割を果たす。

このテープを、どこの場所にどのくらいの強さで貼るかにより、選手が痛みを感じずにプレーできるかどうかが決まる。

サポートは、文字どおり、選手の動きの「ささえ」になる、“テーピングの生命線”だ。

サポートテープは、体の先端から中心に貼るのが原則

テープを巻いたり貼ったりする方向は、原則として体の先端から中心部へ行う。

左手でテープの端を先端側のアンカーに固定し、必要な長さのテープを引き出す。次に、ロールを持つ手を強く引いて、テープを伸ばすような感じで中心側のアンカーに貼る。

サポートテープは､貼る方法によって、「Xサポート」「縦サポート」など、いろいろな種類がある。

●Xサポート

靭帯、腱、各関節に対して、「X」の形に貼るテーピング。固定だけでなく、圧迫の目的にも使用する。おもに、ひざ関節、腰部に用いる。

●縦サポート

Xサポートとミックスして、靭帯、腱に沿って縦に貼るテーピング。部分的に補強する際によく使う。おもに、ひざ関節、腰部に用いる。

●スターアップ

足関節の縦サポートを特にこう呼ぶ。

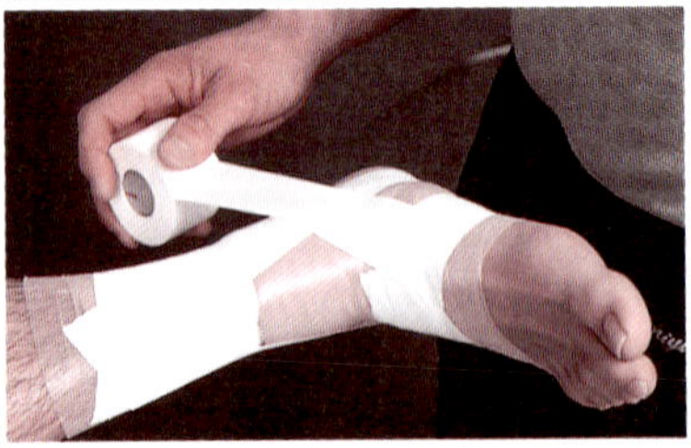

サポートテープを貼る場所・強さによって、プレーの状態が決まる

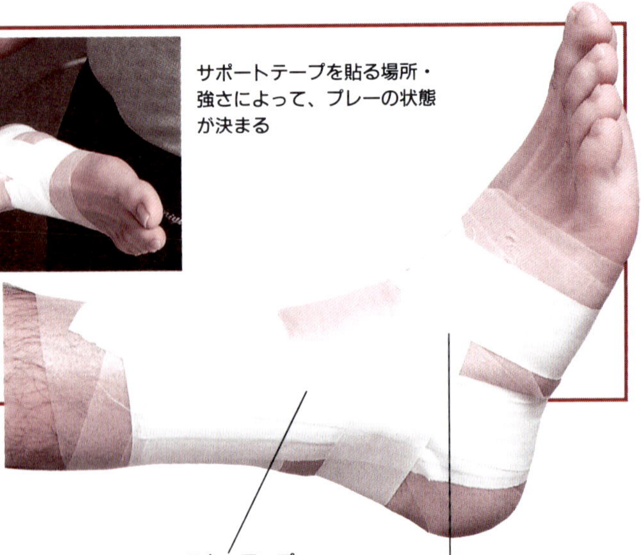

乗馬の「あぶみ」の意味で、馬蹄《ばてい》形に張る。内返しねんざか外返しねんざかによって、スタートする方向が逆になる。

●水平サポート

Xサポート、縦サポートを固定し、強度や圧迫を増強するテーピング。おもに、大腿《だいたい》部、腰部、足のアーチ部分に用いる。

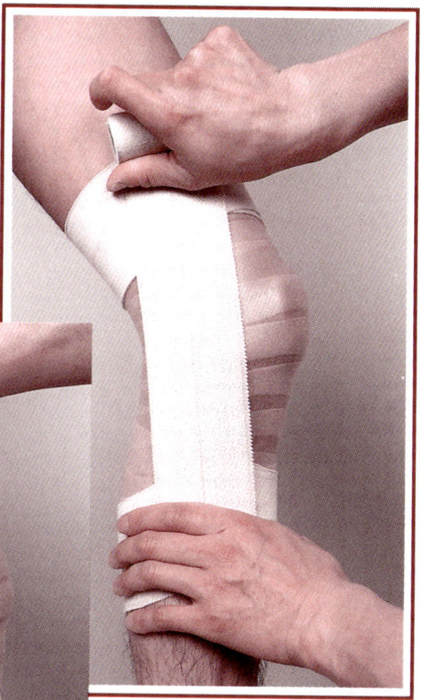

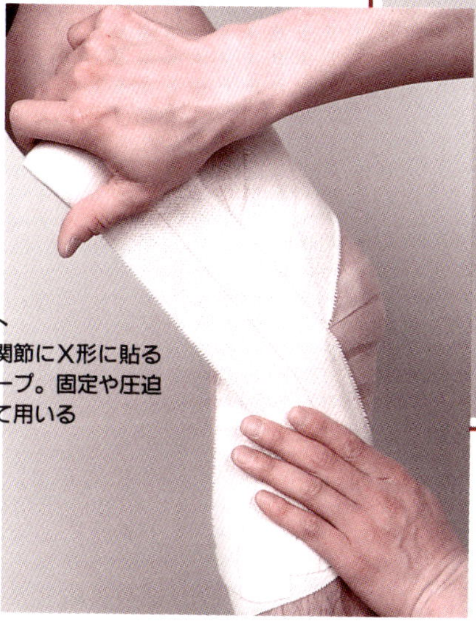

Xサポート
靭帯や腱、関節にX形に貼るサポートテープ。固定や圧迫を目的として用いる

縦サポート
靭帯や腱に沿って縦方向に貼るサポートテープ。補強を目的として用いる

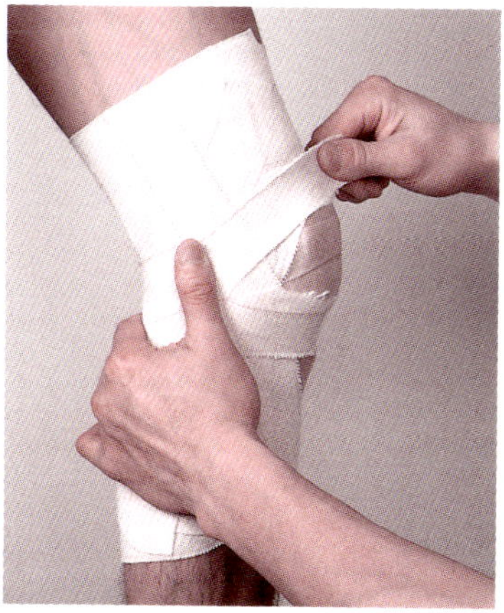

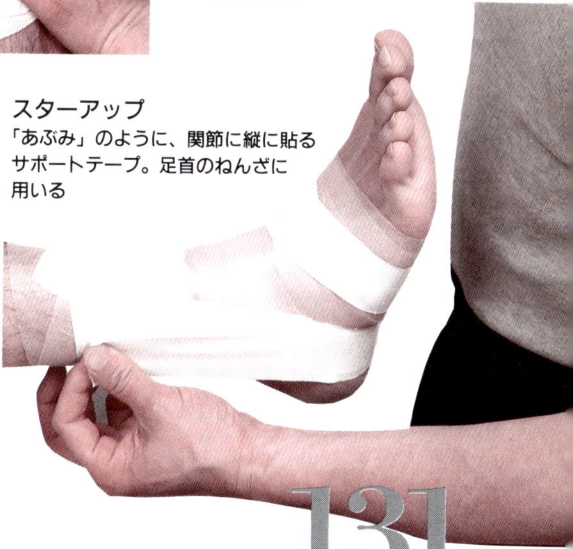

スターアップ
「あぶみ」のように、関節に縦に貼るサポートテープ。足首のねんざに用いる

水平サポート
Xサポートや縦サポートを固定するサポートテープ

●ホースシュー

足関節が左右にぶれるのを防ぐ目的で使用する。テープを「馬蹄形」に巻くため「ホースシュー」と呼ばれる。

●フィギュア・エイト

「8の字」を描くように連続して巻くサポートテープ。おもに足関節や足底部に用いる。

●ヒールロック

かかとを固定するサポートテープ。足首の内返しねんざ、外返しねんざの予防のために用いる（より安定感が増す）。

●スパイラル

テープをらせん状に巻き、関節の動きを制限することで、より安定感が増す。おもに足関節、ひざ関節に使用する。

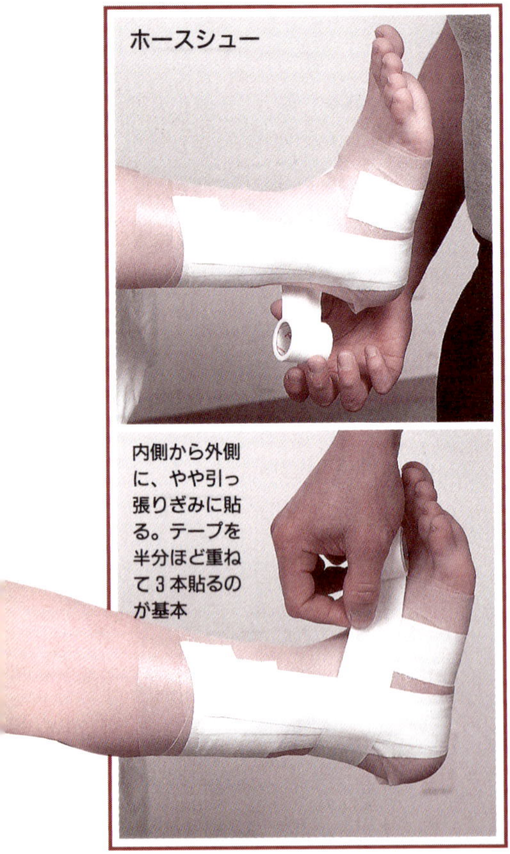
ホースシュー
内側から外側に、やや引っ張りぎみに貼る。テープを半分ほど重ねて3本貼るのが基本

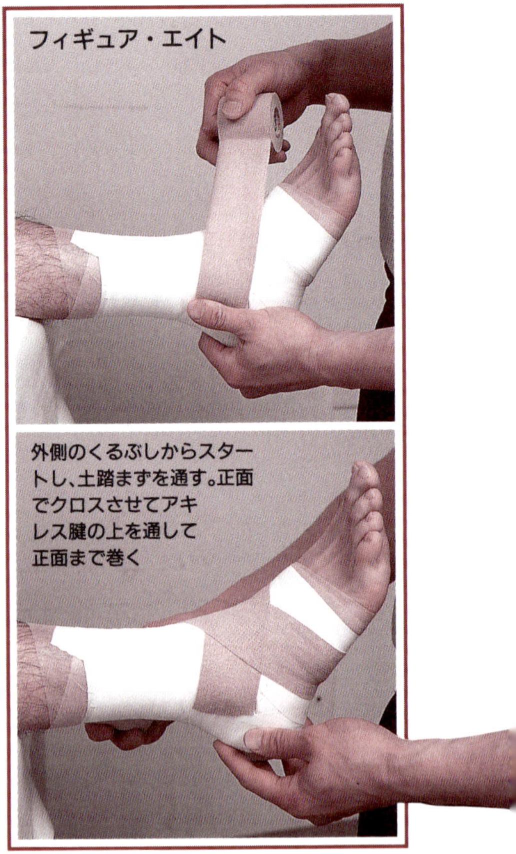
フィギュア・エイト
外側のくるぶしからスタートし、土踏まずを通す。正面でクロスさせてアキレス腱の上を通して正面まで巻く

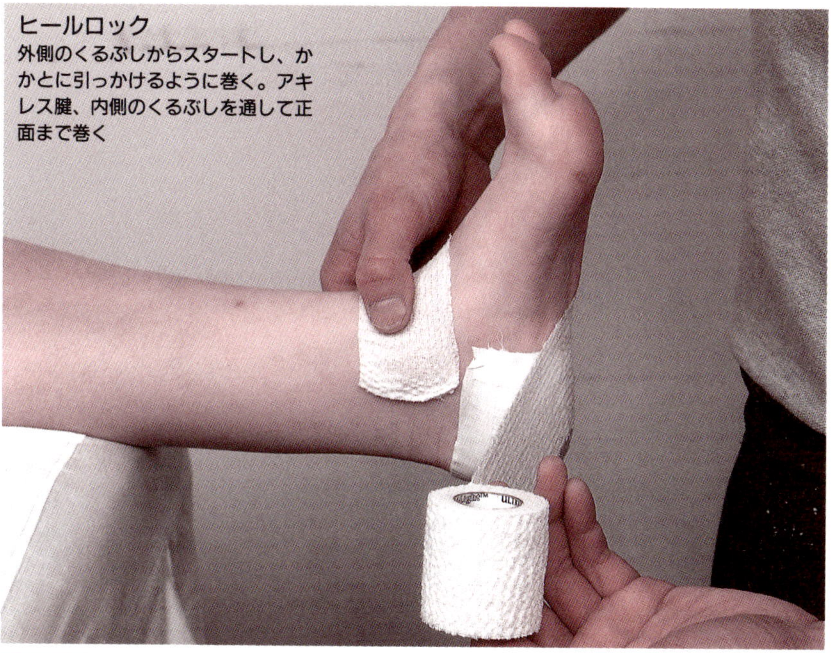

ヒールロック
外側のくるぶしからスタートし、かかとに引っかけるように巻く。アキレス腱、内側のくるぶしを通して正面まで巻く

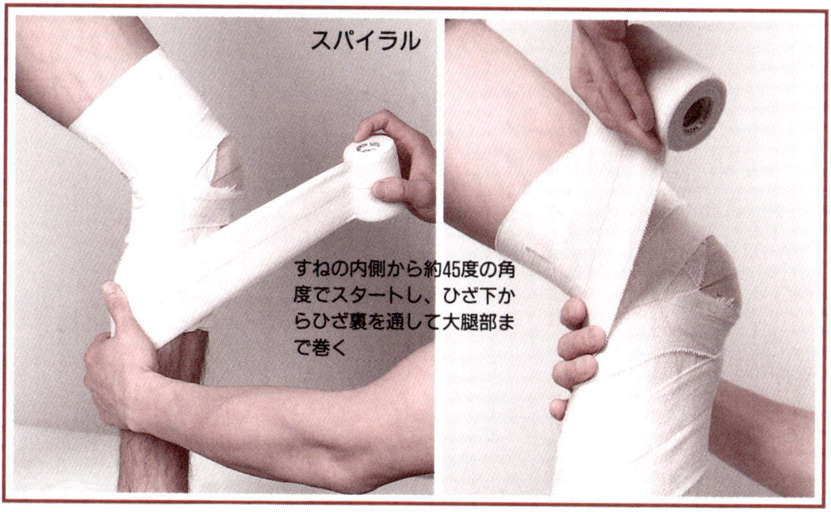

スパイラル
すねの内側から約45度の角度でスタートし、ひざ下からひざ裏を通して大腿部まで巻く

Severl Parts Taping ❶

足首のテーピング

基本のテーピング

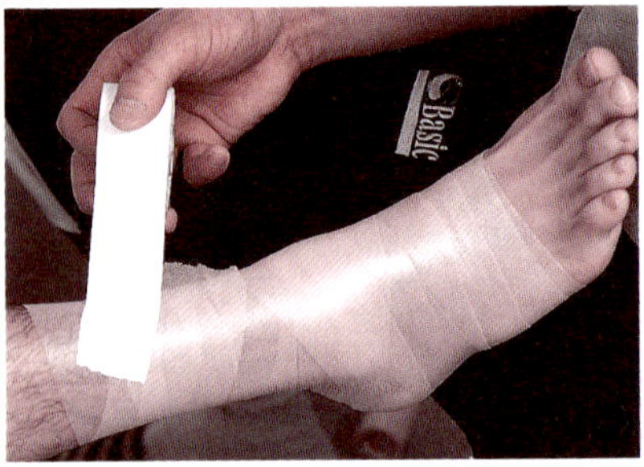

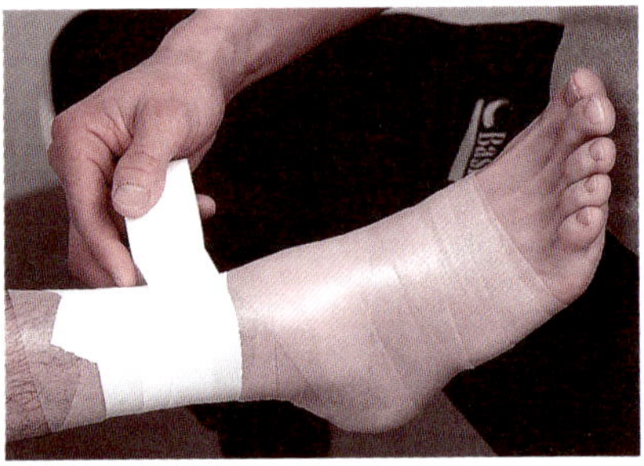

1 アンダーラップを巻いたあと、すね部分にアンカーを3本巻く（ホワイトテープを使用)。1本目からテープをずらしながら残り2本を巻く

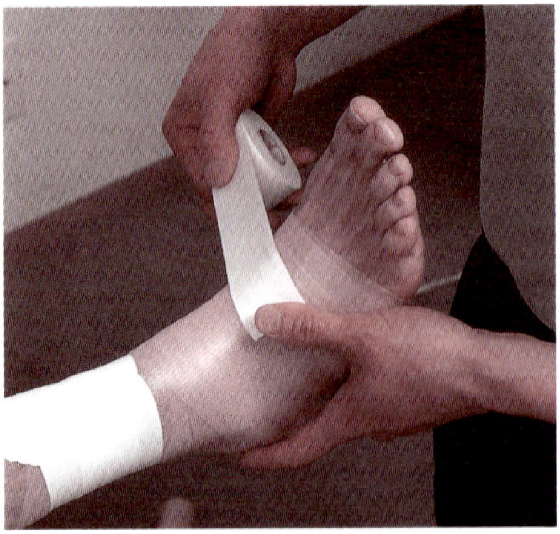

アンカーのポイント

●テープを皮膚に密着させるため、巻き始めの角度は斜め下方向にする

2 足の甲部分にアンカーを1本巻く。強く固定しない場合は、足底のアンカーは巻かなくてもよい（1周巻かなくてもよい）

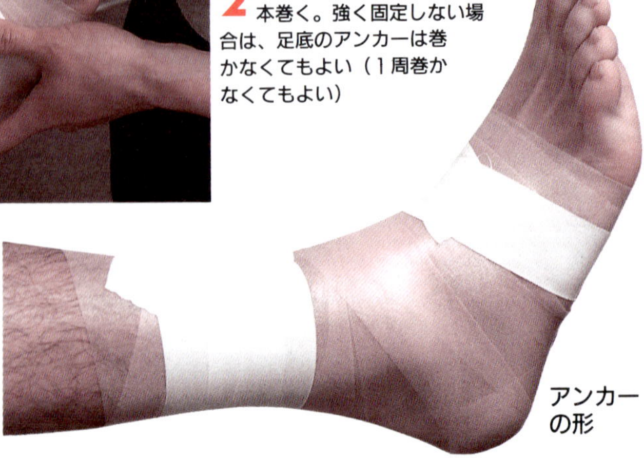

アンカーの形

足首のけがでもっとも多く発生するのは、足首を内側にひねる「内返しねんざ」である。「内返しねんざ」を予防するためには、テープを内側から貼《は》り、足首が内側へ内《ない》反《はん》するのを防ぐ必要がある。ここでは、基本形と簡易形、応急処置の3つのパターンを紹介しよう。

なお、「外返しねんざ」を予防するテーピングは、「内返しねんざ」とは反対に、外側から内側にテープを貼るようにする。

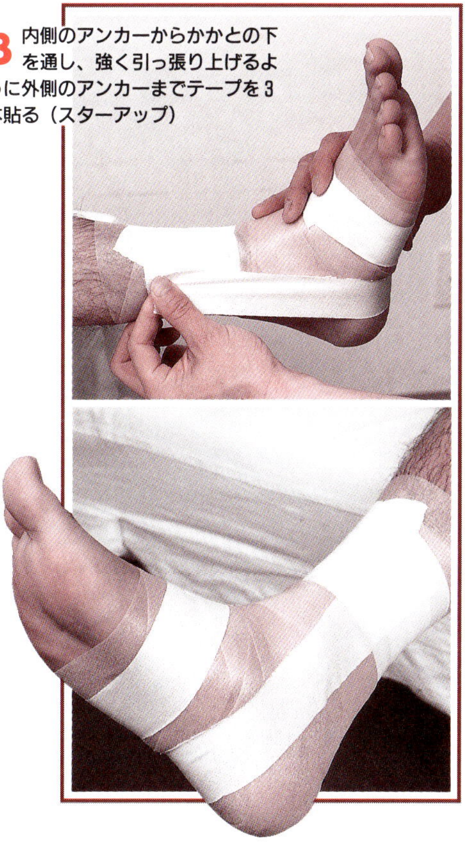

3 内側のアンカーからかかとの下を通し、強く引っ張り上げるように外側のアンカーまでテープを3本貼る（スターアップ）

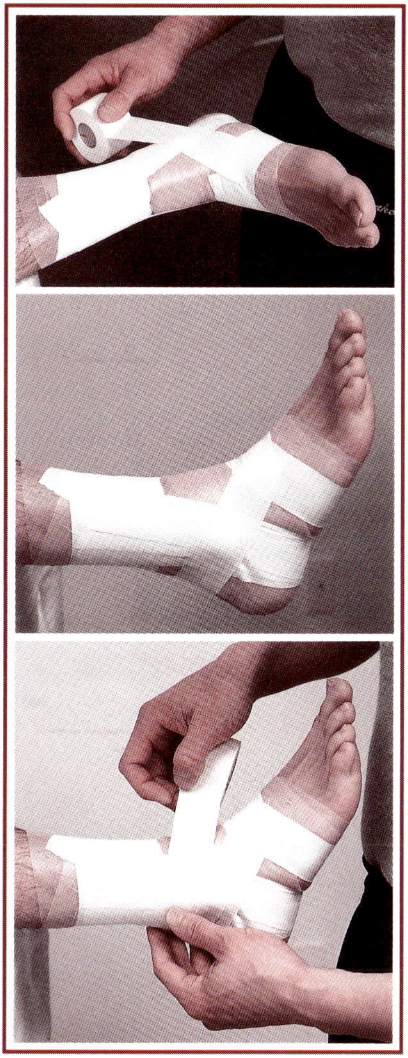

4 甲側のアンカーの内側からアキレス腱を通して、外側にテープを3本貼る(ホースシュー)。3本のテープは3分の1ほど重ねる

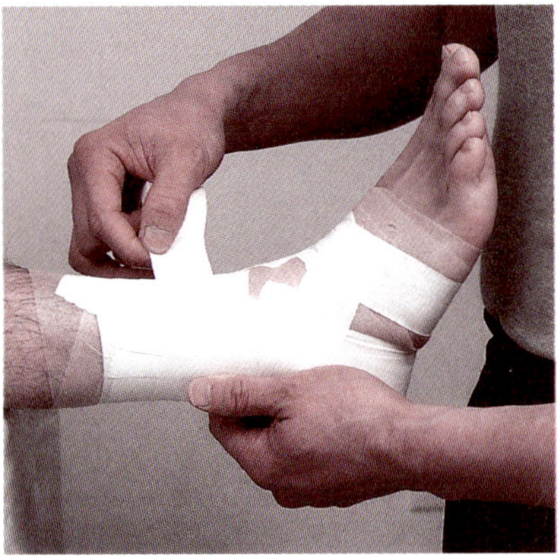

5 手順4と同様に、足首を1周させるように、2分の1ほど重ねて、すねのアンカーまでテープを巻く

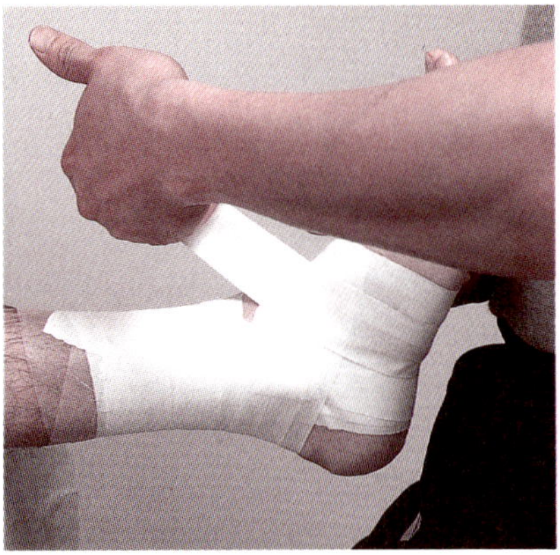

7 次に外側のヒールロック。外くるぶしからスタートし、足首の前面を通す

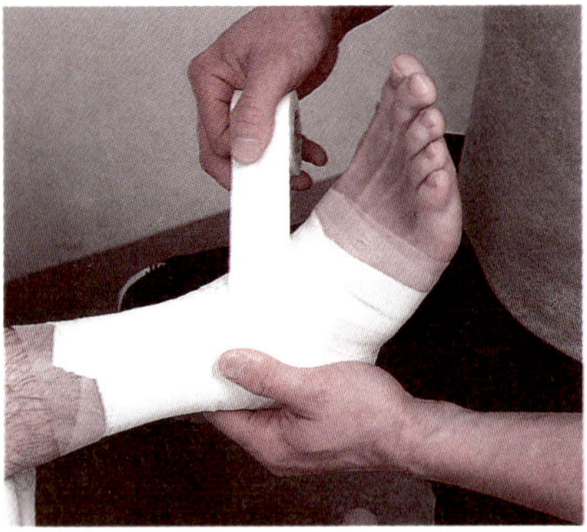

6 「8の字」を描くように、フィギュア・エイトを巻く

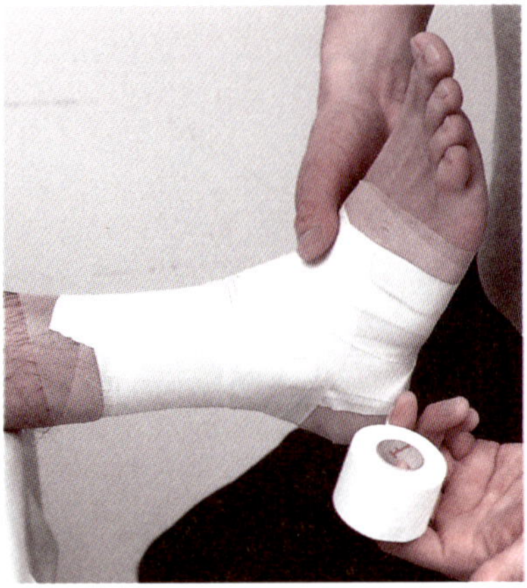

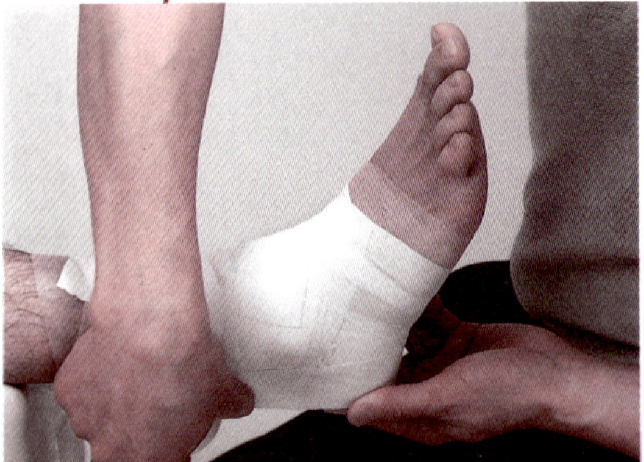

8 土踏まずから足の裏を通して、外側のかかとのヒールロックへ。アキレス腱を通して足首の前面でカットする

ヒールロックの手順

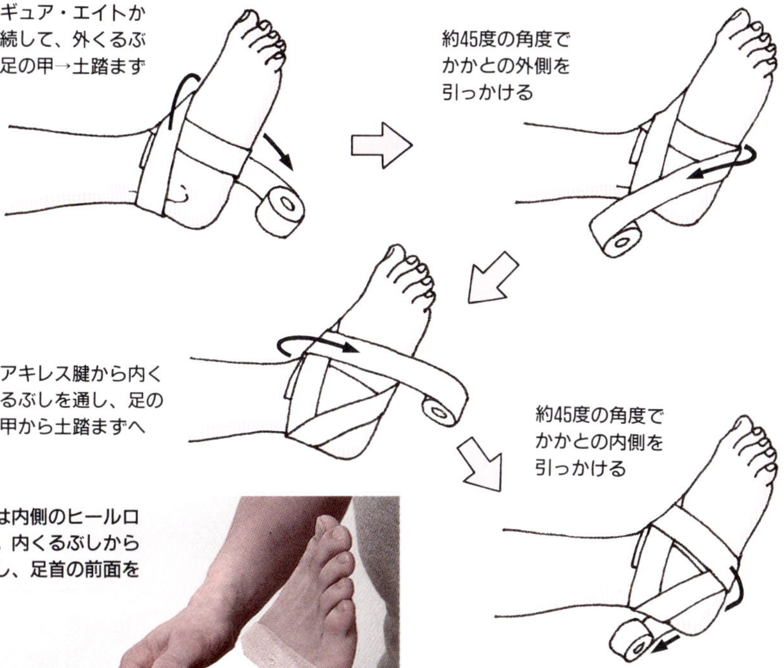

フィギュア・エイトから連続して、外くるぶし→足の甲→土踏まずへ

約45度の角度でかかとの外側を引っかける

アキレス腱から内くるぶしを通し、足の甲から土踏まずへ

約45度の角度でかかとの内側を引っかける

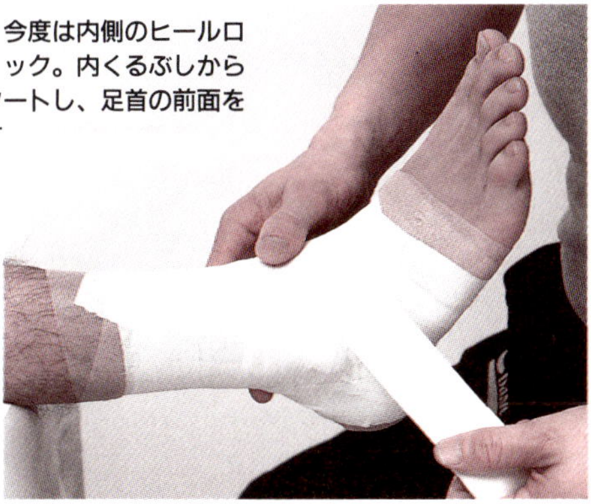

9 今度は内側のヒールロック。内くるぶしからスタートし、足首の前面を通す

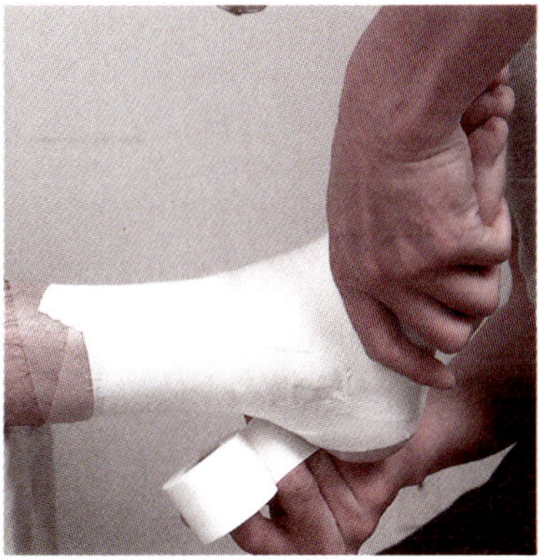

10 土踏まずから足の裏を通して、内側のかかとのヒールロックへ

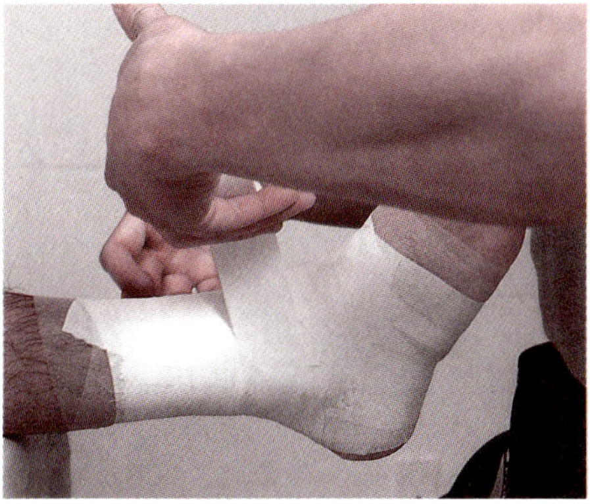

11 アキレス腱を通して足首の前面でカットする（完成）

さらに強く固定したい場合は、12→17の手順でテーピングする

12 伸縮テープを使い、外くるぶしからフィギュア・エイトを巻き始める

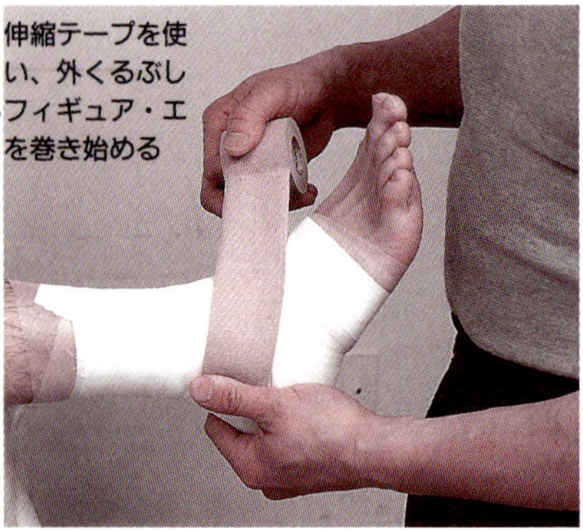

13 足裏の土踏まずを通し、甲の上でクロスさせるように巻く

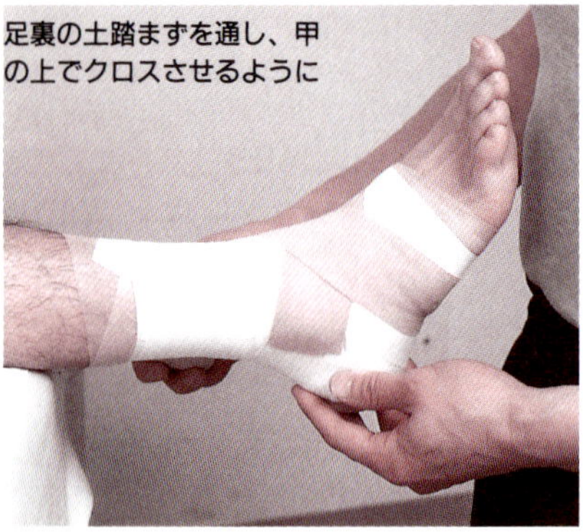

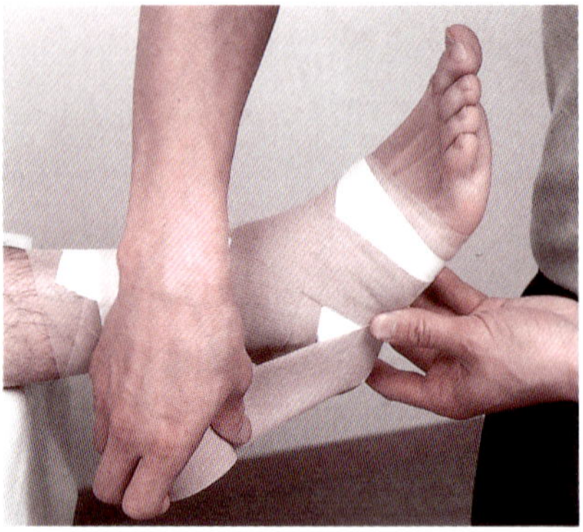

14 アキレス腱を通して巻き上げ（フィギュア・エイトの完成）、再び土踏まずを通して、外側のかかとを引っかける（外側のヒールロック）

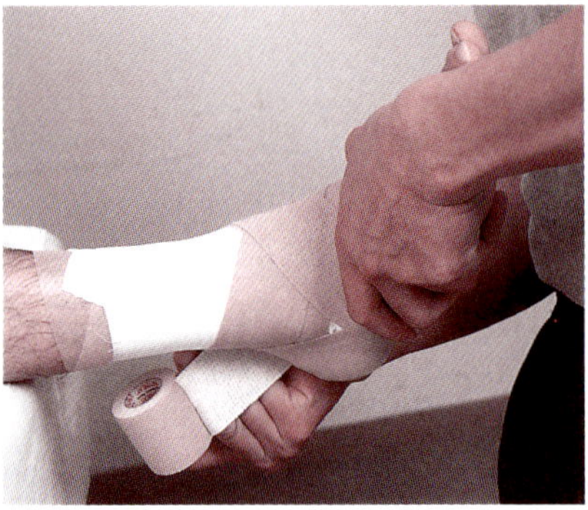

15 アキレス腱を通して巻き上げ、甲の上でクロスさせて内側のかかとを引っかける（内側のヒールロック）

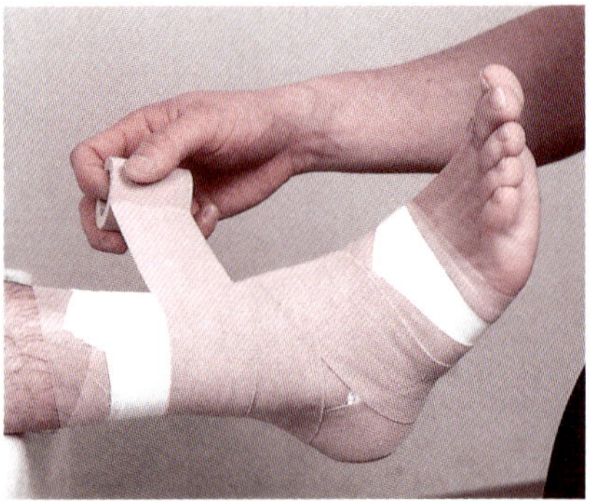

16 アキレス腱を通して巻き上げ、すね部分を2～3周巻く

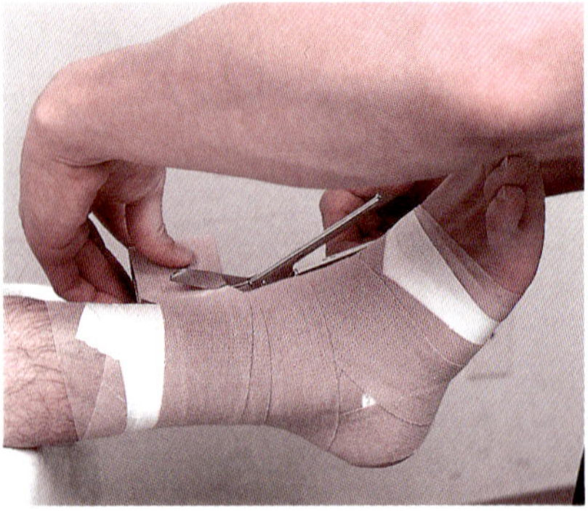

17 ハサミでカットして完成

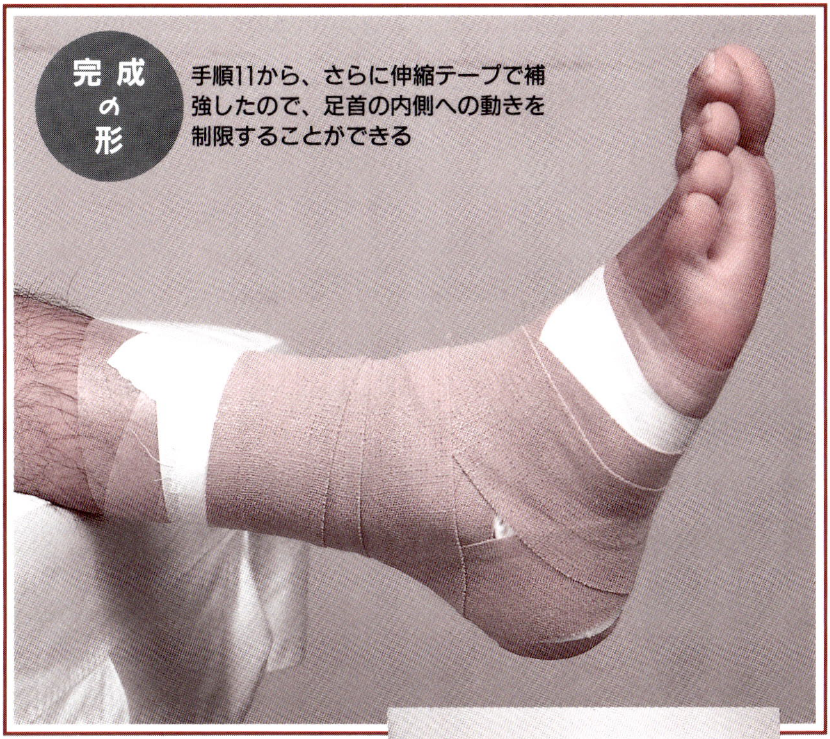

完成の形

手順11から、さらに伸縮テープで補強したので、足首の内側への動きを制限することができる

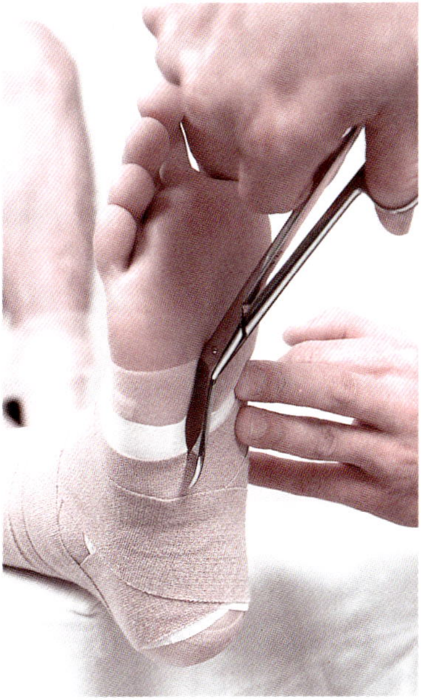

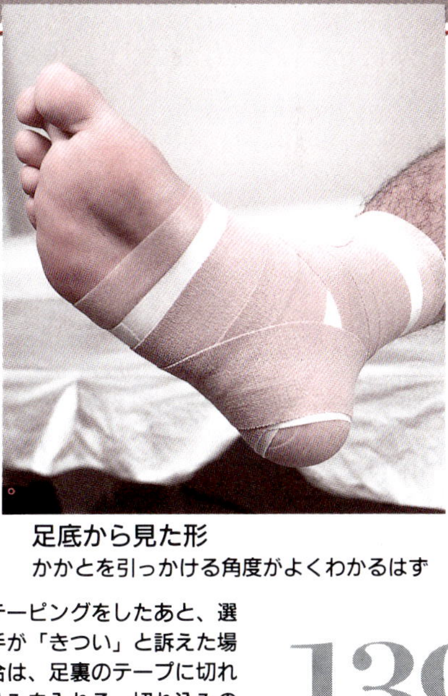

足底から見た形

かかとを引っかける角度がよくわかるはず

テーピングをしたあと、選手が「きつい」と訴えた場合は、足裏のテープに切れ込みを入れる。切れ込みの目安は2センチほどがよい

可動域が広い簡易型のテーピング

基本形よりも可動範囲を広くしたい場合に行うテーピング。可動域が広くなるので動きやすいが、固定力もあるので、ねんざの予防になる。アンカー→スターアップ→フィギュア・エイト→ヒールロックの順にテープを巻く。

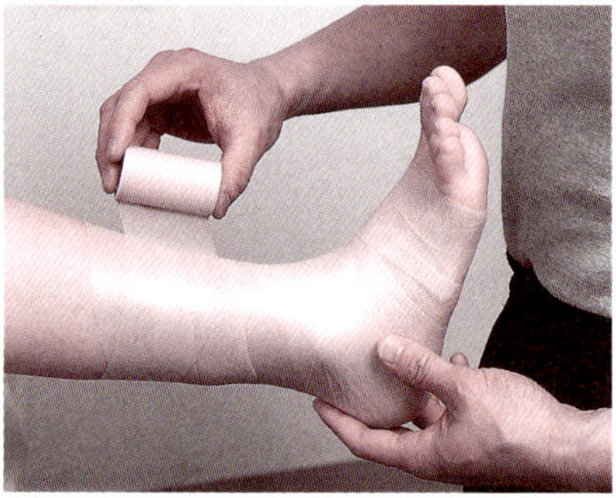

1 足の甲からすねまでアンダーラップを巻く

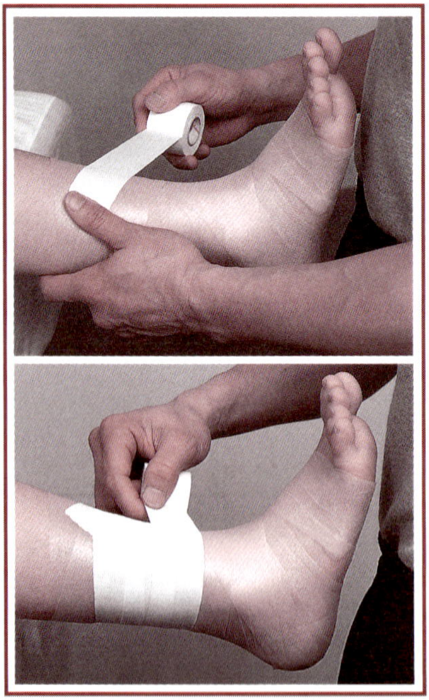

2 巻き始めの角度に注意しながら、すね部分にアンカーを少しずつ下にずらして3本巻く（ホワイトテープ）

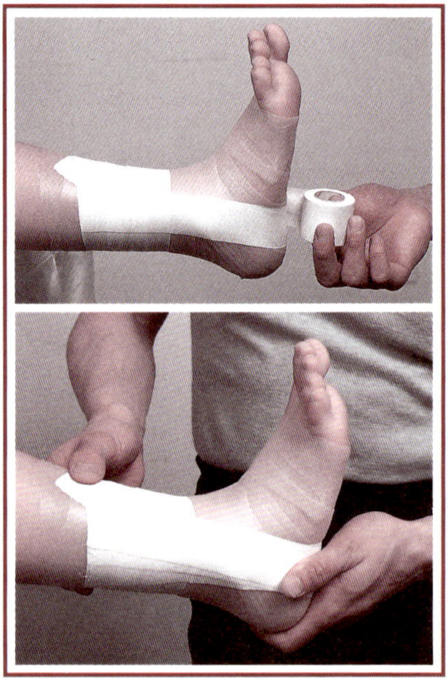

3 内側のアンカーの上端から外側のアンカーの上端まで、テープを少し引っ張りながら3本貼る（スターアップ）。1本目はまっすぐに、2・3本目は「Vの字」に貼る

スターアップの貼り方

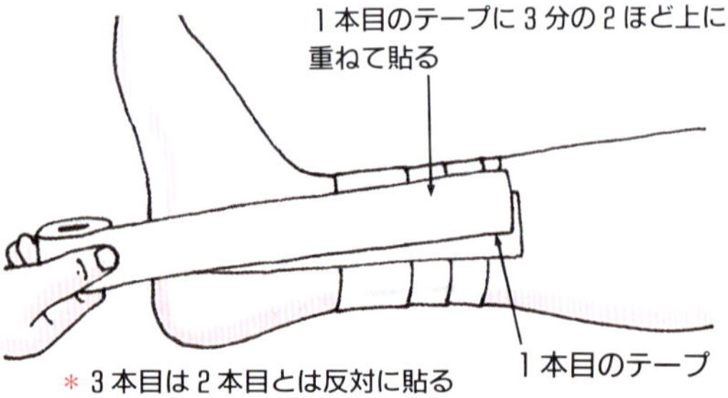
1本目のテープに3分の2ほど上に重ねて貼る
1本目のテープ

＊3本目は2本目とは反対に貼る

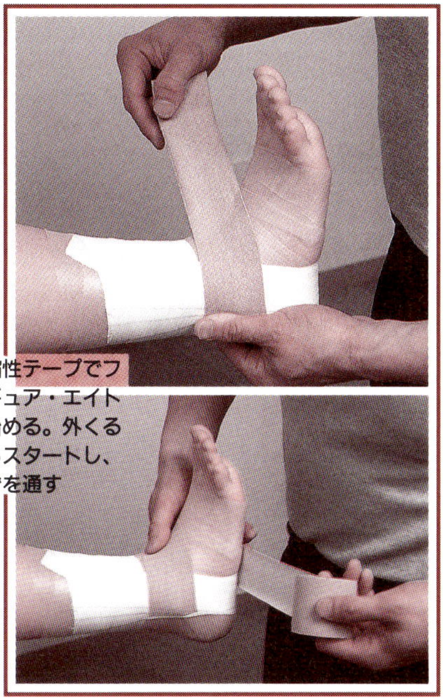

4 伸縮性テープでフィギュア・エイトを巻き始める。外くるぶしからスタートし、土踏まずを通す

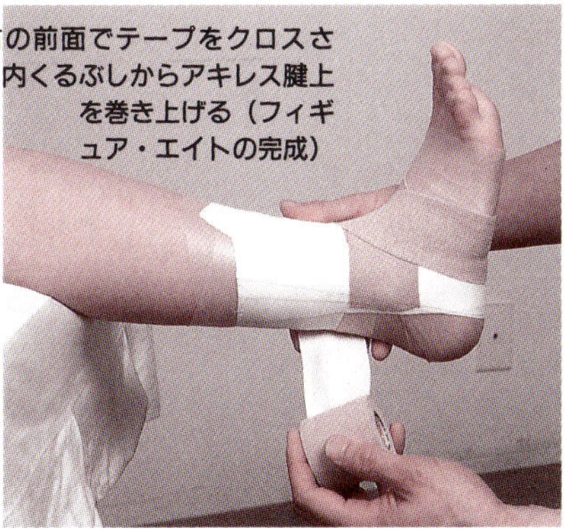

5 足首の前面でテープをクロスさせ、内くるぶしからアキレス腱上を巻き上げる（フィギュア・エイトの完成）

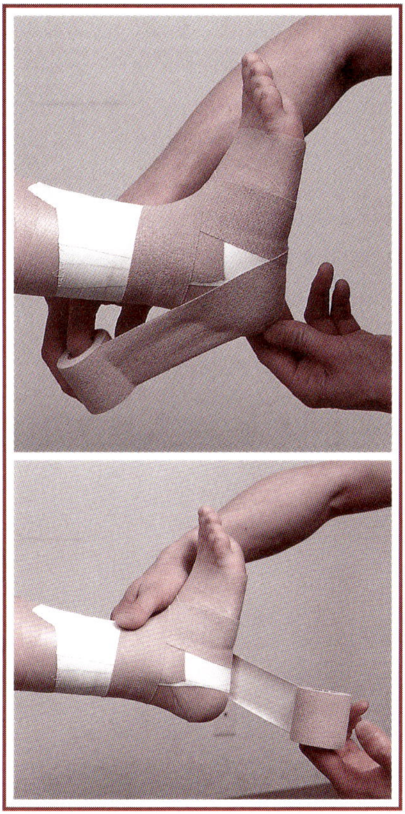

6 再び土踏まずを通し、外側のかかとを引っかけるように巻く（外側のヒールロック）。アキレス腱上を巻き上げ、足首前面→土踏まずを通し、内側のかかとを引っかけるように巻く（内側のヒールロック）

TAPING OF STARUP

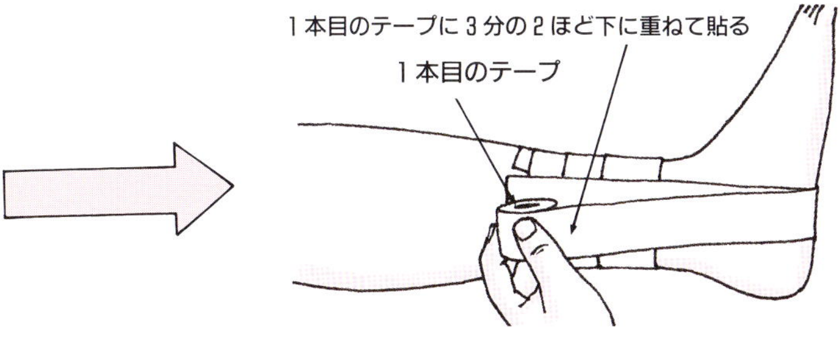
1本目のテープに3分の2ほど下に重ねて貼る
1本目のテープ

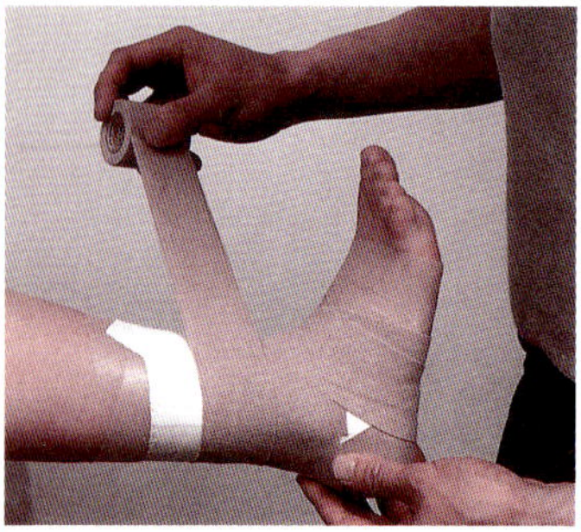

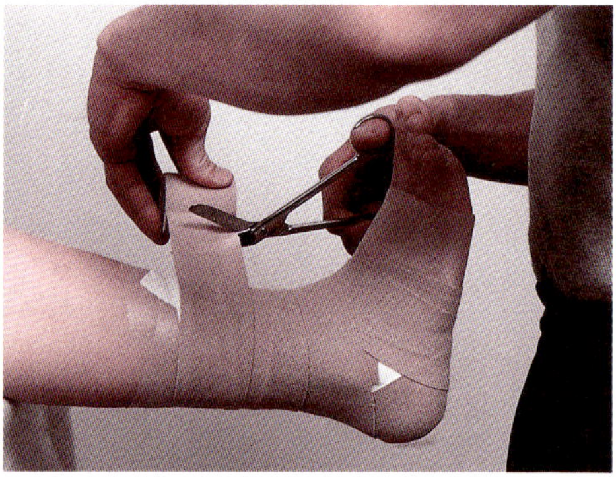

7 すね部分を２～３周巻き、ハサミでテープをカットして完成

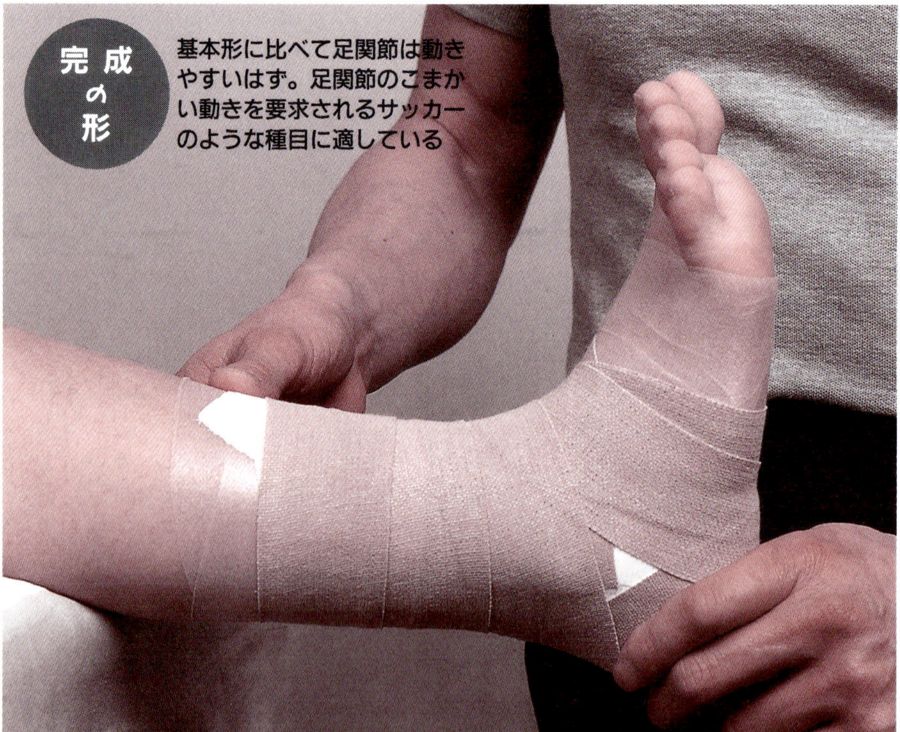

完成の形

基本形に比べて足関節は動きやすいはず。足関節のこまかい動きを要求されるサッカーのような種目に適している

テープの剝がし方

テープを貼るときのように、はがすときも、コツというものがある。直接、皮膚に巻いたテープは、一方の手で皮膚をおさえ、もう一方の手の母指《ぼし》（親指）と示指《じし》（人さし指）でテープをつまみ、ゆっくりと剝《は》がしていく。皮膚をおさえる手はテープの近くにし、テープを貼った方向に剝がしていくのがコツ。それ以外の方向に剝がすと、皮膚が荒れたり、痛みが残ったりするので注意したい。

また､幾重にもテーピングした場合は、ハサミなど（専用のハサミがよい）で切り込みを入れて、剝がすようにする。

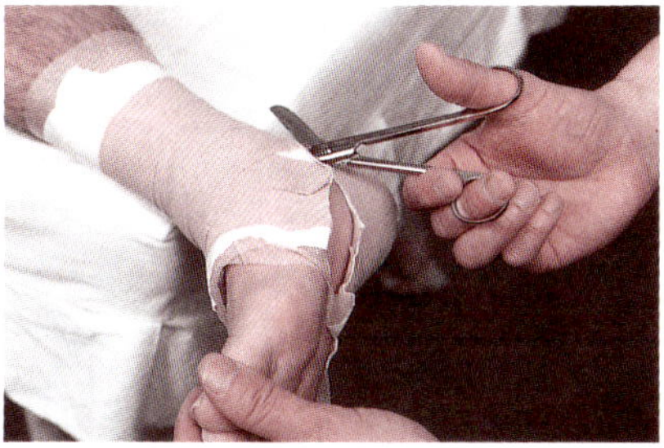

1 足裏のテープからハサミでカットしていき、内くるぶしとアキレス腱の間のみぞに沿って切り上げる

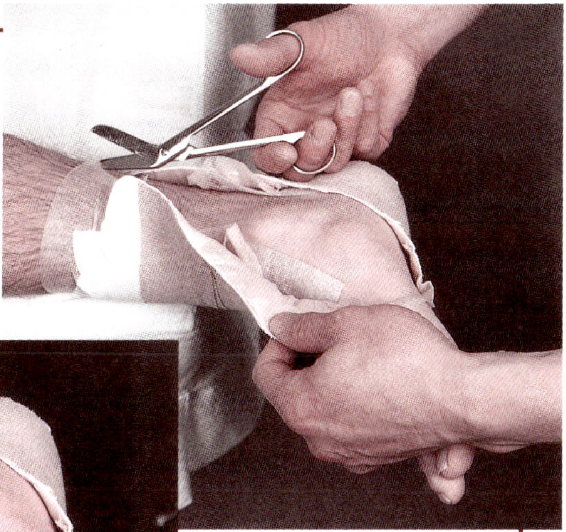

2 すね部分のアンカーまでカットしたら、左右に開いて足首からはずしていく

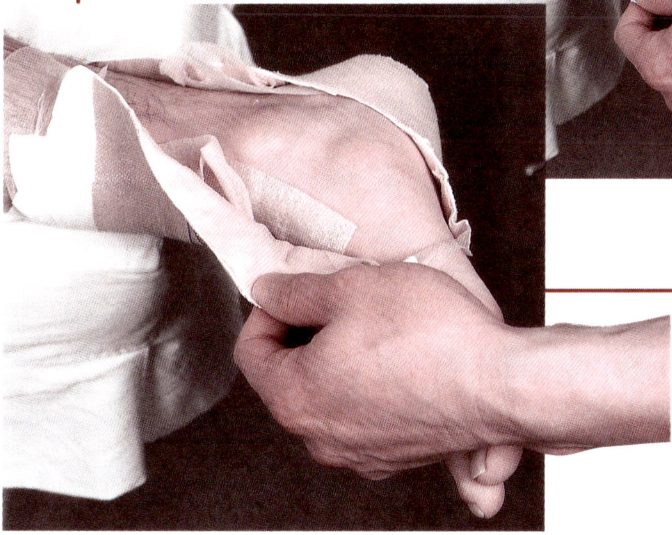

応急処置のテーピング（オープンバスケットウエーブ）

前述したように、スポーツ傷害でもっとも多いのが足首のねんざである。その大半が、足首を内側にひねったために外側の靭帯を損傷する「内返しねんざ」だ。

軽症のねんざは放置されがちだが、慢性化を防ぐためにもきちんとした応急処置が大切である。

足首をねんざした場合は、すぐにプレーをやめて「RICE処置」（180ページ参照）を行い、その後に、患部を圧迫・固定するためのテーピングを施す。

方法は、今まで説明した基本のテーピングと同じだが、ねんざした直後は患部が腫《は》れることが予想されるため、足首前面をあけて腫れの逃げ場を作る「オープンバスケットウエーブ」と呼ばれるテーピングを行う。

受傷部分をより圧迫し、腫れを抑えたい場合は、「U字型パッド」をくるぶしの周りに当て、その上からスターアップ、ホースシューのテーピングをするとよい。

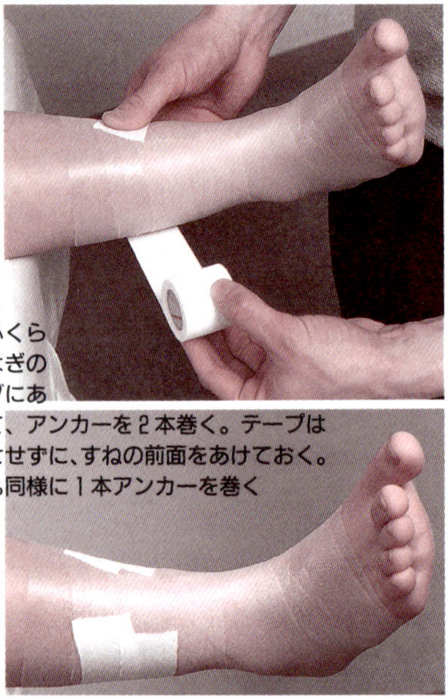

1 ふくらはぎのカーブにあわせて、アンカーを2本巻く。テープは1周させずに、すねの前面をあけておく。甲側も同様に1本アンカーを巻く

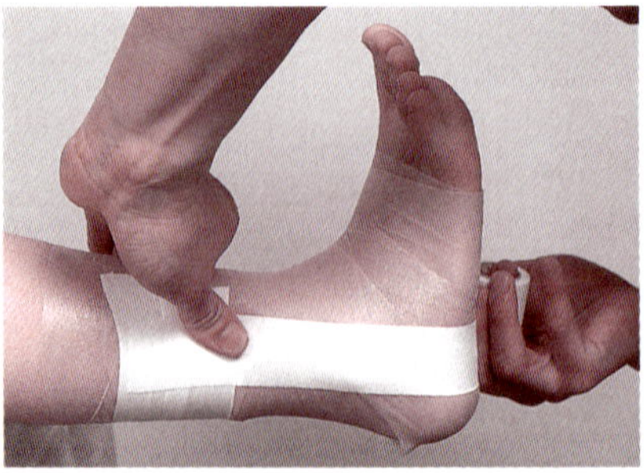

2 次にスターアップ。基本形と同様に3本を重ねて巻く

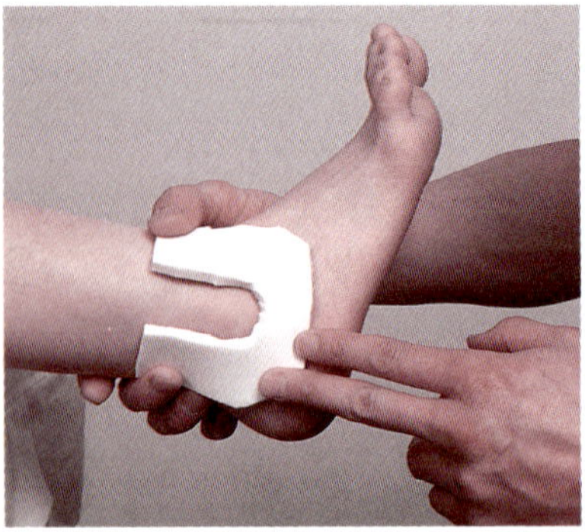

受傷部分をより圧迫し、腫れを抑えたい場合は、「U字型」のパッドを作り、それをくるぶしの周りに当ててからテーピングを始めるとよい

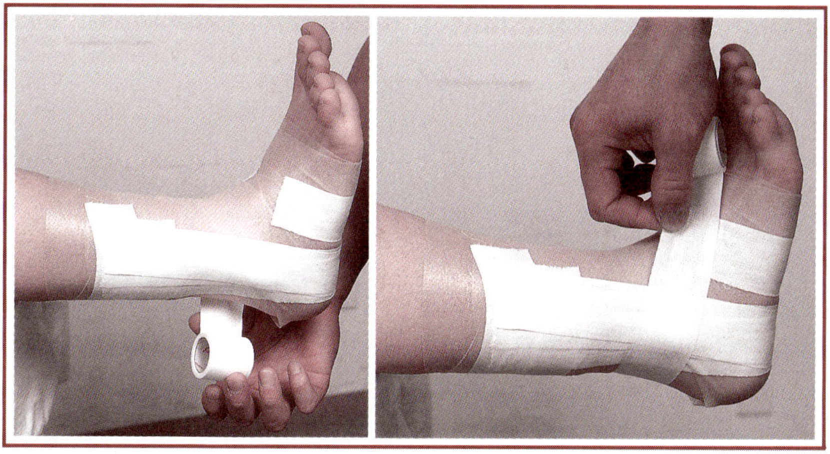

3 内側の甲から内側のくるぶし、アキレス腱、外側のくるぶしを通るようにホースシューを３本巻く。アンカーと同様に、前面（すね部分）をあける

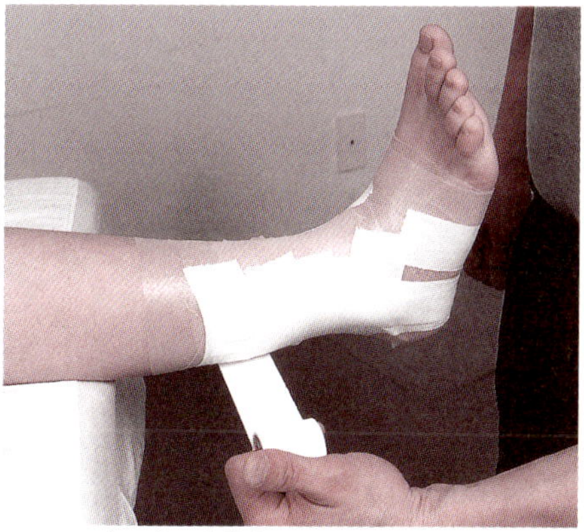

4 アンカーを２本巻き、オープンバスケットウエーブの完成

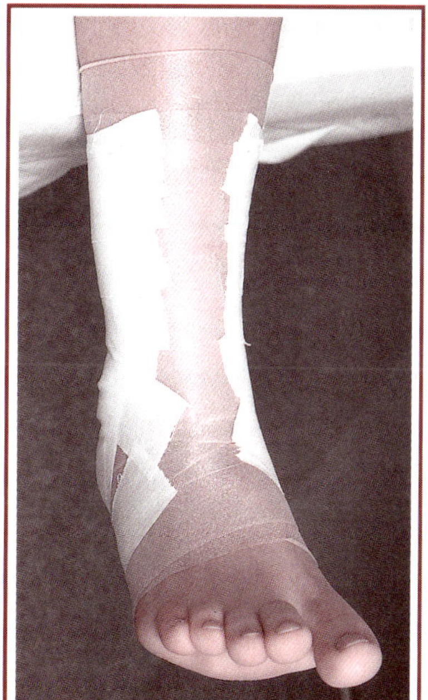

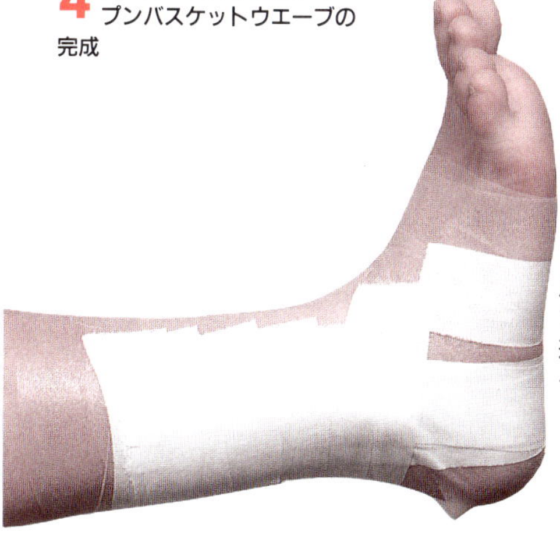

足首の前面にはテープを巻かず、腫れの逃げ場を作るのがポイント

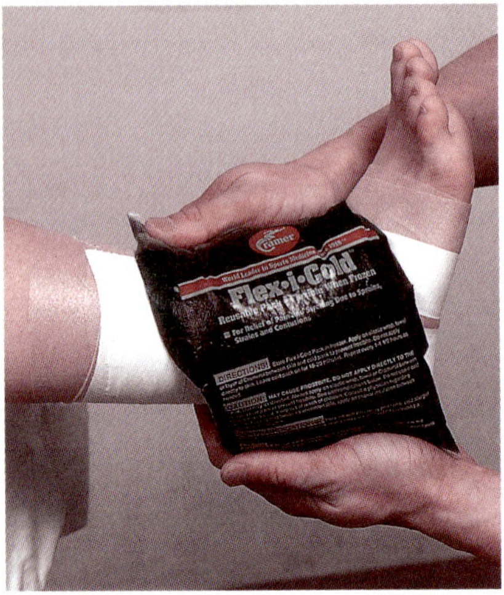

5 テープを巻いたあとに、受傷部位周辺をおおうようにアイスパックを当てる

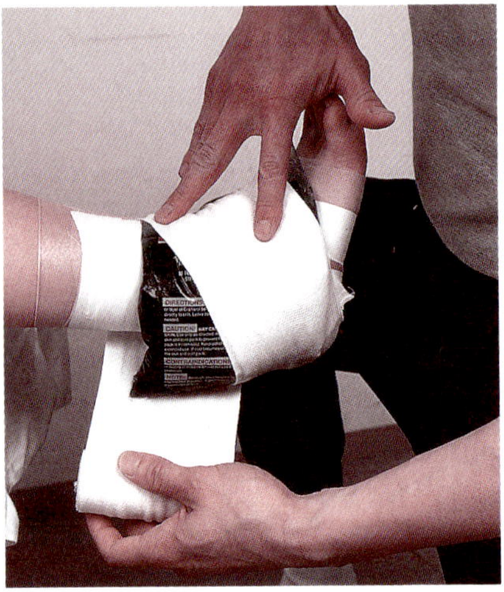

6 伸縮包帯を使って、アイスパックの上からフィギュア・エイト(132ページ参照）を巻き始める

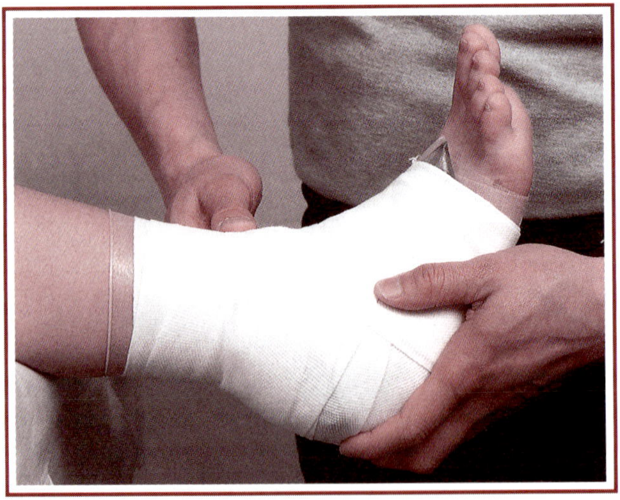

7 足首全体を巻き上げ、すね部分で包帯を止めて完成

8 ふくらはぎの下に台を置き、患部を心臓より高い位置に上げた状態で安静を保つ

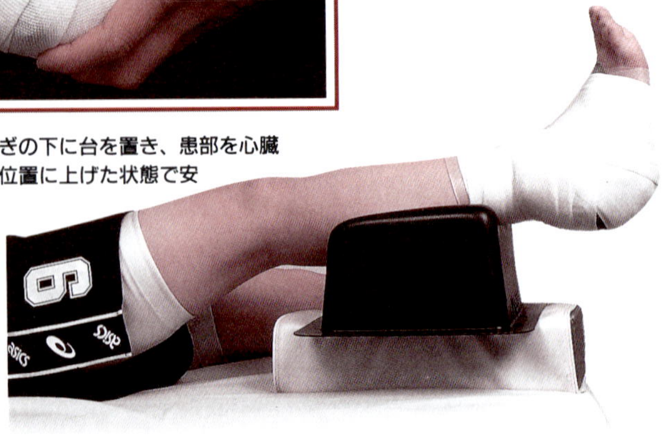

Several Parts Taping ❷

足裏(アーチ)のテーピング

足の裏には、体にかかる荷重を吸収・分散する「アーチ」がある。アーチは縦と横にあり、筋肉や靭帯で支えられている。

アーチの痛みは、疲労により足裏の筋肉が硬くなって起こるほか、その他の部位の傷害が原因で痛む場合がある。

基本のテーピング

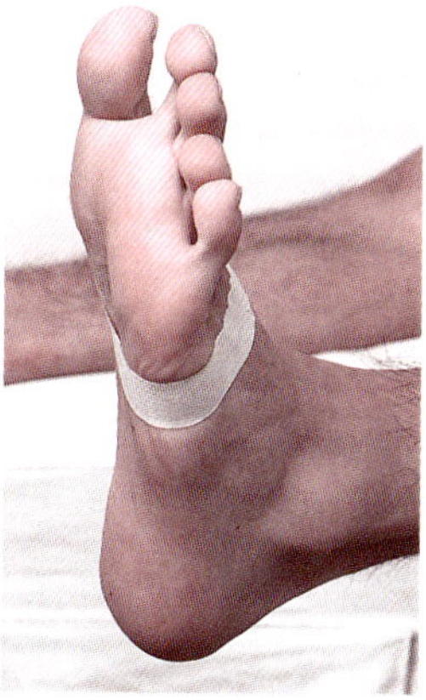

1 幅10〜12ミリのホワイトテープを使い、小指側から母指側にアンカーを1本巻く。甲側はきつめに巻かないこと

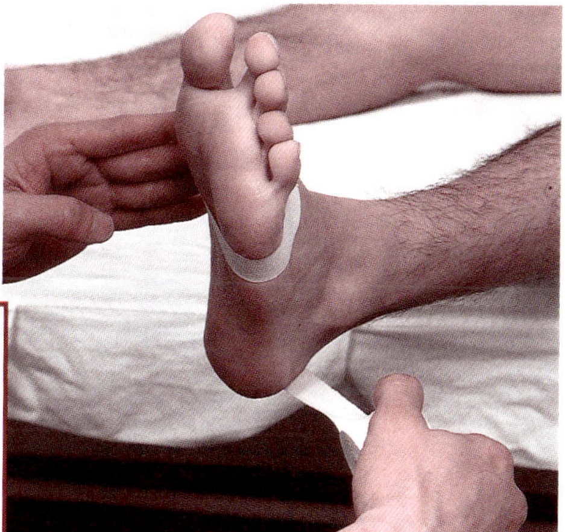

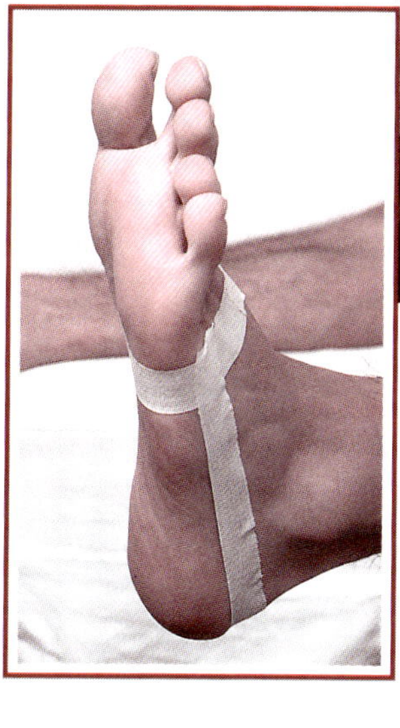

2 手順1で巻いたアンカーの母指側からスタートし、かかとを通して、小指側までアンカーを1本巻く

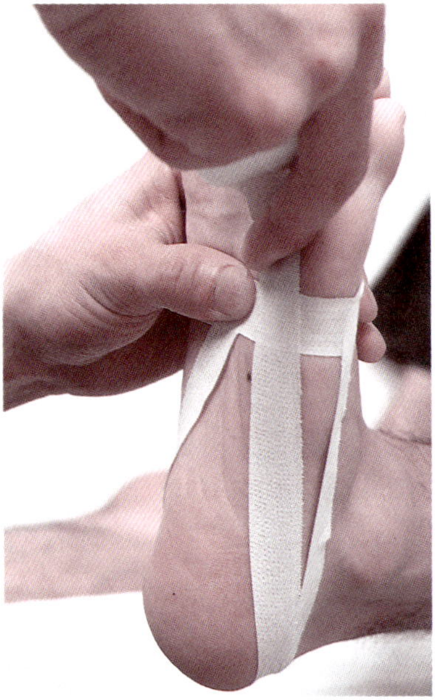

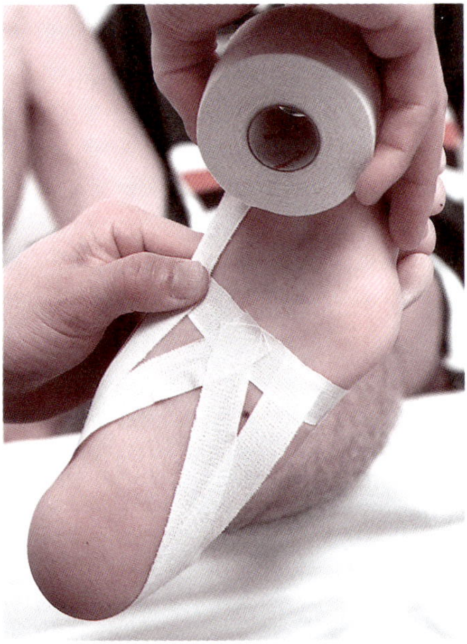

3 足裏のアンカーの中央からスタートし、テープを引っ張り、かかとの外側を通して、スタートした位置でテープを止める

4 中央から少し小指側にずらしたアンカーの位置からスタートし、逆回りでかかとを通し、母指側のアンカーの位置でテープを止める

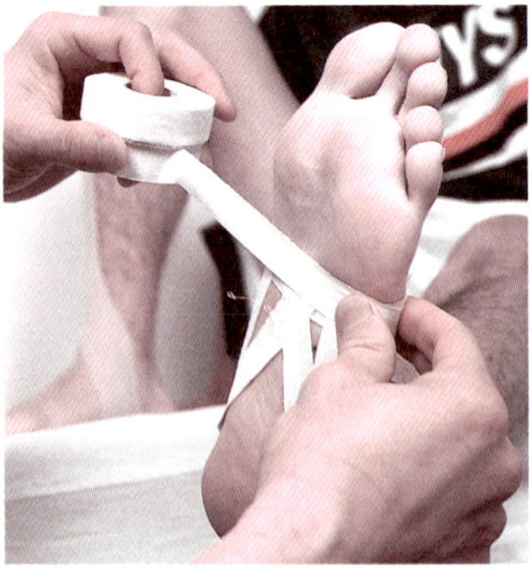

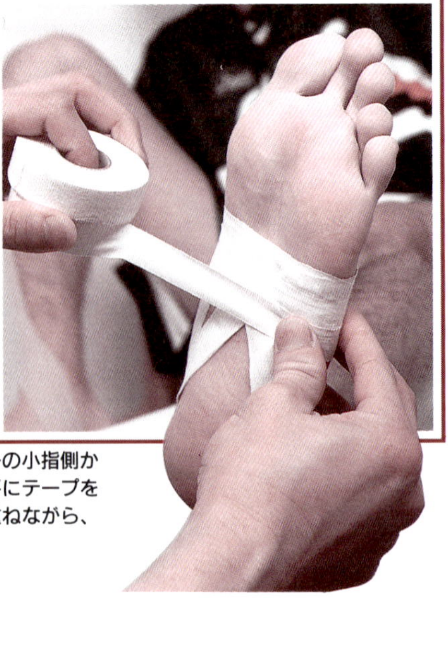

5 手順 2 のアンカーの小指側から母指側に、水平にテープを貼る。テープを半分重ねながら、4～5 本貼る

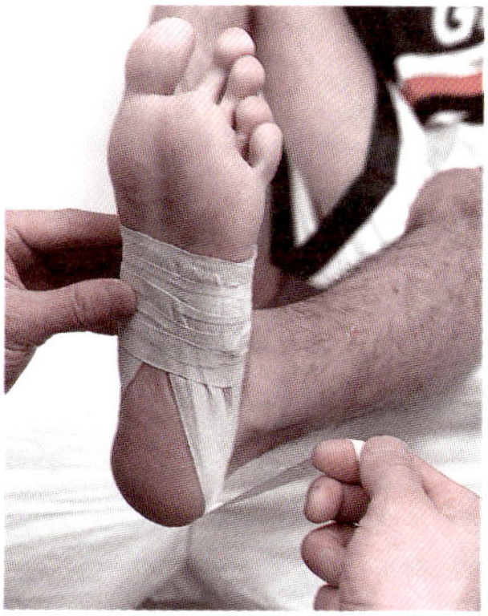

6 水平に貼ったテープがはがれないように、手順 2 と同様にテープを貼る

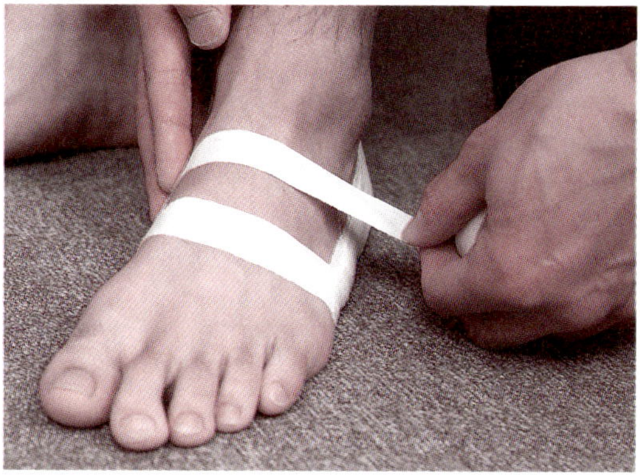

7 補強のため、地面に足をつけた状態で、足の甲にテープを 2 本貼ってアーチのテーピングの完成

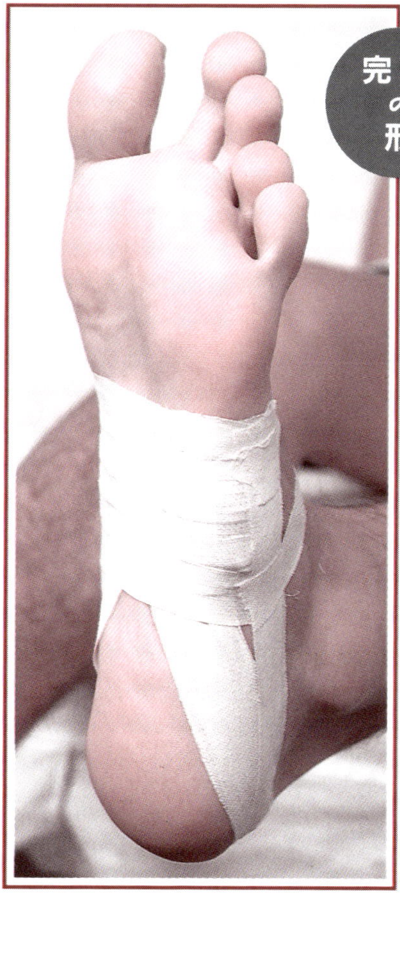

完成の形

手順 7 の補強用テープで完成だが、手順 6 のあとに、伸縮テープを使って固定する方法もある。巻き方は下図のように行う

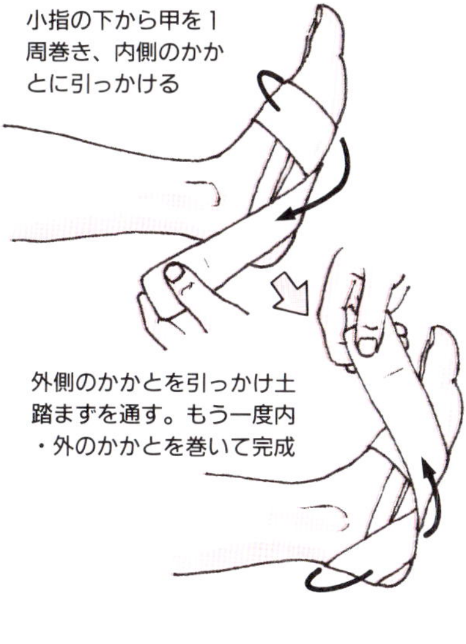

小指の下から甲を 1 周巻き、内側のかかとに引っかける

外側のかかとを引っかけ土踏まずを通す。もう一度内・外のかかとを巻いて完成

足裏が疲れたときに行う簡単なテーピング

基本形ほど強い固定を必要としない場合、たとえばゴルフなどをして足裏が疲れたときには、伸縮性テープを使ったテーピングがよいだろう。簡単にできるので、ぜひ試していただきたい。

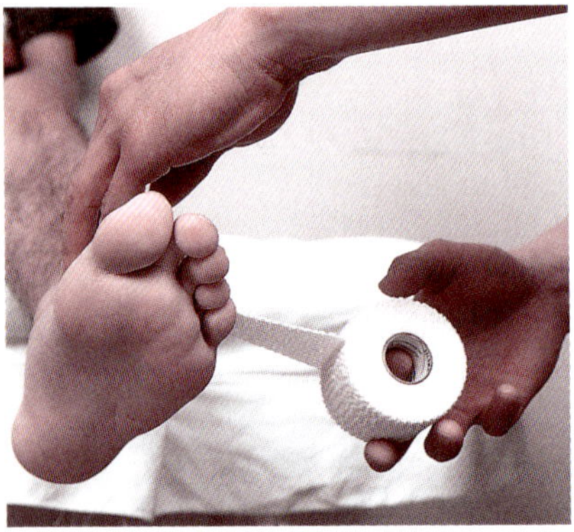

1 伸縮性テープを使い、足の甲から小指側に巻き始める

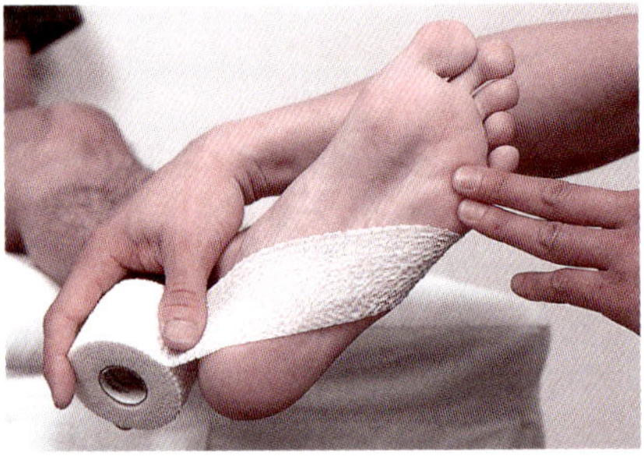

2 小指からかかとの内側に向かって足裏をクロスするように巻く

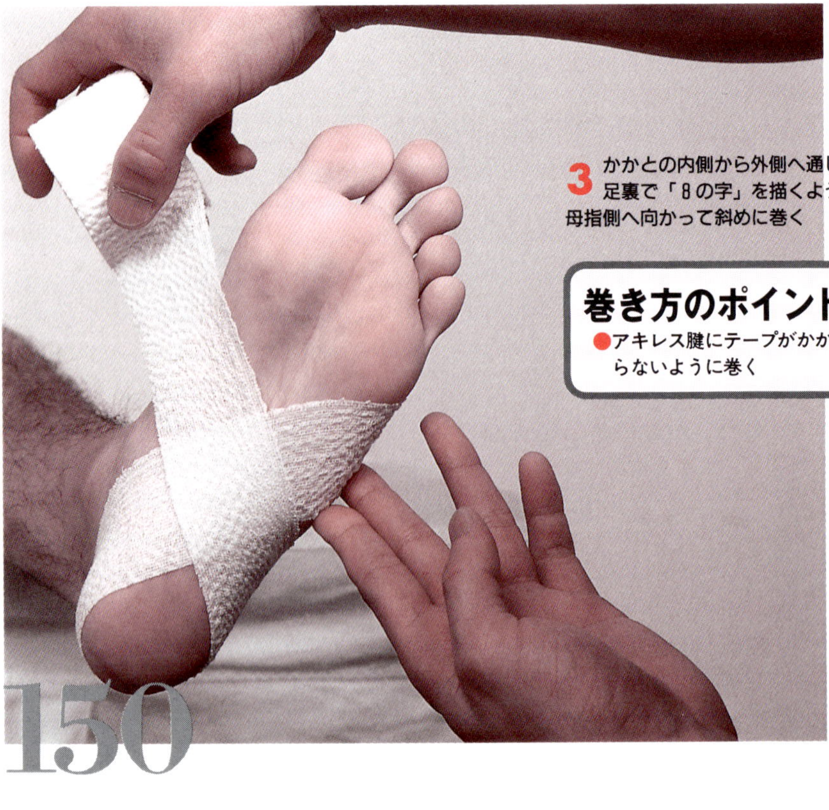

3 かかとの内側から外側へ通して、足裏で「8の字」を描くように、母指側へ向かって斜めに巻く

巻き方のポイント

● アキレス腱にテープがかからないように巻く

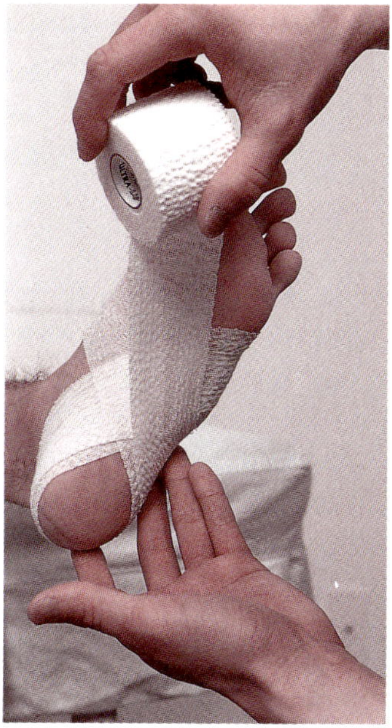

4 甲の部分を通し、テープを少しずらしながら、手順2・3を繰り返す

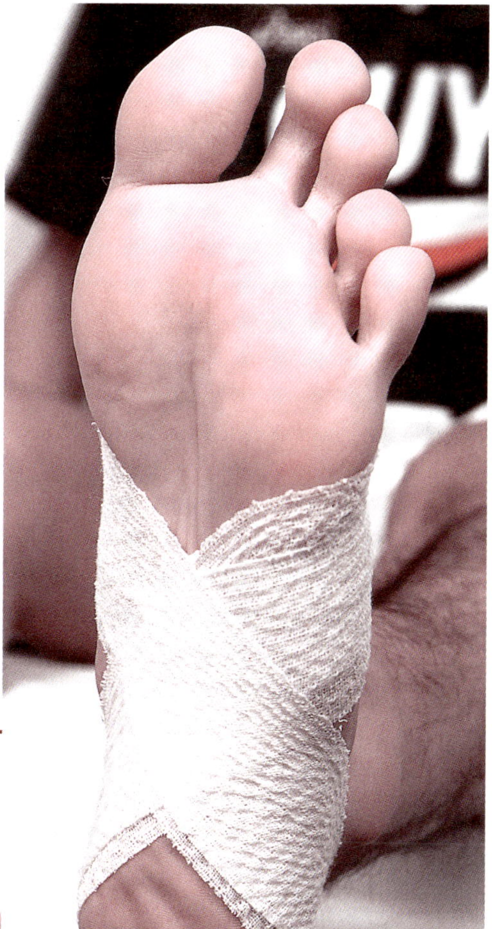

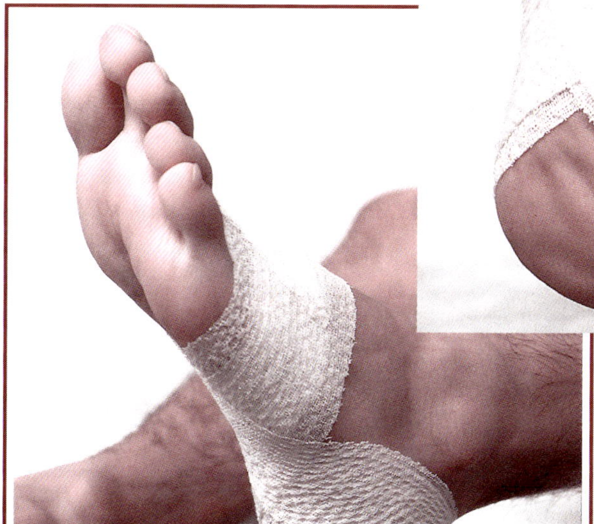

5 足の甲でテープを止めて完成

かかとのテーピング

かかとの痛みは、ジャンプすることが多いスポーツ、たとえばバレーボールなどに多く発生する。テーピングは、かかとを保護するように全体をおおい、伸縮性テープで固定する形が一般的だ。

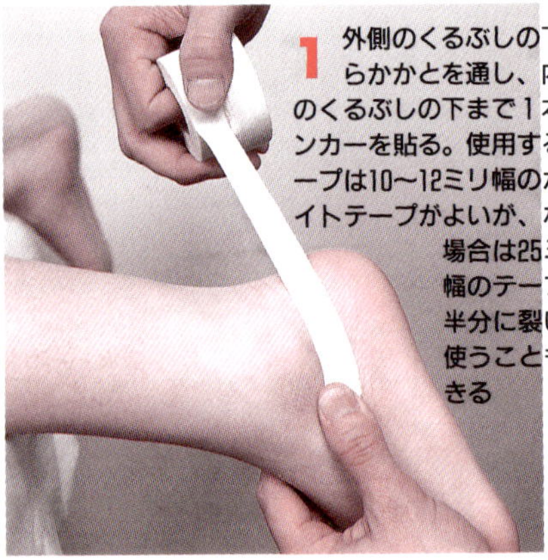

1 外側のくるぶしの下からかかとを通し、内側のくるぶしの下まで１本アンカーを貼る。使用するテープは10〜12ミリ幅のホワイトテープがよいが、ない場合は25ミリ幅のテープを半分に裂いて使うこともできる

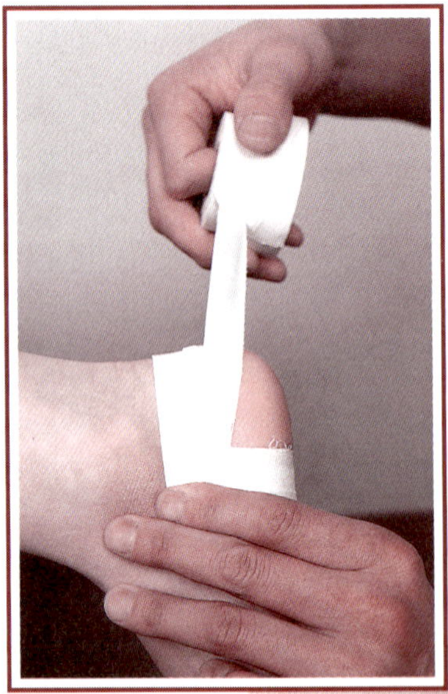

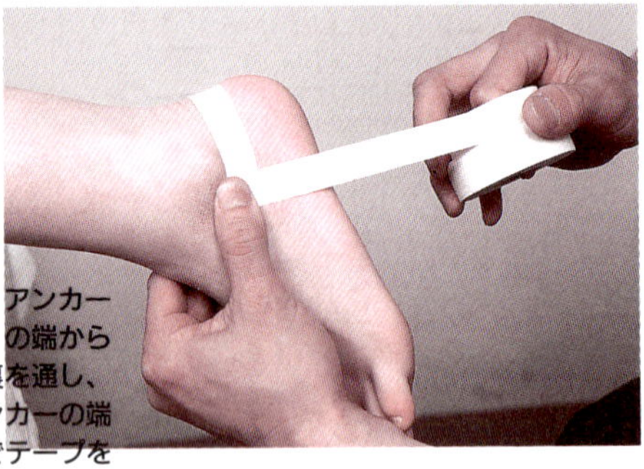

2 アンカーの端から足裏を通し、アンカーの端までテープを貼る

3 テープを２分の１ほど重ねながら、かかと側と足の裏側を交互に貼る

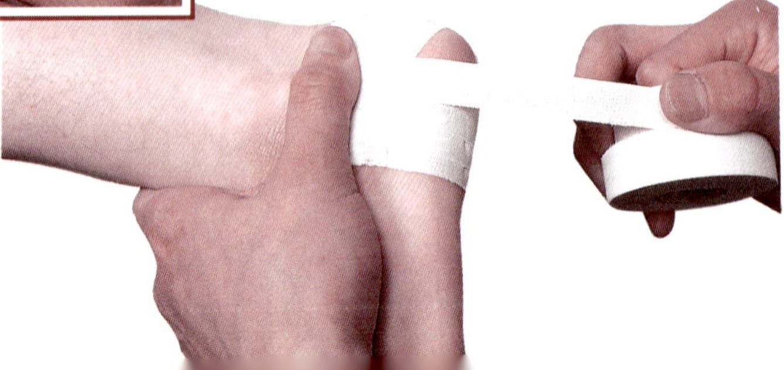

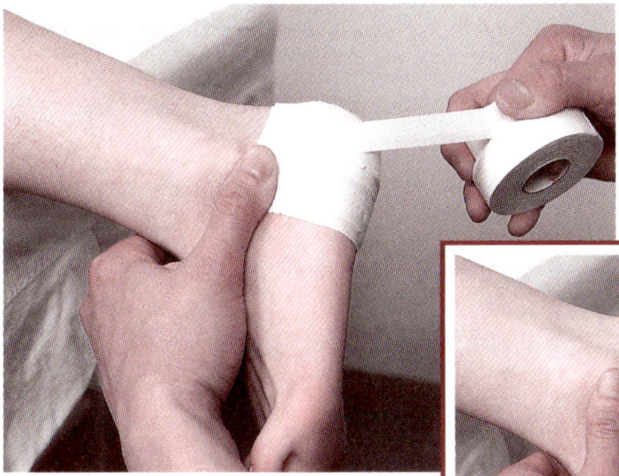

4 かかとの先端を通るように、外側のくるぶしの下から内側のくるぶしの下までテープを斜めに貼ってすき間を埋める

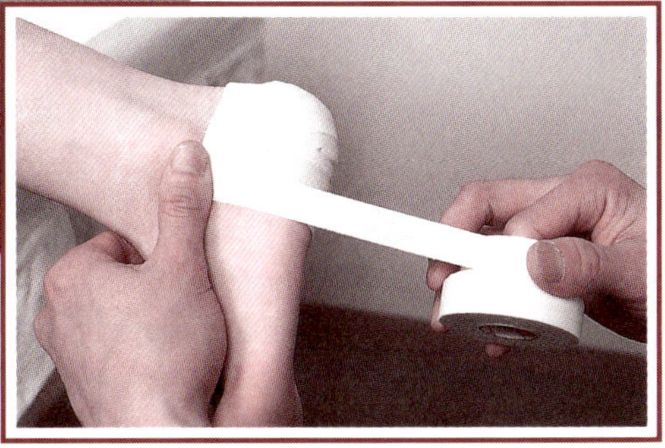

5 テープがずれないように、手順1・2と同様にアンカーを2本貼る

6 補強のために、ハンディカットタイプの伸縮テープを用いてヒールロック（133ページ参照）を巻いて完成

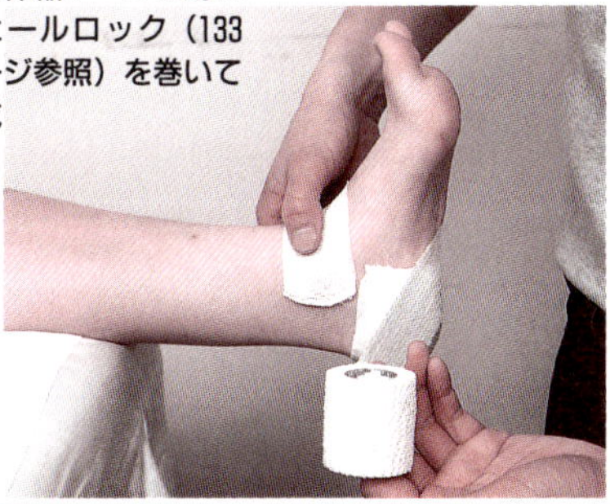

テーピングの姿勢

●受け手のポジションは、手順1～5まではうつ伏せ、手順6の伸縮性テープによるヒールロックはあお向けがよい

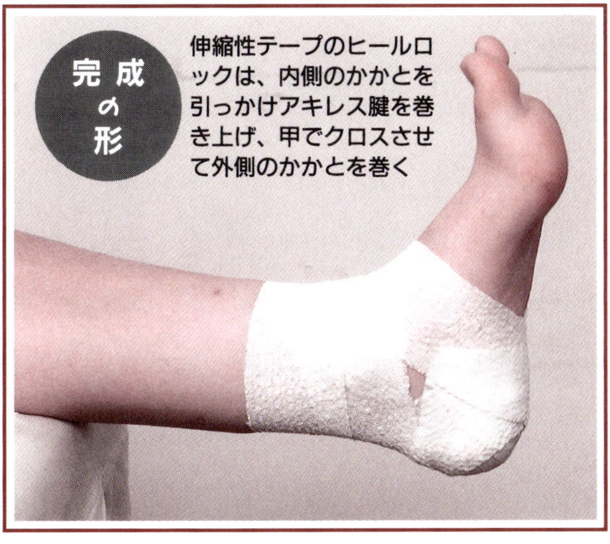

完成の形

伸縮性テープのヒールロックは、内側のかかとを引っかけアキレス腱を巻き上げ、甲でクロスさせて外側のかかとを巻く

Several Parts Taping ④

アキレス腱のテーピング

アキレス腱や下腿部《かたい》に疲れがたまると、アキレス腱炎になったり、ときにはアキレス腱の断裂を起こす場合もある。特に、一度アキレス腱を断裂したことのある人は、再発防止と下腿部の筋力強化のため、補強が必要だ。

ここでは、再発防止のための固定力の強いテーピングと、キネシオテープを使ったアキレス腱炎のときに効果的なテーピングの2種類を紹介する。

固定力の強いテーピング

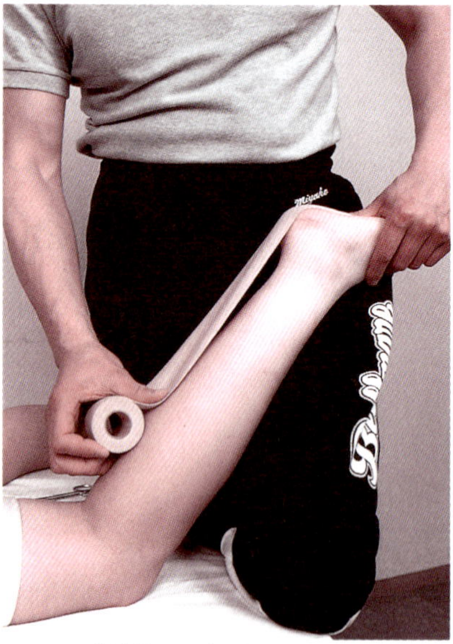

1 伸縮性テープを使い、足裏からふくらはぎに向かって、まっすぐに縦サポートを1本貼る

縦サポートのポイント

●アキレス腱を伸ばして貼るほど、強い固定力になる。伸ばしすぎると、足首が背屈できなくなるので要注意！

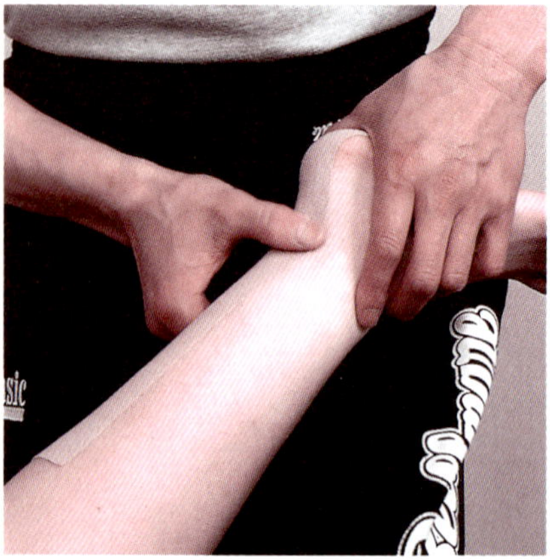

2 アキレス腱の部分は、しわができないようにていねいにテープを密着させる

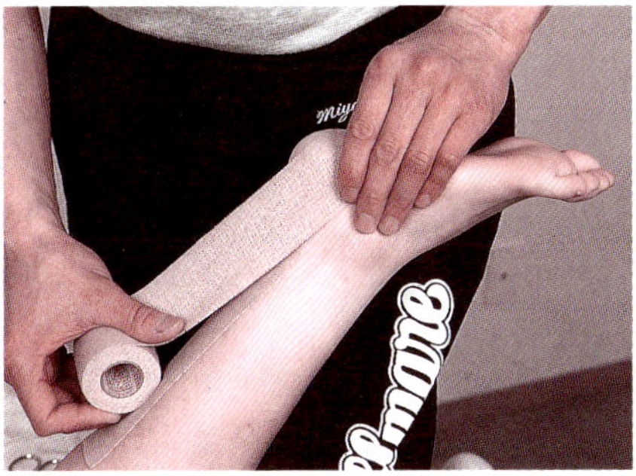

3 縦サポートのスタート地点から、かかとの外側を通し、ふくらはぎの内側へ斜めにテープを貼る

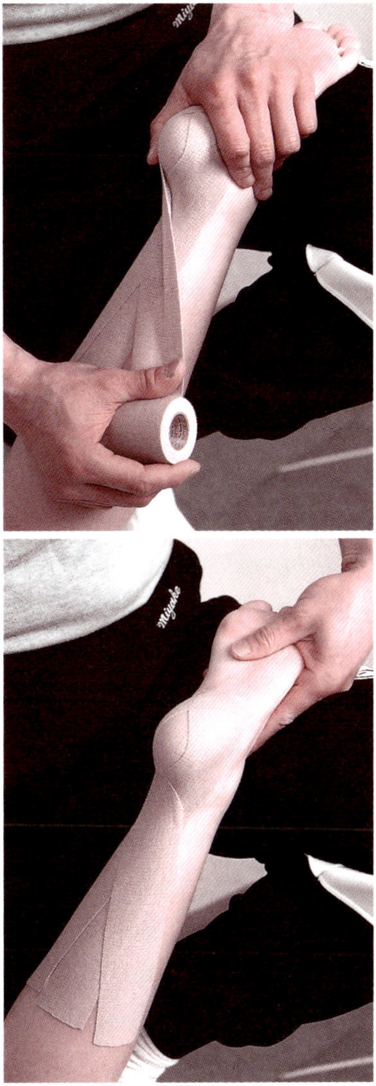

4 手順3のテープと「X」状になるように、かかとの内側を通し、ふくらはぎの外側へ斜めにテープを貼る（縦サポート・Xサポートの完成）

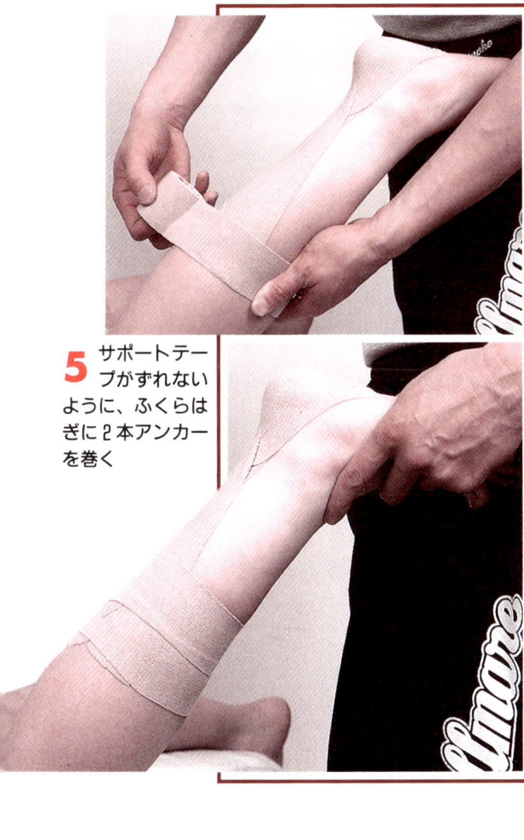

5 サポートテープがずれないように、ふくらはぎに2本アンカーを巻く

6 ハンディカットの伸縮性テープを使い、ヒールロックを巻く（内側のかかと→外側のかかとの順に行う）

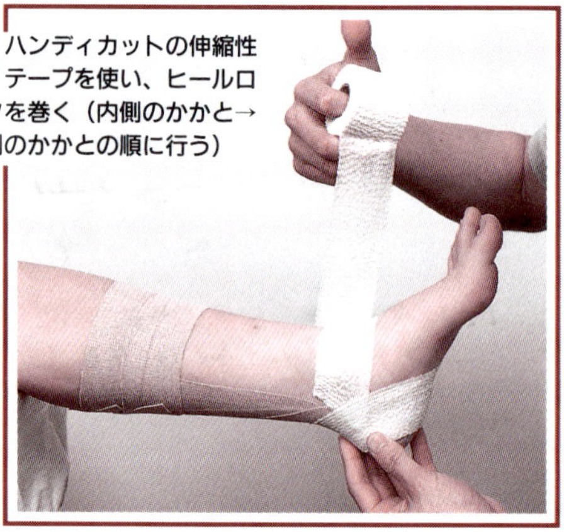

7 ふくらはぎまで巻き上げ、アンカー部分で固定する（完成）

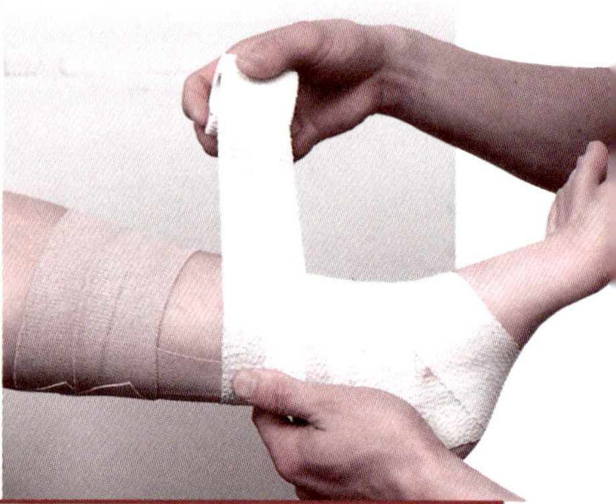

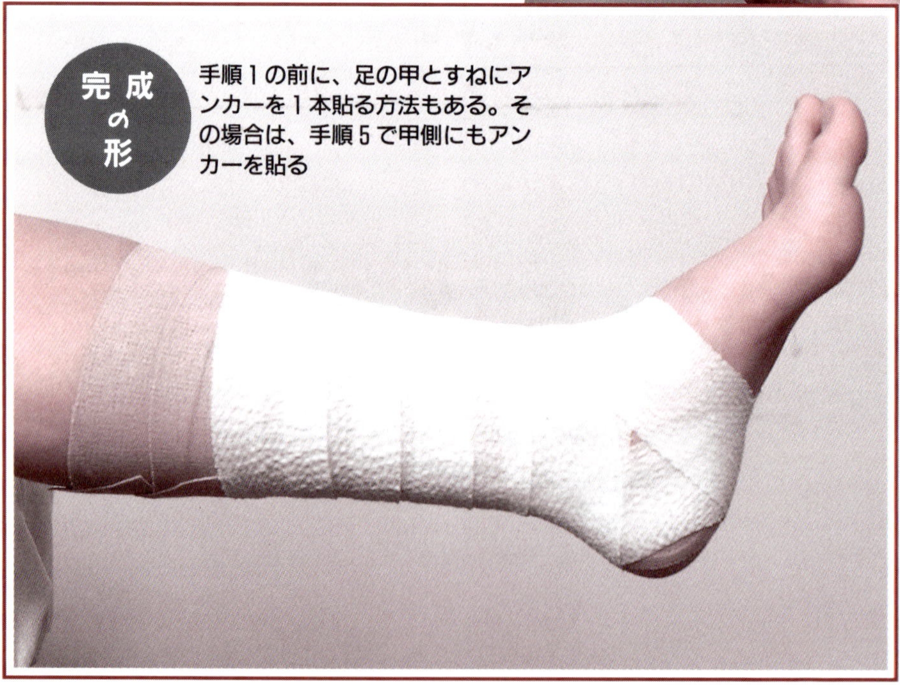

完成の形

手順１の前に、足の甲とすねにアンカーを１本貼る方法もある。その場合は、手順５で甲側にもアンカーを貼る

キネシオテープを使ったテーピング

キネシオテープは、粘着力のある薄いテープで、貼ることによって筋肉を刺激し、筋肉の動きを活発にすることを目的としたテープである。

アキレス腱の炎症や軽い痛みがある場合は、キネシオテープによるテーピングのほうがよいだろう。

貼るときのポイント

- 貼る前に、足裏からふくらはぎまでの長さにテープを切っておく
- 姿勢は、うつ伏せで足を曲げた状態で行う

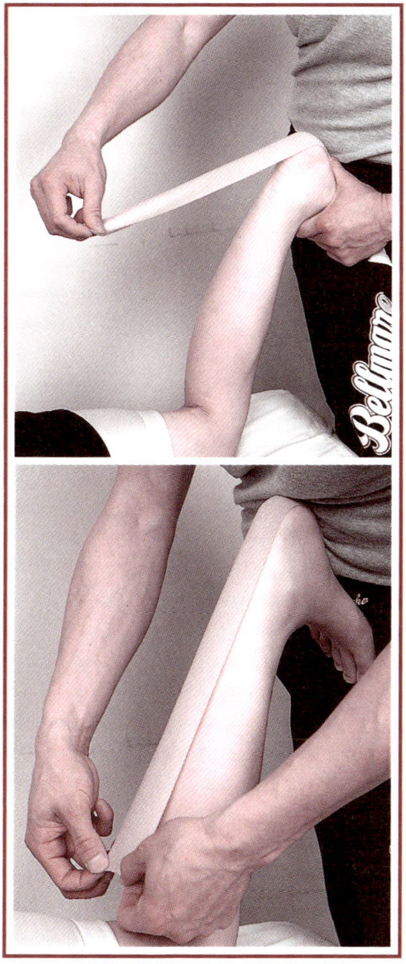

1 足首を曲げ、アキレス腱を伸ばした状態で、足裏からふくらはぎまで、キネシオテープを1本まっすぐに貼る

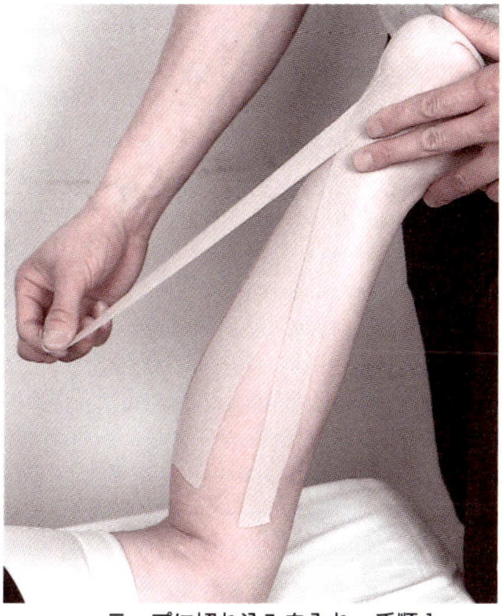

2 テープに切れ込みを入れ、手順1の位置からアキレス腱でクロスするように、内側・外側のふくらはぎにテープを貼る（×状の形になる）

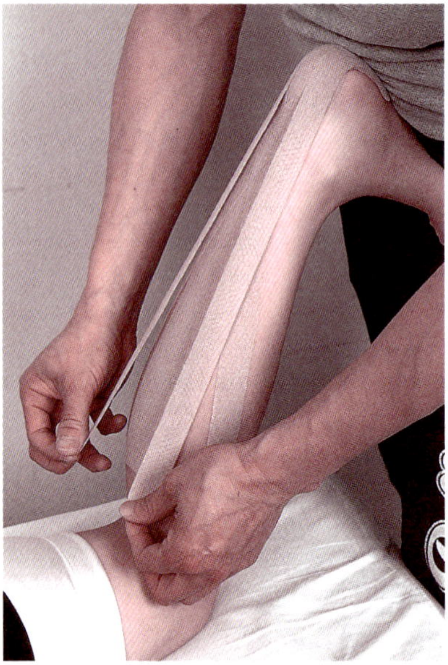

3 切れ込みを入れたテープを手順１・２と同じ位置に貼り、手順２で貼ったテープの間にくるように、内・外に開いてテープを貼る

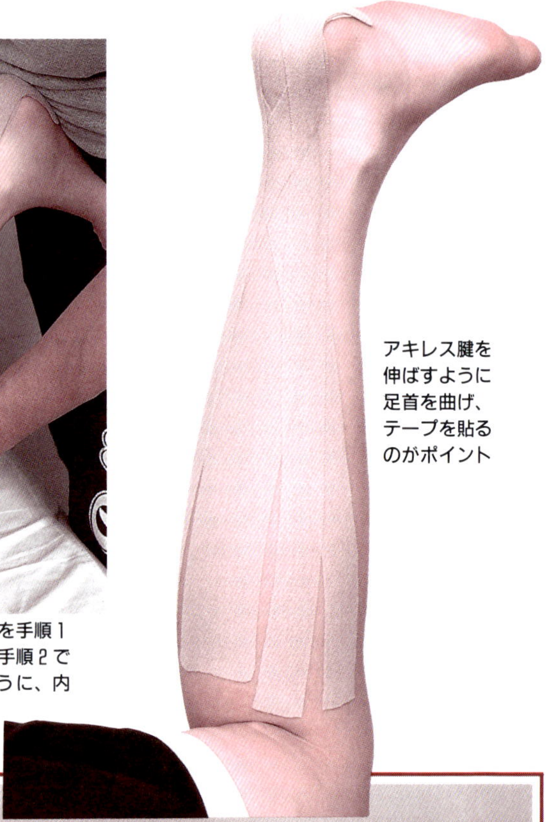

アキレス腱を伸ばすように足首を曲げ、テープを貼るのがポイント

完成の形

アキレス腱上でクロスさせるようにテープを貼り（手順２）、テープで固定している（手順３）

Several Parts Taping ❺

ふくらはぎのテーピング

下腿後部のふくらはぎは、肉離れを起こしやすい部位である。肉離れを起こしたときは、損傷した筋肉の周りをテーピングにより圧迫し､痛みを軽減する方法をとる。また、単なる打撲のときも、同様の方法でテーピングする。

ただ、軽い炎症の場合は、テーピングをしてプレーすることができるが、筋肉の損傷が激しい場合は、治療に専念すべきである。

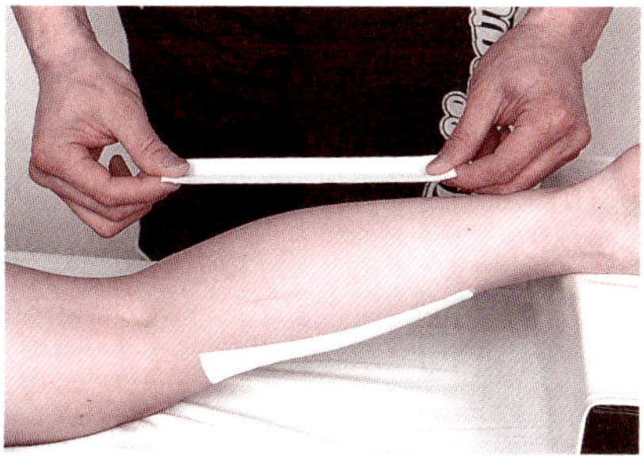

1 傷めている部位から内側と外側に、等間隔で縦にアンカーを貼る（ホワイトテープ）

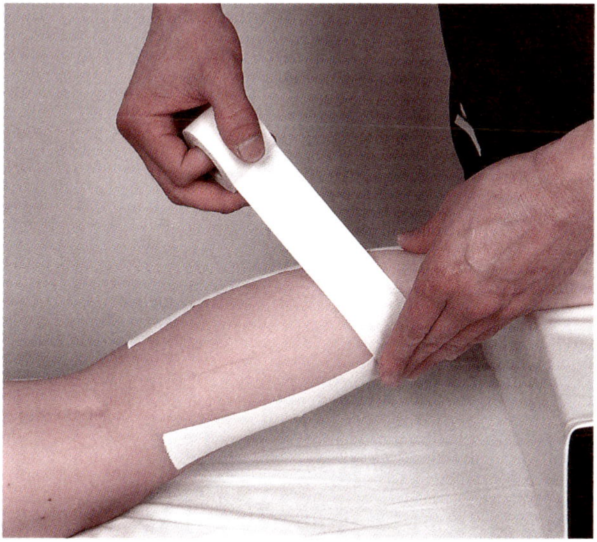

2 内側のアンカーから外側のアンカーまで、テープを斜め上に貼る

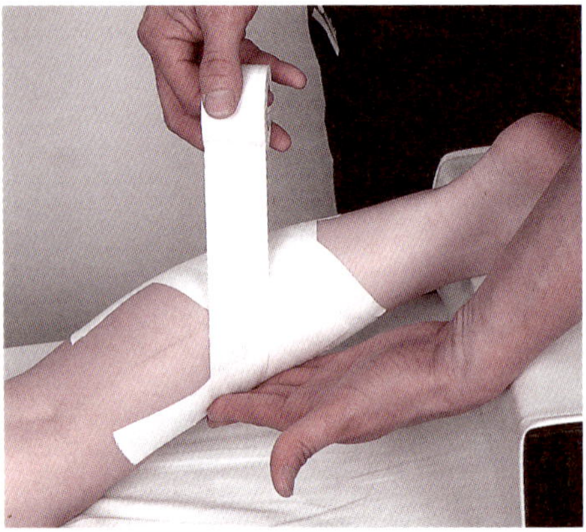

3 手順2で貼ったテープとクロスするように、内側から外側に向かって斜め下にテープを貼る

Xサポートの貼り方

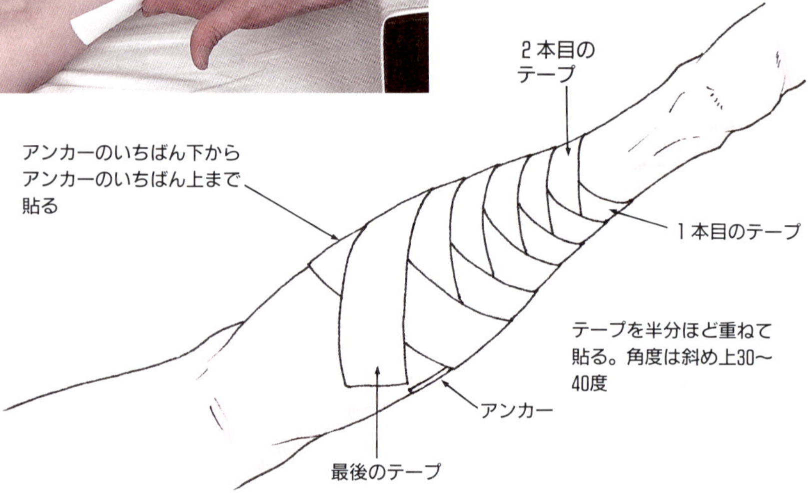
2本目の
テープ
アンカーのいちばん下から
アンカーのいちばん上まで
貼る
1本目のテープ
テープを半分ほど重ねて
貼る。角度は斜め上30～
40度
アンカー
最後のテープ

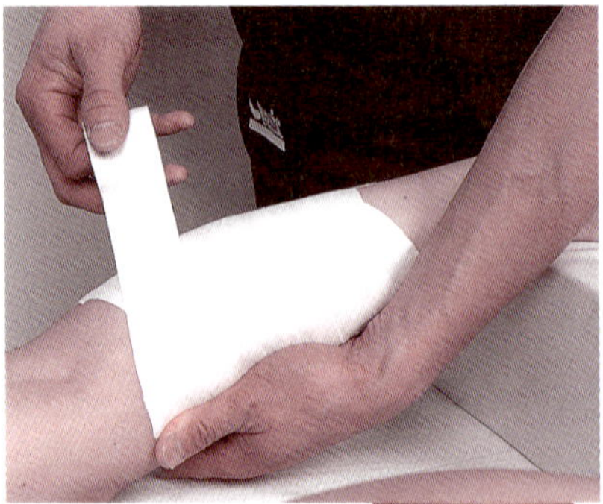

4 テープをずらしながら手順2・3を交互に繰り返し（Xサポート）、ふくらはぎ上部のアンカーまで貼る

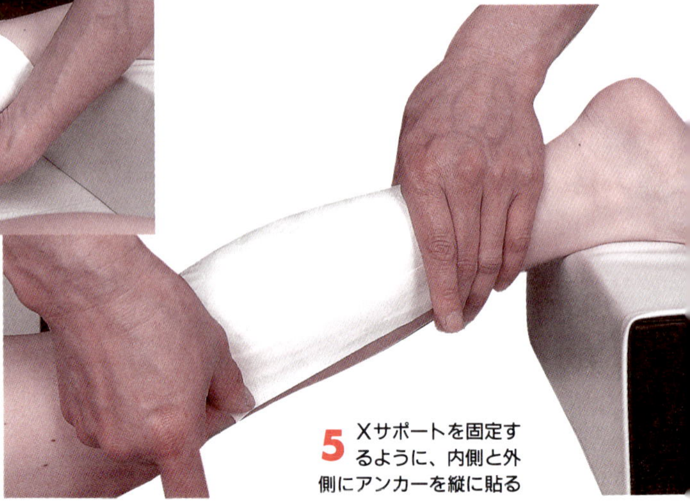

5 Xサポートを固定するように、内側と外側にアンカーを縦に貼る

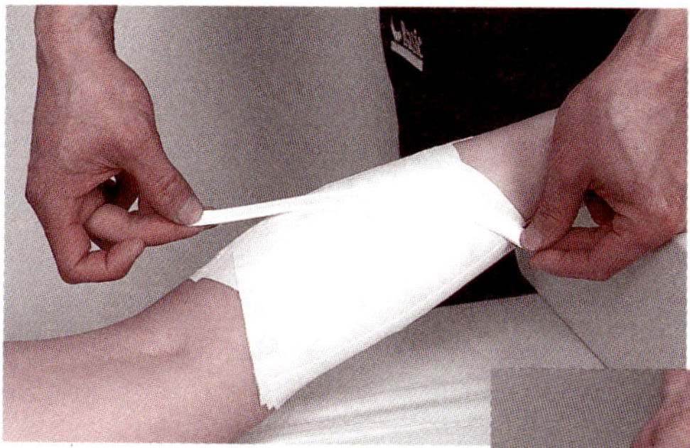

6 手順7で巻く包帯を固定するため、テープをチューブ状にし（接着面は表）、斜めに貼る

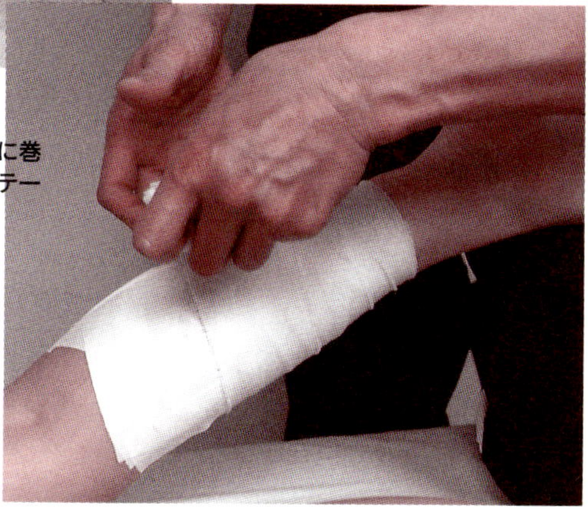

7 伸縮性の包帯を全体に巻いて、ふくらはぎのテーピングの完成

完成の形

手順5のアンカーを貼ったあと、包帯ズレ予防のため、アンダーラップを巻き、伸縮性の包帯を巻く方法もある

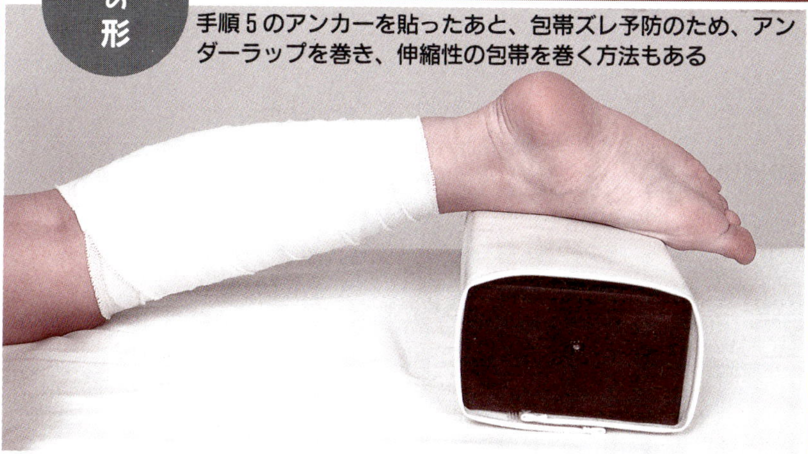

Several Parts Taping ❻

ひざ
のテーピング

ひざは、足首と同様、傷害が起こりやすい部位である。特に多い傷害は、ひざの内側にある内側側副靭帯の損傷だ。このケースでは、外反《がいはん》を制限するため、ひざ内側部にテープを貼り、固定する方法をとる。

反対に、ひざの外側にある外側側副靭帯損傷の場合は、内反《ないはん》を制限するため、ひざ外側部にテープを貼って固定する。

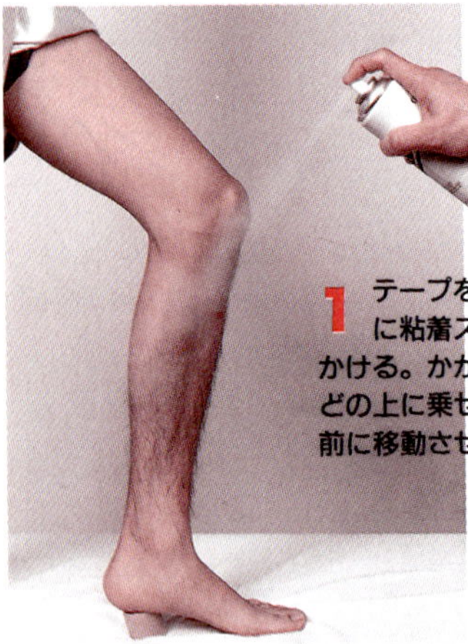

1 テープを巻く部分に粘着スプレーをかける。かかとは台などの上に乗せ、重心を前に移動させる

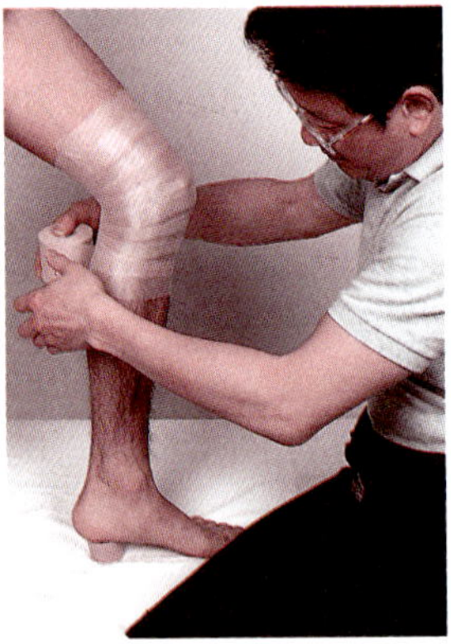

2 大腿（太もも）の中間から、下腿（ふくらはぎ）のいちばん太い部分まで、アンダーラップを巻く

巻き方のポイント
●アンカーは、筋肉に力を入れた状態で、テープを皮膚に少しかけるように巻く

3 巻きはじめの角度に注意しながら、太ももとふくらはぎにアンカーを１本巻く（伸縮性テープを使用）

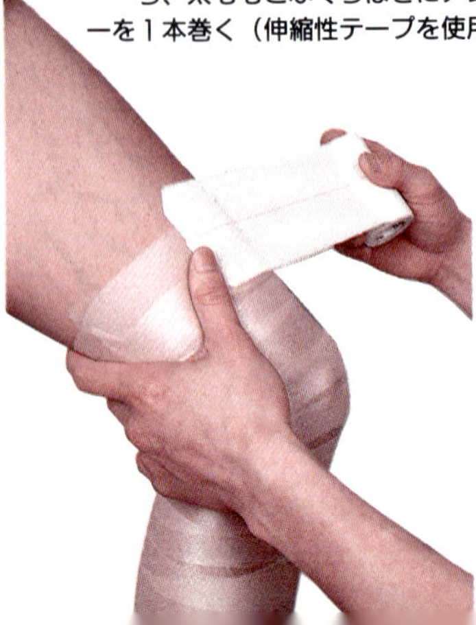

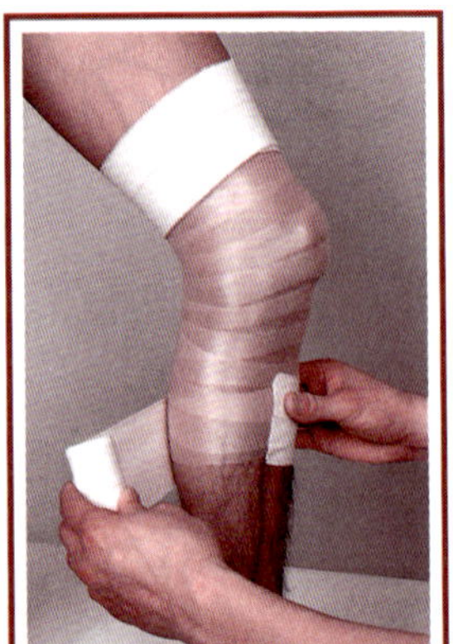

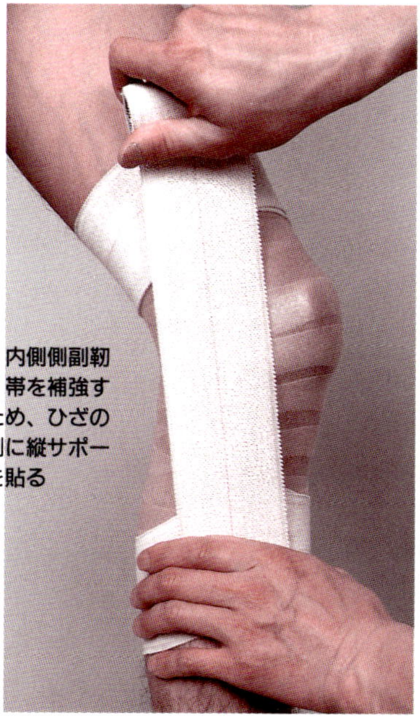

4 内側側副靭帯を補強するため、ひざの内側に縦サポートを貼る

縦サポートの貼り方

● ふくらはぎのアンカーでテープの端をしっかりと押さえ、大腿のアンカーまでテープを強く引っ張り上げるように貼る

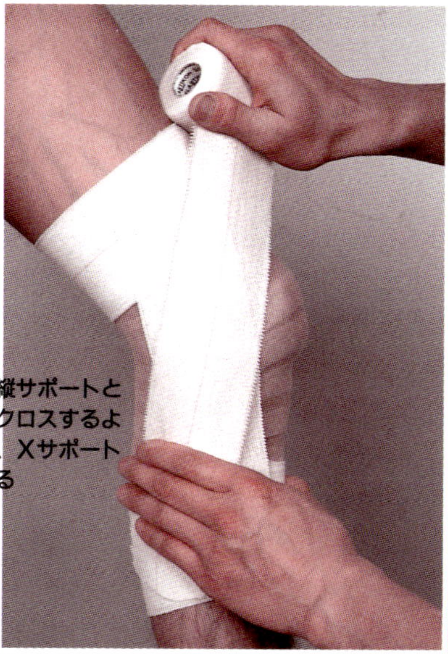

5 縦サポートとクロスするように、Xサポートを貼る

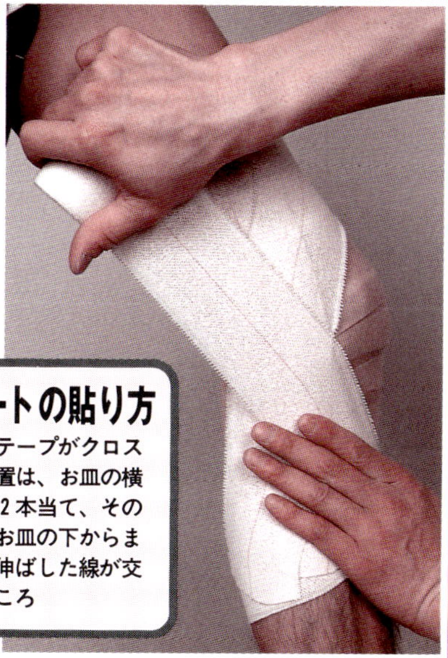

Xサポートの貼り方

● 3本のテープがクロスする位置は、お皿の横に指を2本当て、その位置とお皿の下からまっすぐ伸ばした線が交わるところ

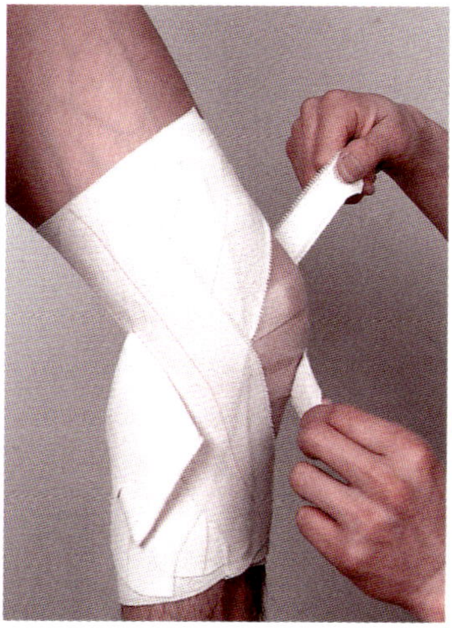

6 50センチほどにカットしたテープをひざ裏に当て、お皿の横までよく密着させる。テープの両端の真ん中に切れ込みを入れ、お皿の上下に貼る(「スプリットテープ」、または「コンプレッション」という)

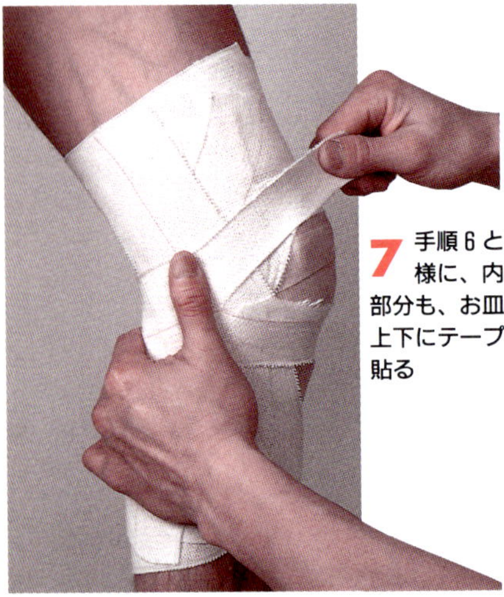

7 手順6と同様に、内側部分も、お皿の上下にテープを貼る

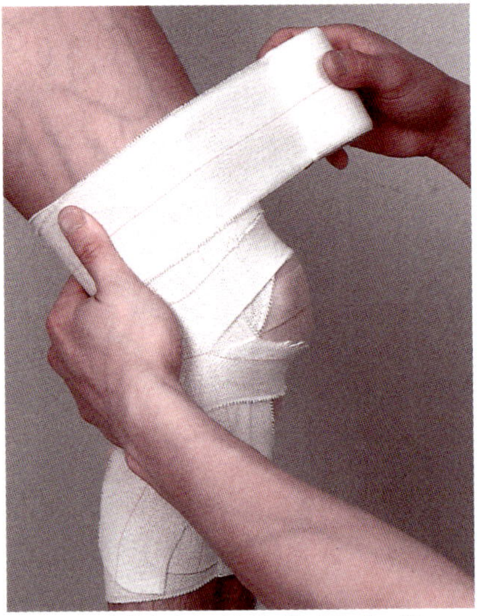

8 太ももとふくらはぎにアンカーを1本巻く

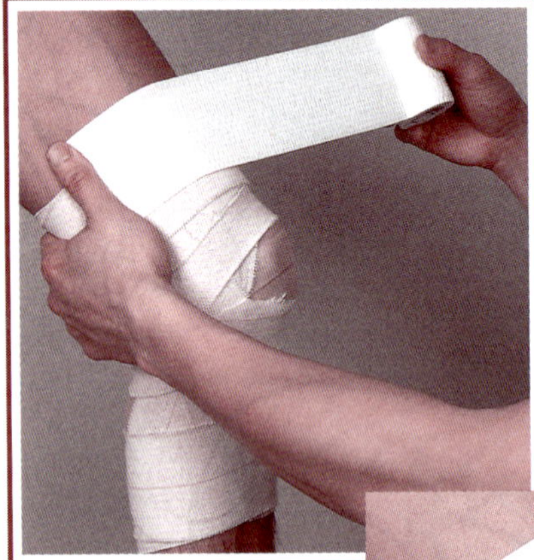

9 伸縮性の包帯を使い、太ももからふくらはぎまで、ひざのお皿にかからないように巻いて完成

完成の形

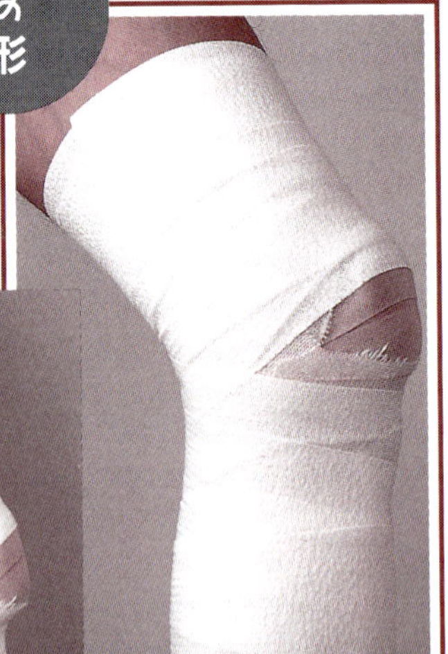

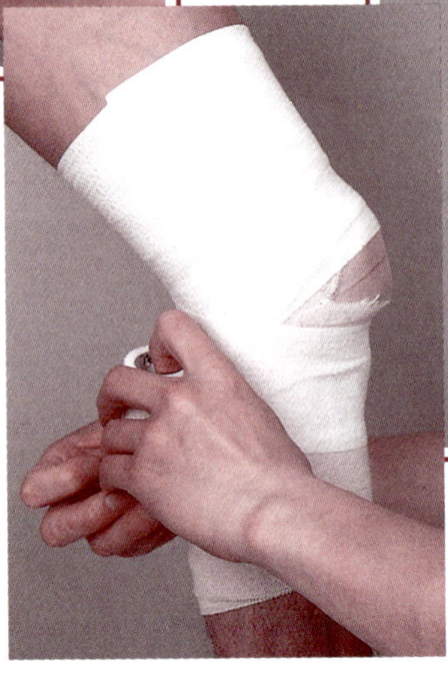

スパイラルによって固定する方法

前ページでは、アンカーを巻き（手順８）、伸縮性の包帯で固定したが（手順９）、手順７までと同じ伸縮性のテープを使い、より安定感を増す目的で、スパイラルによるテーピングで固定する方法もある（手順７までは同様に行う）。

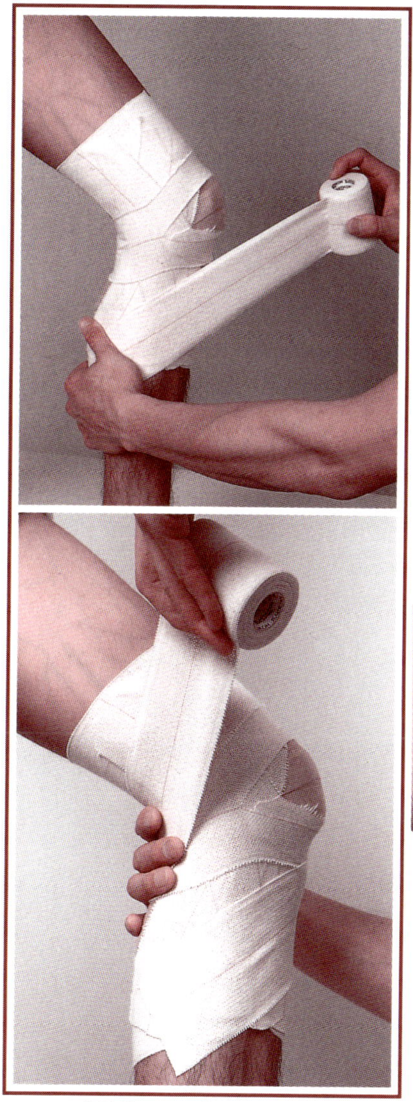

1 伸縮性のテープを使い、ふくらはぎのアンカーからスパイラルテープを巻く。約45度の角度で斜め上にテープを強く引っ張りながらひざの後ろを外側から通し、太もも前面へ。太もものアンカーの外側でカットする

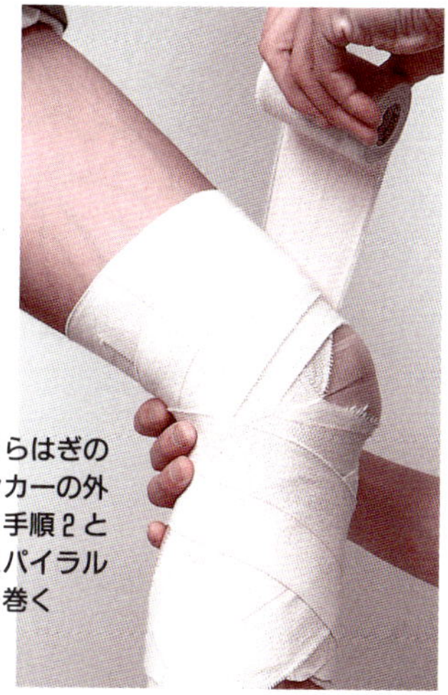

2 ふくらはぎのアンカーの外側から、手順２と同様にスパイラルテープを巻く

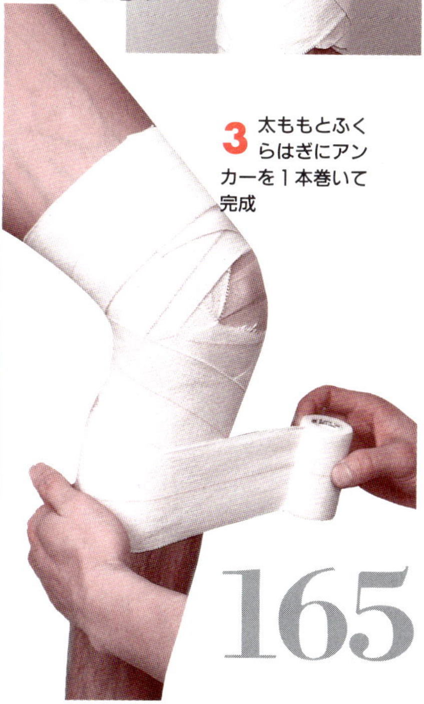

3 太ももとふくらはぎにアンカーを１本巻いて完成

過伸展を予防するテーピング

ひざを伸ばして、ひざの裏側に痛みがある場合は、過伸展《かしんてん》を防ぐため、ひざの裏側にサポートを貼り、スパイラルやXサポートで補強する方法をとる。

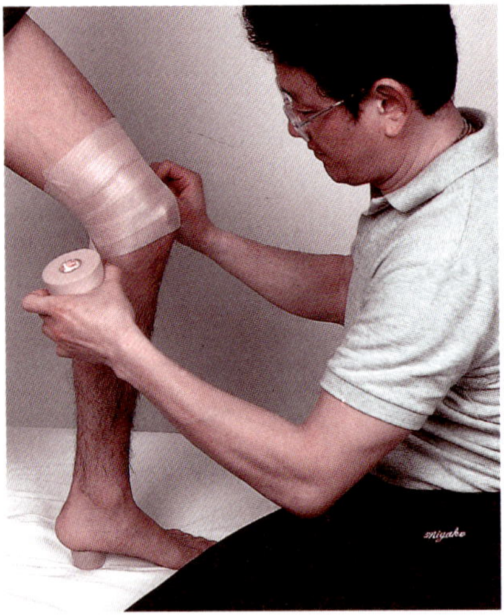

1 粘着スプレーを吹きつけてから、ひざ全体にアンダーラップを巻く

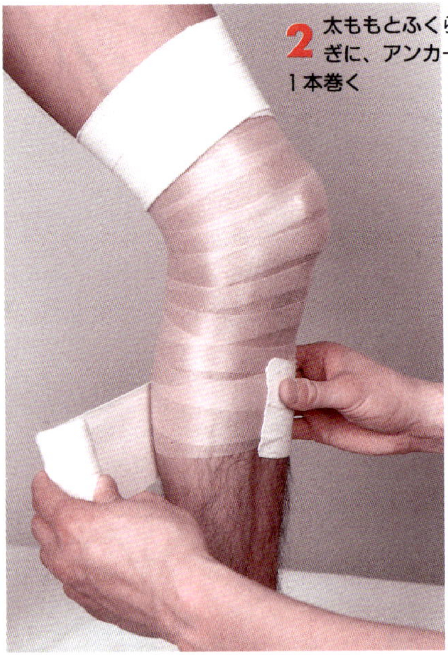

2 太ももとふくらはぎに、アンカーを1本巻く

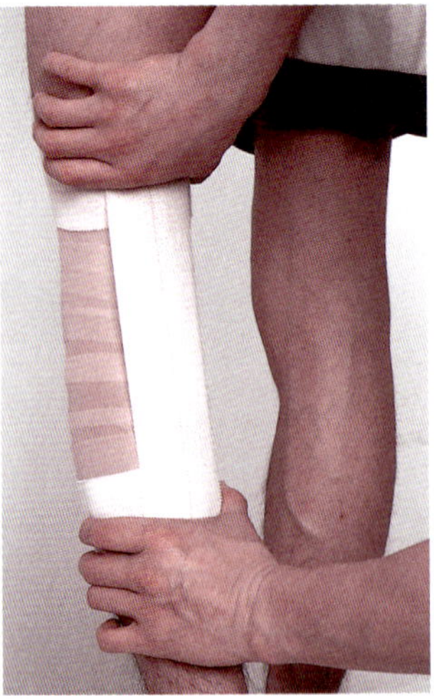

3 ひざ裏のふくらはぎのアンカーから太もものアンカーまで、テープを引き上げながら、縦サポートを1本貼る

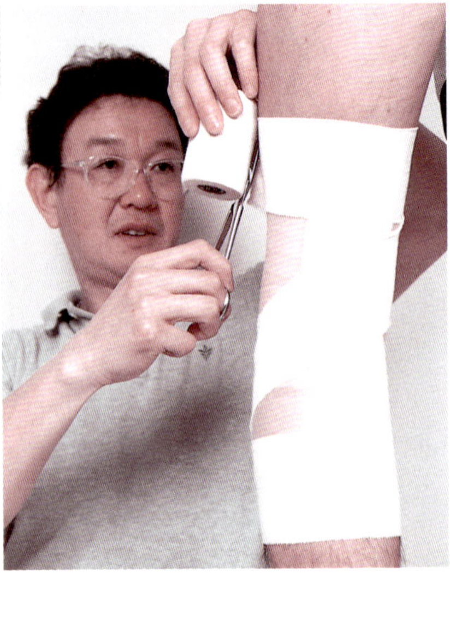

4 補強のため、スパイラルテープを2本巻く（スパイラルの巻き方は165ページ参照）

Several Parts Taping ❼

腰
のテーピング

スポーツ選手は、腰に“爆弾”を抱えているケースが多いが、これはプレー自体の負傷よりも、運動による疲れが腰に蓄積されるからである。

また、日常生活でも、重い物を持ち上げるときなどに腰を痛めるケースが多いと思う。

腰痛や腰のねんざには、キネシオテープを使ったテーピングがよい。受傷部分の固定はもちろん、再発防止や腰に違和感がある場合にも効果的である。

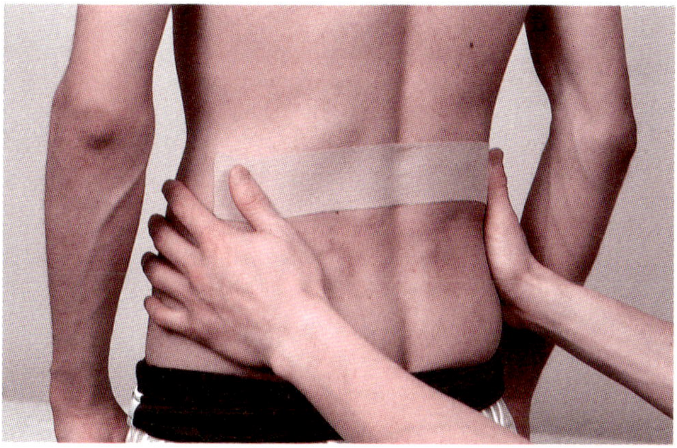

1 キネシオテープをウエストの幅程度に切り、テープを引っ張りながら、腰骨の高さに水平サポートを1本貼る

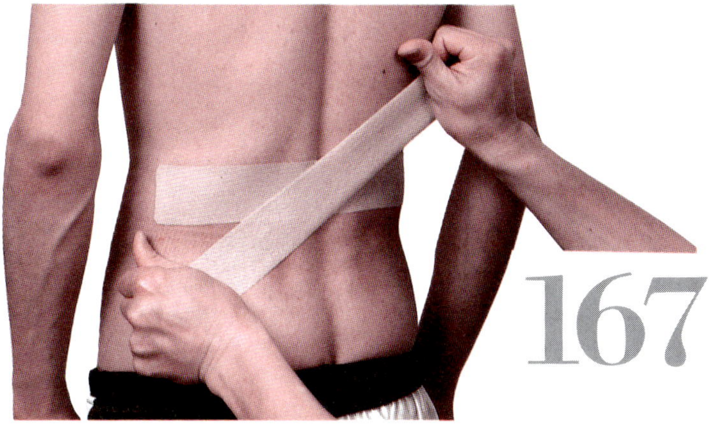

2 水平サポートの真ん中で交差するように、テープを斜め45度の角度で貼る（Xサポート）

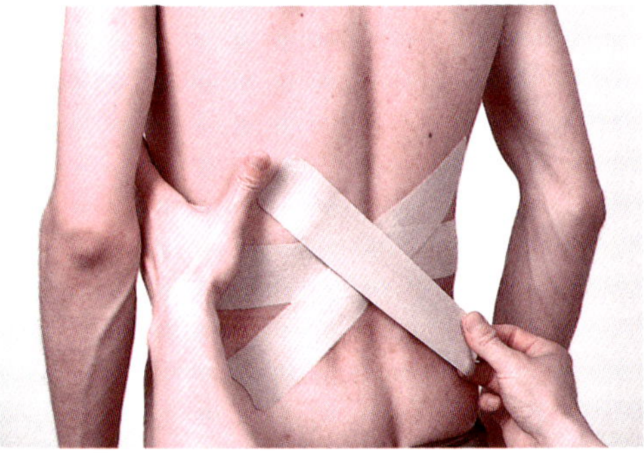

3 手順２と同様に、Ｘ状にもう１本テープを貼る

Ｘサポートのポイント

● ３本のテープが交差するところは第４・５腰椎になるが、ここはいちばん負担がかかる部位である

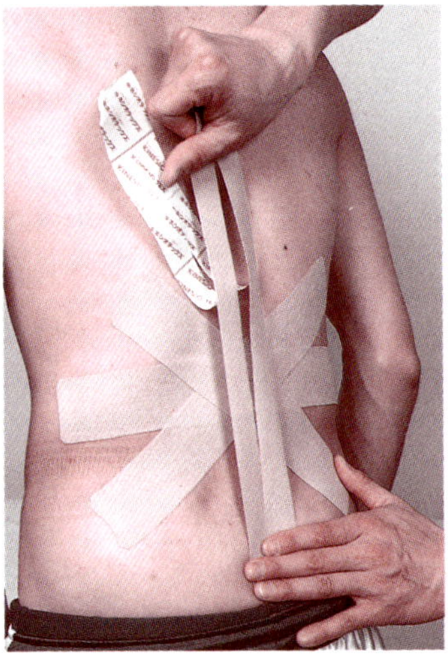

4 ５センチほど残してテープに切れ込みを入れる。切れ込みを入れてない側を尾てい骨に貼り、手で押さえる

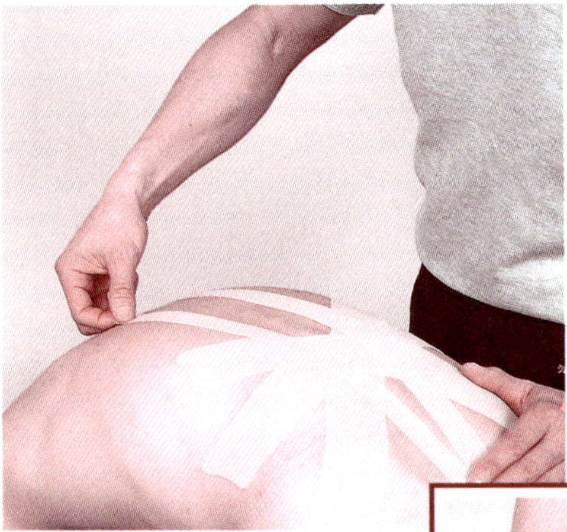

5 ひざを曲げずに、できるだけ前屈させた状態で、テープを軽く引っ張りながら背骨の両サイドに貼って完成

完成の形

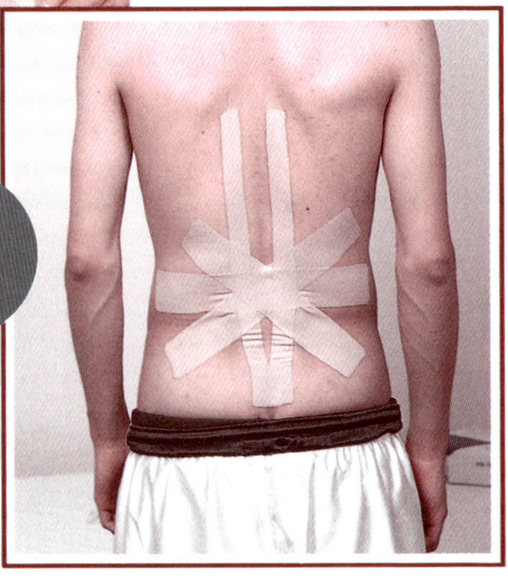

Several Parts Taping ❽

肩
のテーピング

ラグビーやアメリカンフットボールなど、上半身が激しく接触するスポーツでは、肩関節のねんざや脱臼《だっきゅう》がしばしば起こる。

肩を脱臼したときは、自分の手を支えきれないほど痛いものだが、整復後、腕をテーピングによって可動域を制限し、肩にかかる負担を軽くして痛みをやわらげる方法をとる。

肩の脱臼は、完全に治しておかないと"脱臼ぐせ"がつき、小さな衝撃でも脱臼しやすくなるので、再発防止のためにもテーピングは欠かせない。

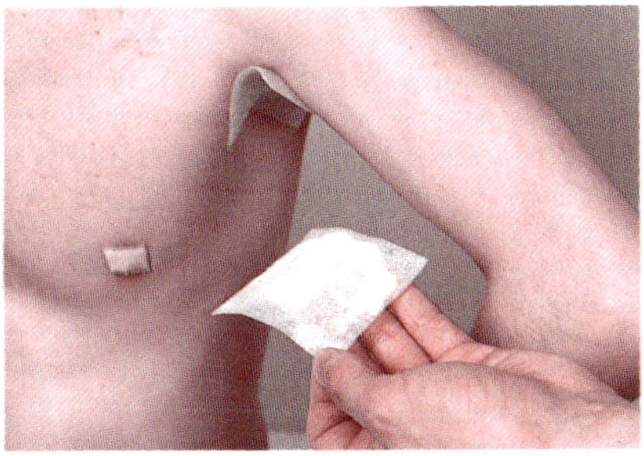

1 テープズレを防ぐため、テーピングをする前に、乳首に絆創膏を、わきの下にワセリンを塗ったパッドを貼る

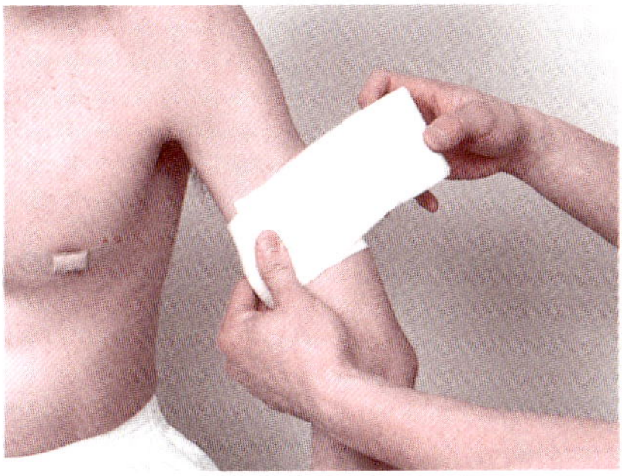

2 上腕のいちばん太いところに、アンカーを１本巻く（伸縮性テープ）

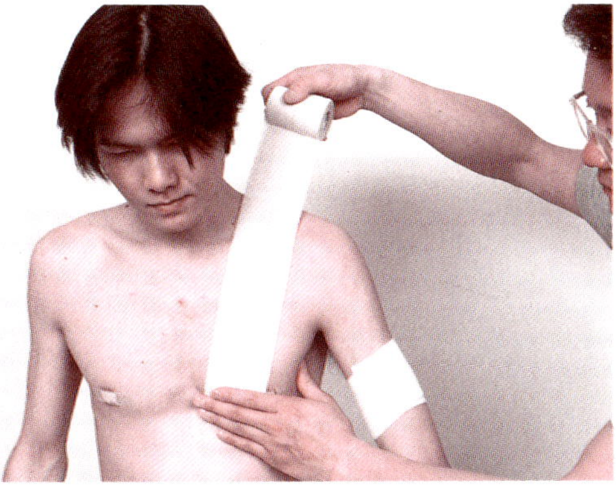

3 肩側のアンカーは、胸から首の付け根を通し、背中にかけて長く貼る

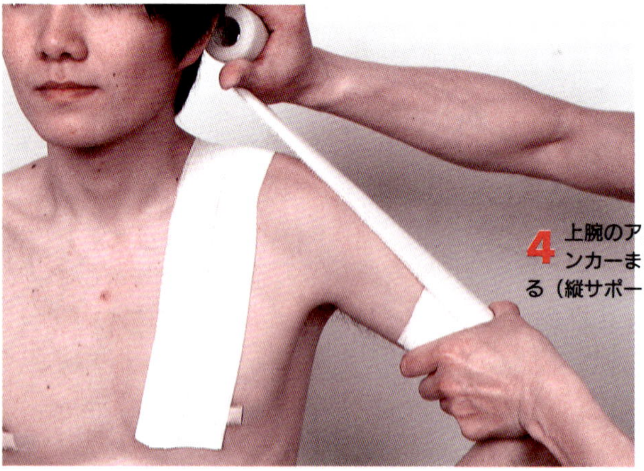

4 上腕のアンカーの外側から肩側のアンカーまで、まっすぐにテープを貼る（縦サポート）

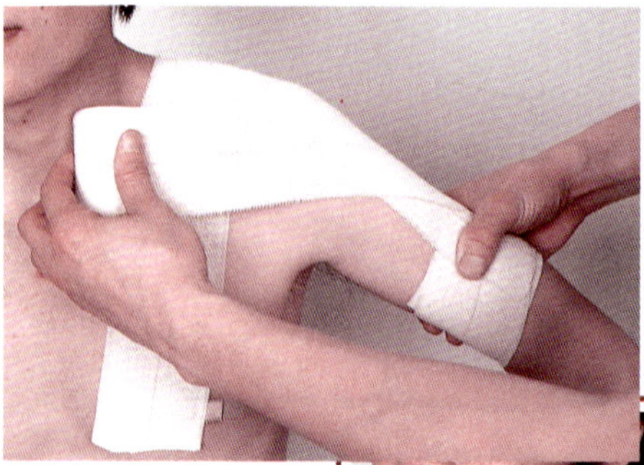

5 上腕のアンカーの後ろ側から肩側のアンカーの前面に向けて、X状にテープを貼る（Xサポート）

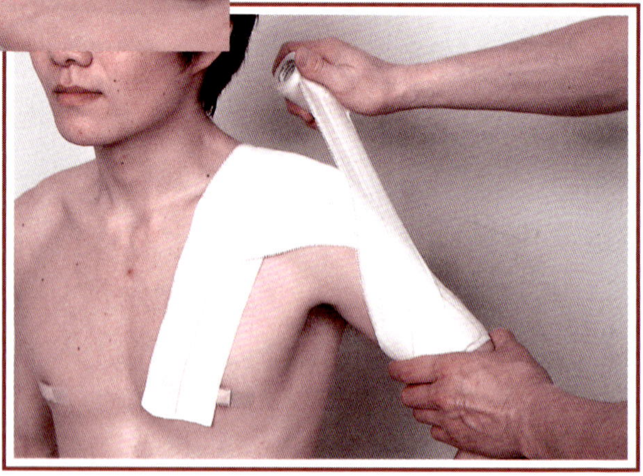

6 手順5と同様に、上腕のアンカーの前側から肩側のアンカーの背面に向けてテープを貼る。3本のテープは肩関節でクロスする形になる

7 手順４・５・６のサポートテープを固定するため、上腕と肩側にアンカーを貼る

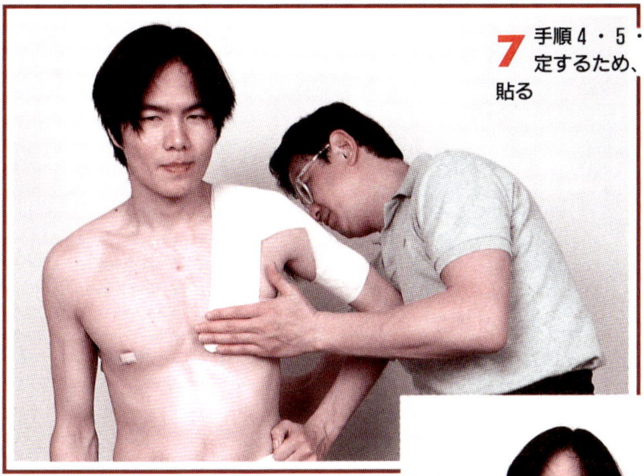

8 テープズレを防ぐため、肩側のアンカーの両端を通るように、胸から背中にかけてテープを１周させる（完成）

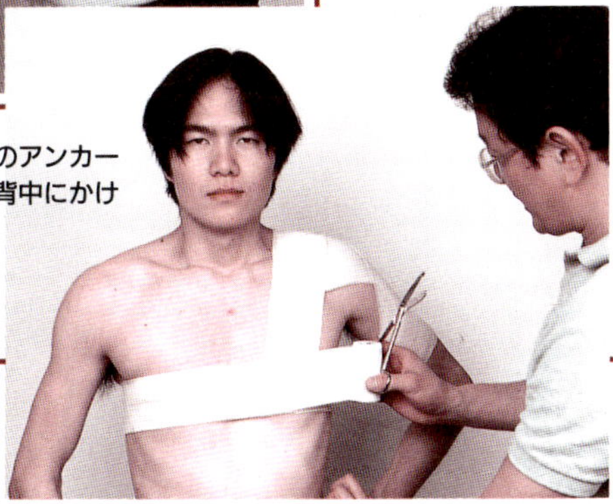

完成の形

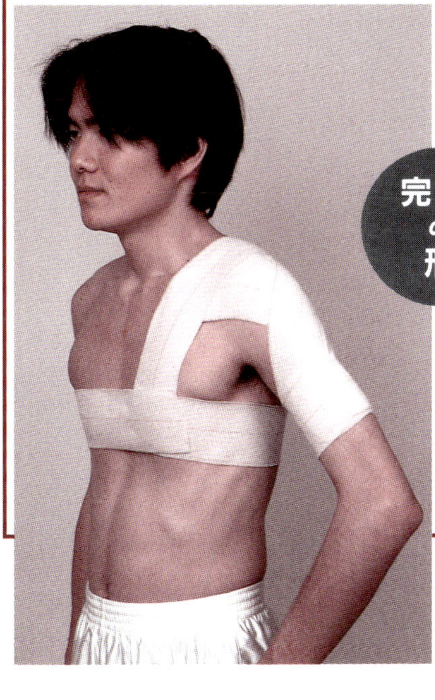

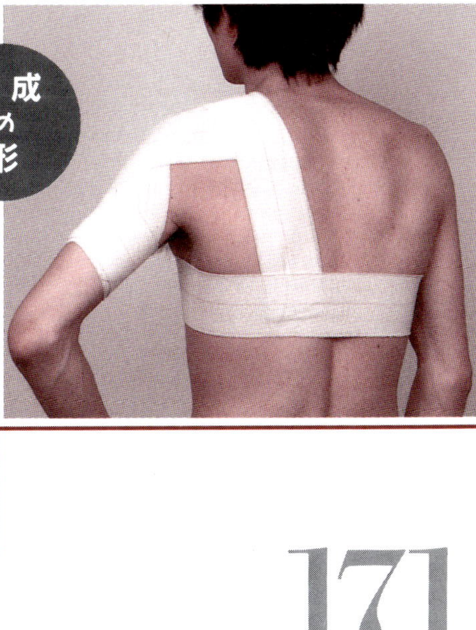

肩の動きを制限する実戦的なテーピング

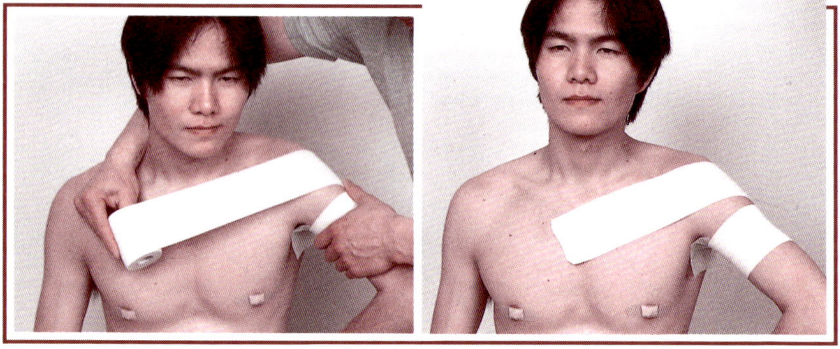

1 上腕部の後ろ側からスタートし、肩関節を通して胸の前面まで、テープを引っ張りながら貼る

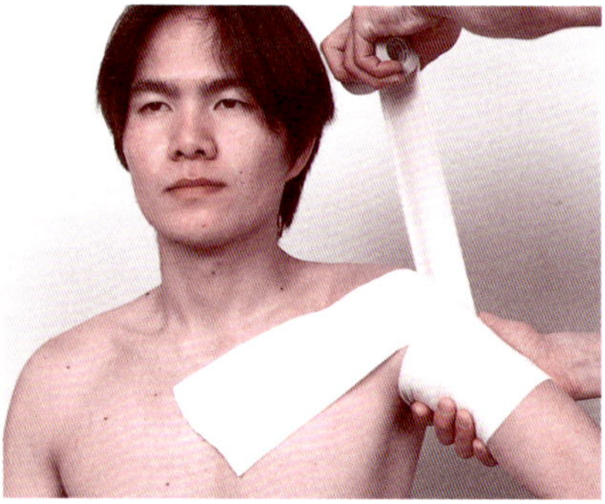

2 テープを少しずらして２本目を貼り、３本目も同様に、上腕の後ろ側にテープを当てる

3 ３本目のテープは胸のところでカットせず、反対側のわきの下までテープを引き伸ばす

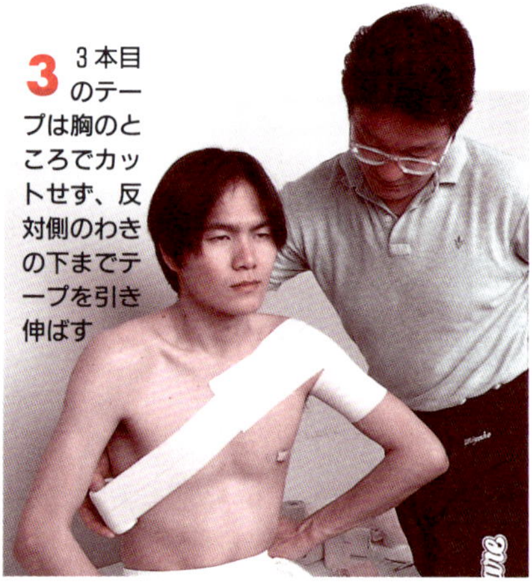

4 わきの下から背中、胸を１周させ、前面でカットする（完成）

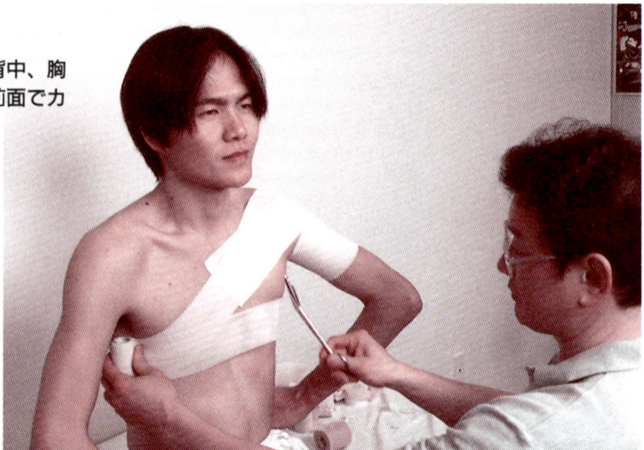

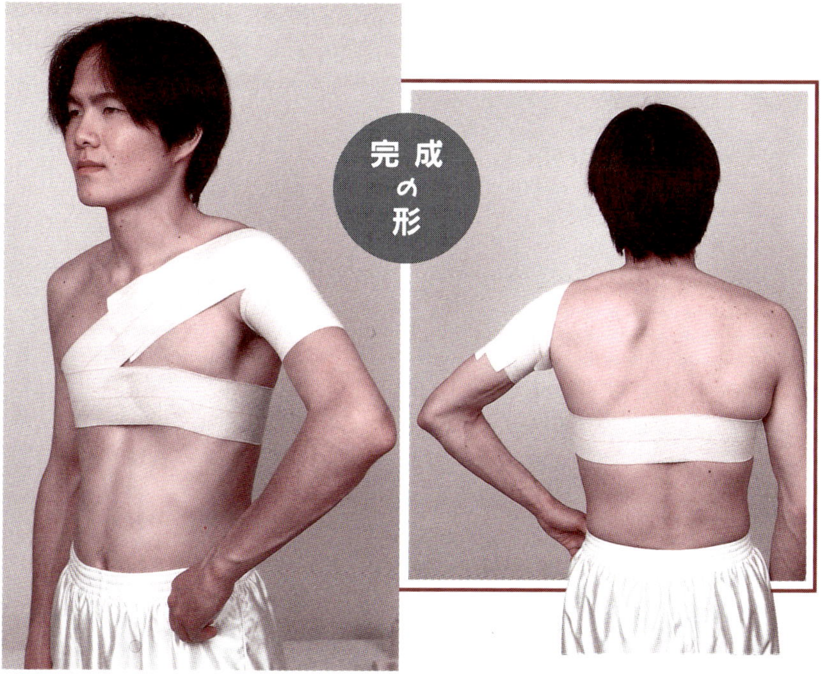

さらに補強するためのテーピング

手順1の作業を逆回りで巻きはじめ、背中側に貼るテープを2本加え、肩関節の上をテープで押さえて完成

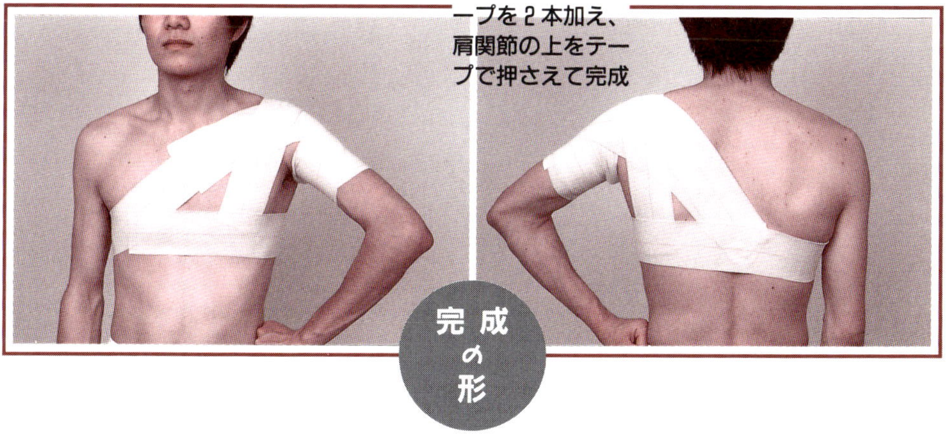

Several Parts Taping ❾

ひじ
のテーピング

倒れたとき、ひじを伸ばしたまま手をつくと、体重がひじにかかり、過伸展《かしんてん》のねんざを起こす。そのような場合は、再発予防のため､過伸展を制限するテーピングをする。

また、ひじ関節の傷害には、テニス選手に起こる「テニスエルボー」や、野球の投手に起こる「野球ひじ」があるが、このような場合も、可動域を制限し、痛みをやわらげる目的でテーピングをするとよいだろう。

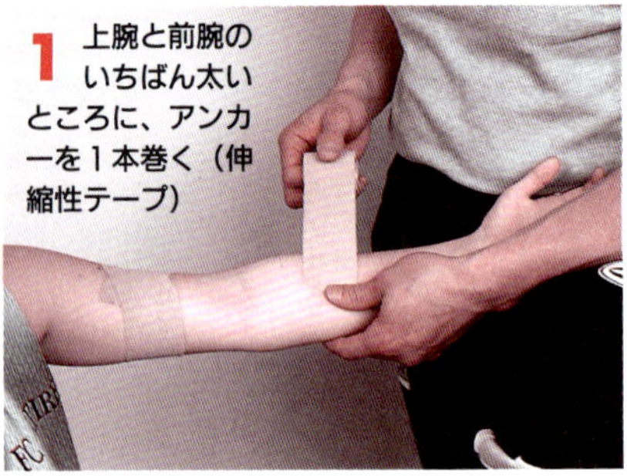

1 上腕と前腕のいちばん太いところに、アンカーを1本巻く（伸縮性テープ）

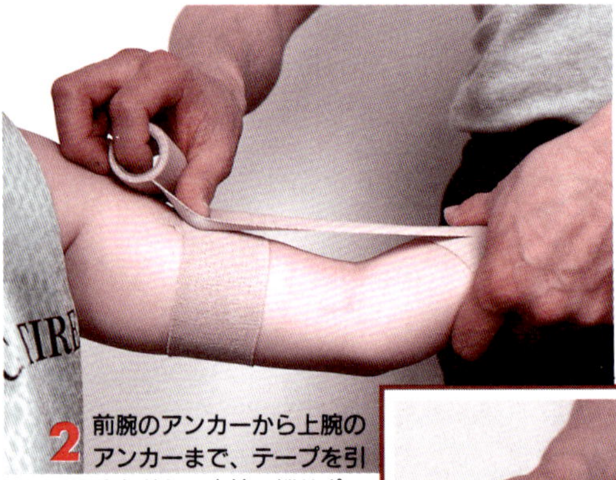

2 前腕のアンカーから上腕のアンカーまで、テープを引っ張りながら一直線に縦サポートを貼り、皮膚に密着させる

縦サポートの貼り方

●貼るときのひじの角度で伸展を制限できる。ひじを曲げて貼るほど、動きが制限される

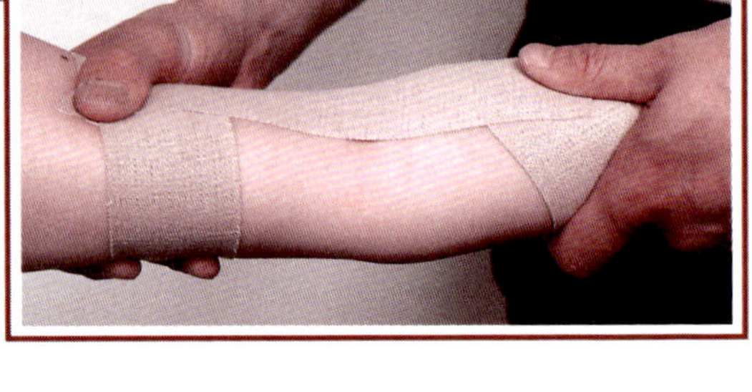

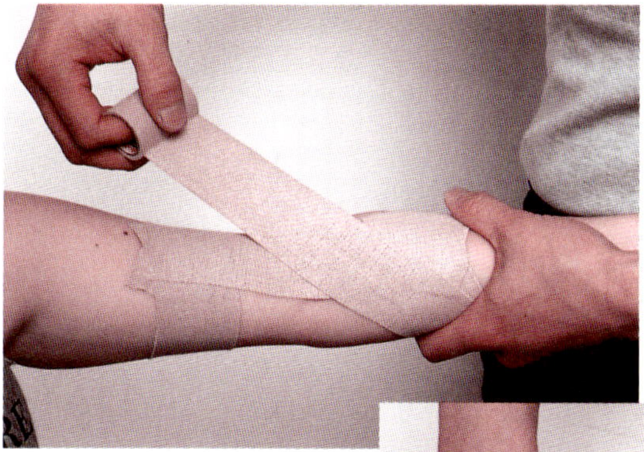

3 縦サポートとクロスするように、前腕のアンカーの内側から上腕のアンカーの外側までXサポートを貼る

4 前腕のアンカーの外側から上腕のアンカーの内側にXサポートを貼る

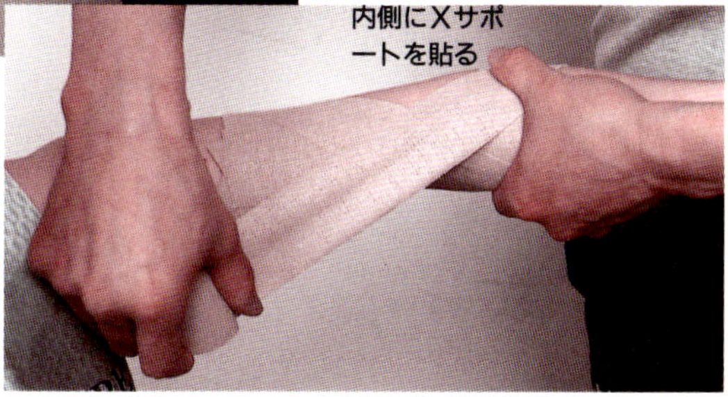

Xサポートの貼り方

● 3本のサポートテープは、ひじ関節の内側で交差するように貼る

5 サポートテープを固定するように、上腕と前腕にアンカーを1本巻く

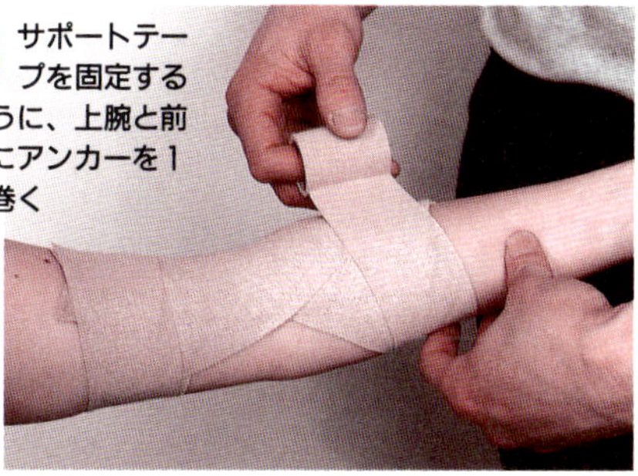

6 ひじを1周するほどの長さにテープを切り、ひじ関節の内側に貼る

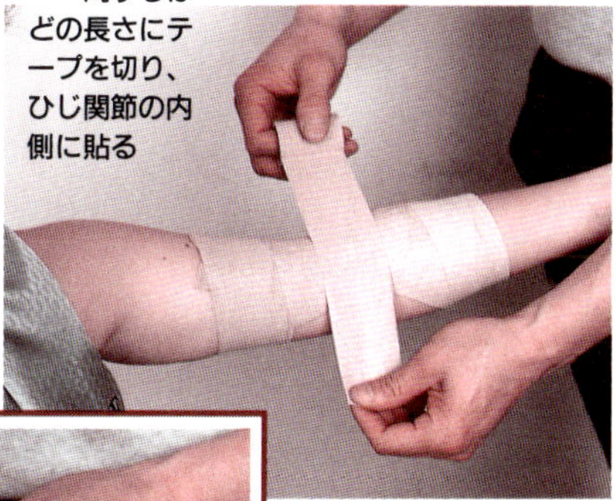

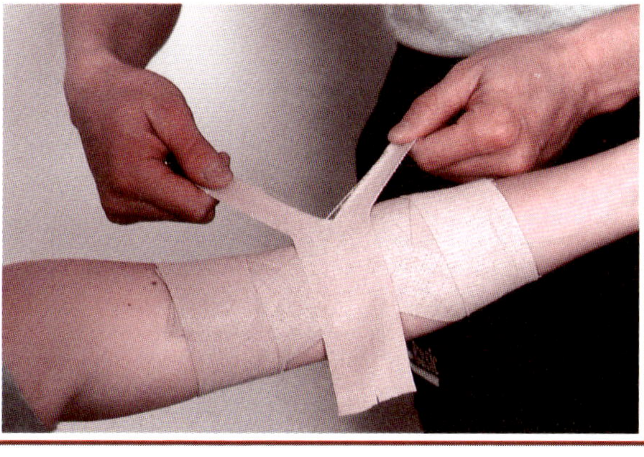

7 テープの両端の真ん中に切れ込みを入れる

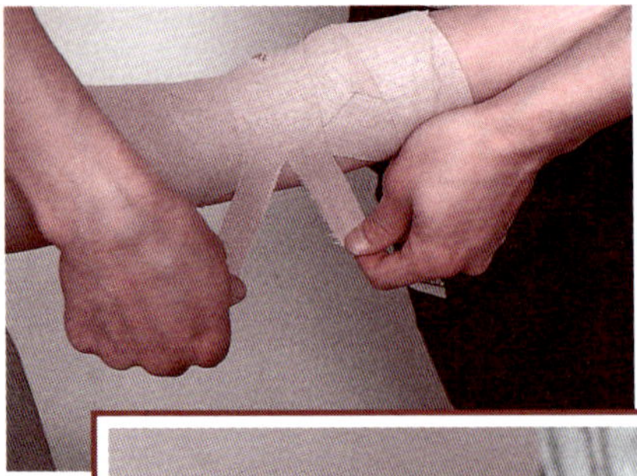

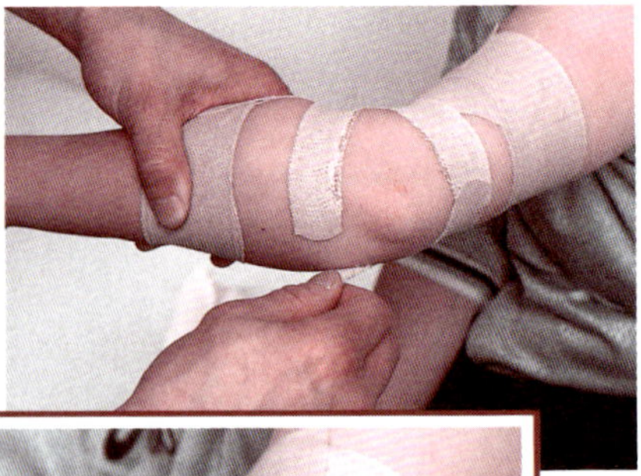

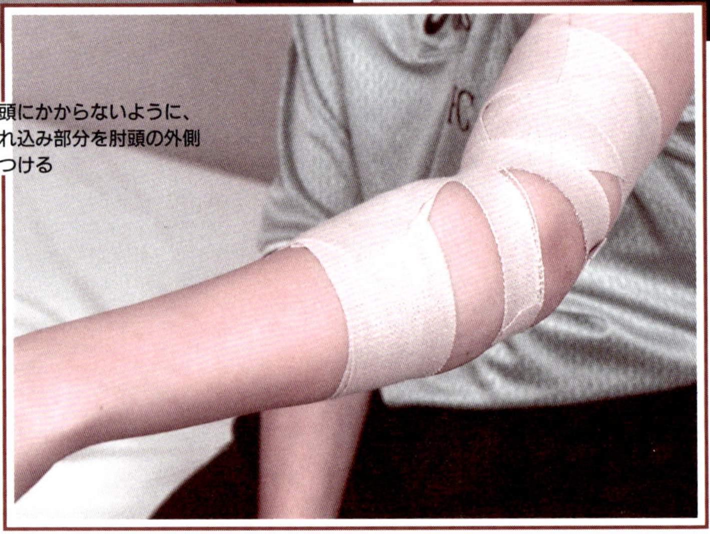

8 肘頭にかからないように、切れ込み部分を肘頭の外側に巻きつける

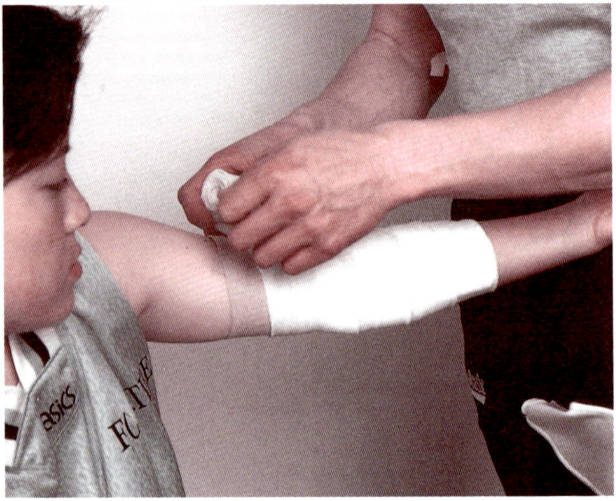

9 伸縮性の包帯、またはハンディカットタイプの伸縮性テープを使い、前腕から上腕まで、肘頭にかからないように巻きつける（完成）

Several Parts Taping ⑩

手首のテーピング

手首を外側（甲側）に反らしたときは、手掌《しゅしょう》部から前腕部にテープを貼り、背屈《はいくつ》を制限しなければならない。

　また、反対に手首を内側（手掌側）に反らしたときは、甲から前腕部にテープを貼り、掌屈《しょうくつ》を制限する。

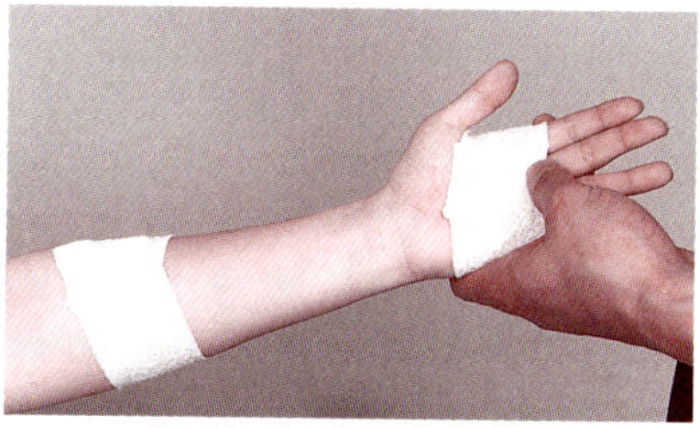

1 ハンディカットタイプの伸縮性テープを使い、前腕と手のひらにアンカーを1本巻く

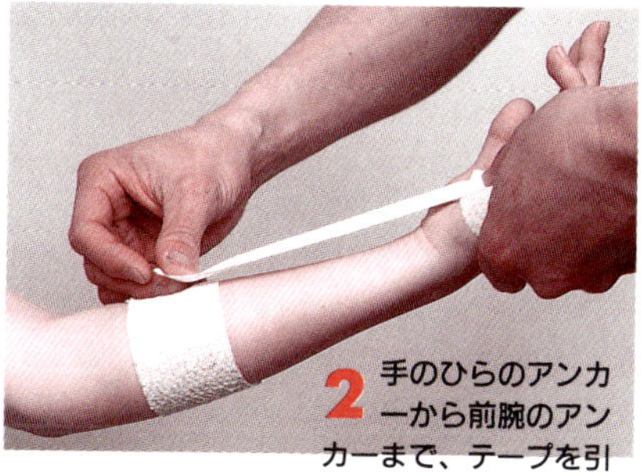

2 手のひらのアンカーから前腕のアンカーまで、テープを引っ張りながらまっすぐにテープを貼る（縦サポート）

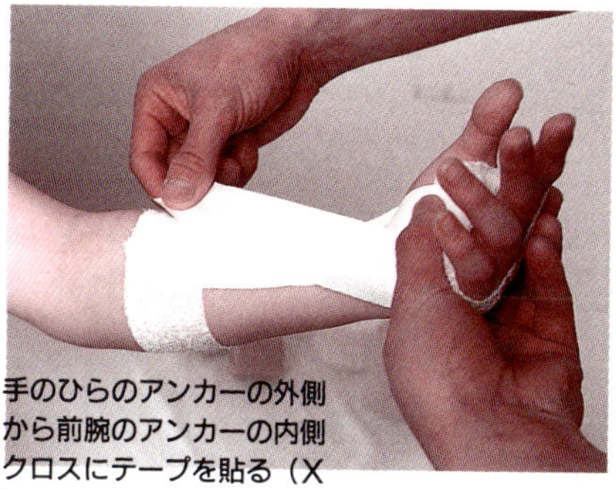

3 手のひらのアンカーの外側から前腕のアンカーの内側に、クロスにテープを貼る（Xサポート）

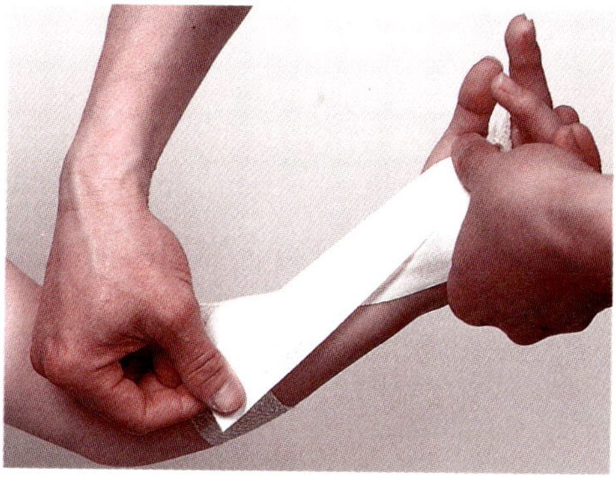

4 手のひらのアンカーの内側から前腕のアンカーの外側に、「X状」にテープを貼る

Xサポートの貼り方

● サポートテープは、手首の関節の内側で交差するように貼る

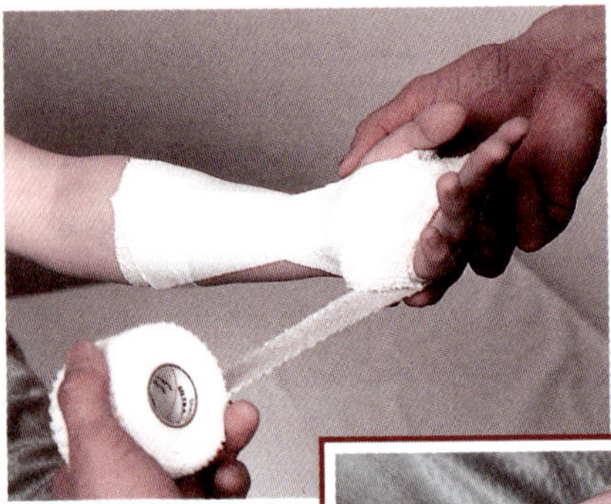

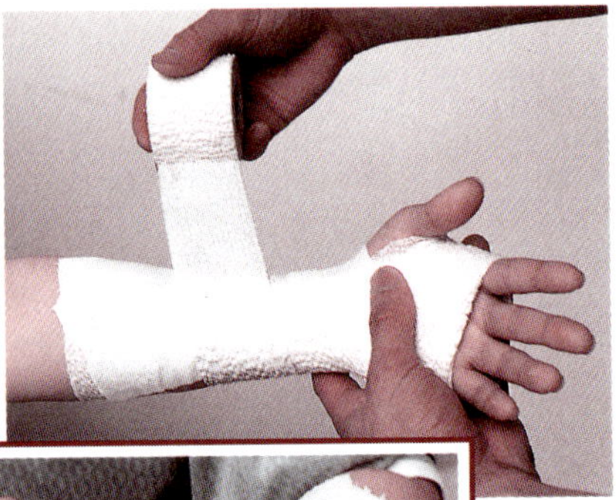

5 手のひらを2～3周巻き、続けて前腕全体をカバーするようにテープを巻き上げる（完成）

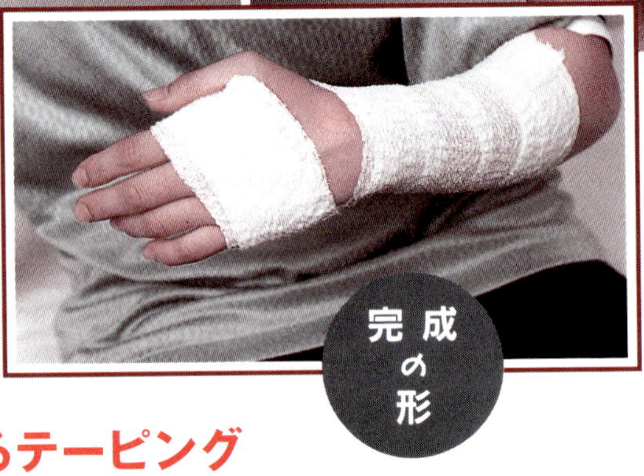

簡単にできるテーピング

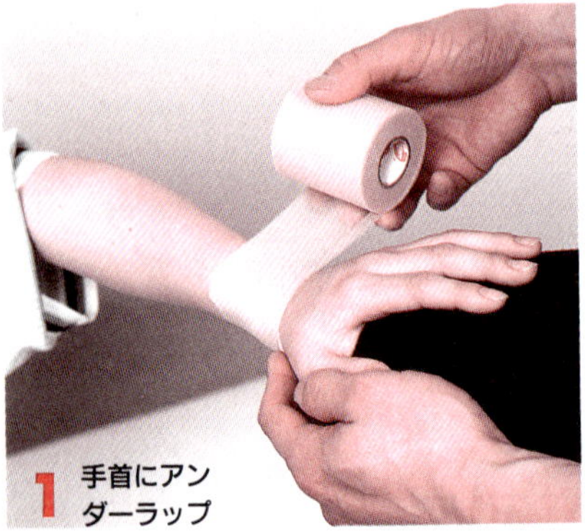

1 手首にアンダーラップを2～3周巻く

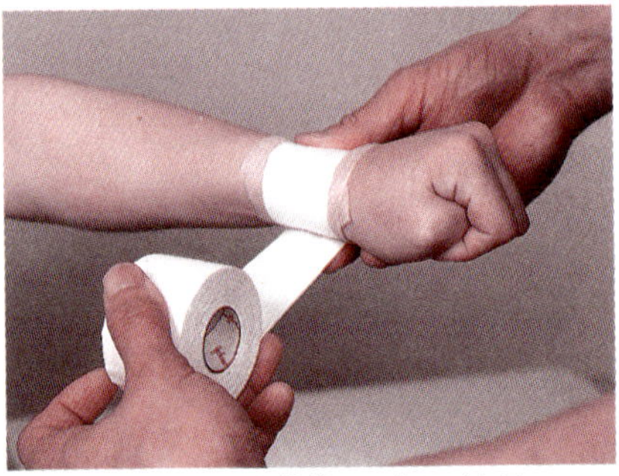

2 手を握った状態で、ホワイトテープを2～3周巻いて完成

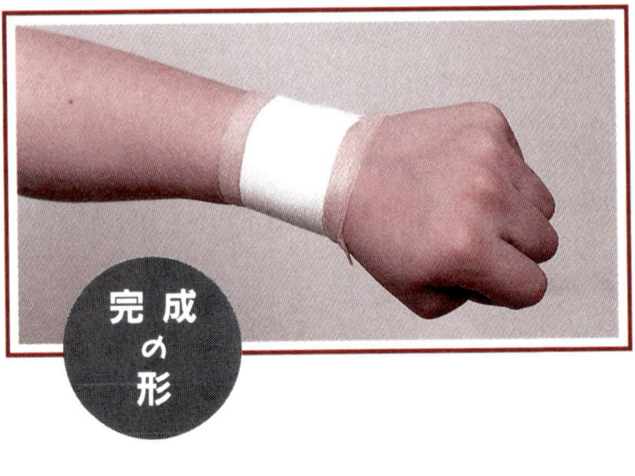

Several Parts Taping ⑪

手指のテーピング

バレーボールやバスケットボールなどでよく起こる「突き指」は、関節付近の靭帯のねんざである。

指のねんざにはいろいろなタイプがあるが、テーピングは、痛い方向に曲がらないように靭帯を補強し、炎症をやわらげるのが基本である。

親指のテーピング

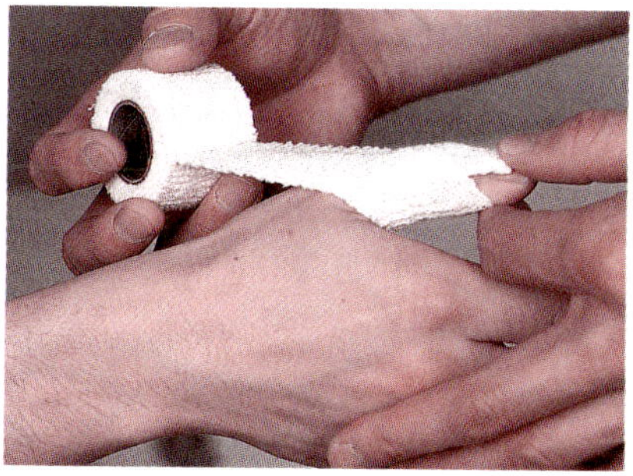

1 ハンディカットタイプの伸縮性テープを使い、外側から指を1周させる

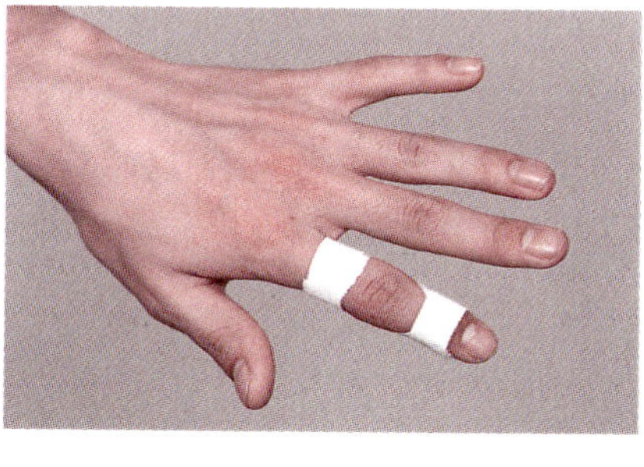

2 親指の付け根を中心に「8の字状」にテープを巻く（フィギュア・エイト）。同様に、テープを2～3周巻いて完成

親指以外のテーピング

ホワイトテープを使い、ねんざした指の付け根と指にアンカーを1本巻く。続いて、痛めた靭帯でクロスするようにXサポートを貼る

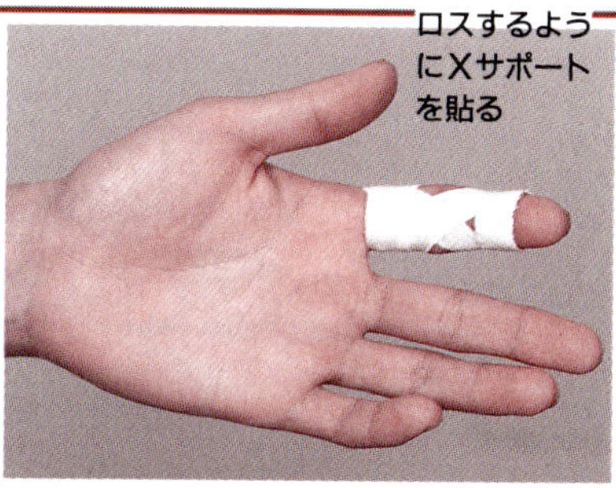

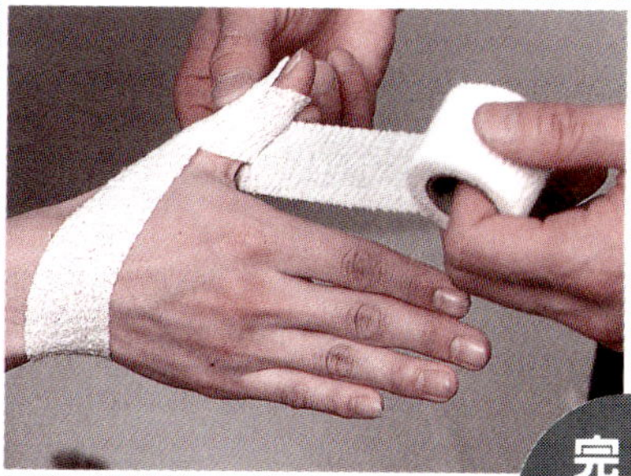

完成の形

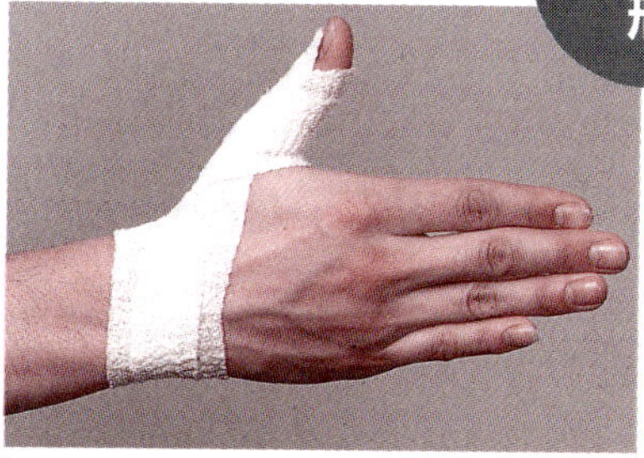

Taping For Emergency Measures

応急処置のテーピング

トレーニングや試合では、ねんざ、打撲、肉離れといったケガがしばしば起こる。ケガをした直後に正しい応急処置ができれば、当然回復も早くなる。

応急処置のいちばんの目的は、炎症を最小限に抑えて、ケガの悪化を食い止めることである。

「RICE処置」が一般的な応急処置

一般的な応急処置の方法は、4つの内容からなっており、それぞれの英語の頭文字をとって、「RICE（ライス）処置」と呼ばれている。

それぞれの処置の意味を正しく理解し、実際の場面であわてないように処置することが大切である。

①REST（安静）

受傷後はプレーをただちに中止し、患部を動かさずに安静を保つ。

②ICE（冷却）

患部を冷却する。冷やすことによって毛細血管を収縮させ、損傷した部位の腫《は》れが広がるのを抑えることができる。また、冷やすことで痛みの感覚を麻痺《まひ》させる効果もある。

具体的には、氷のうや氷を入れたビニール袋で冷やしてもいいし、コールドパック、コールドスプレーなどを利用してもいい。

時間の目安は、30～40分冷やし、30分ほど休みを入れる。これを繰り返し行う。ただし、個人差があるので、自分の感覚を大切にすること。痛みを感じなくなったまま長時間冷やし続けると、凍傷の危険があるので注意する。

③COMPRESSION（圧迫）

腫れが広がるのを防ぐために、患部を圧迫する。冷却に氷のうを使う場合は、氷のうを当てたまま上から伸縮包帯を巻く。こうすると、患部を圧迫しながら氷のうも固定でき、効果的である。

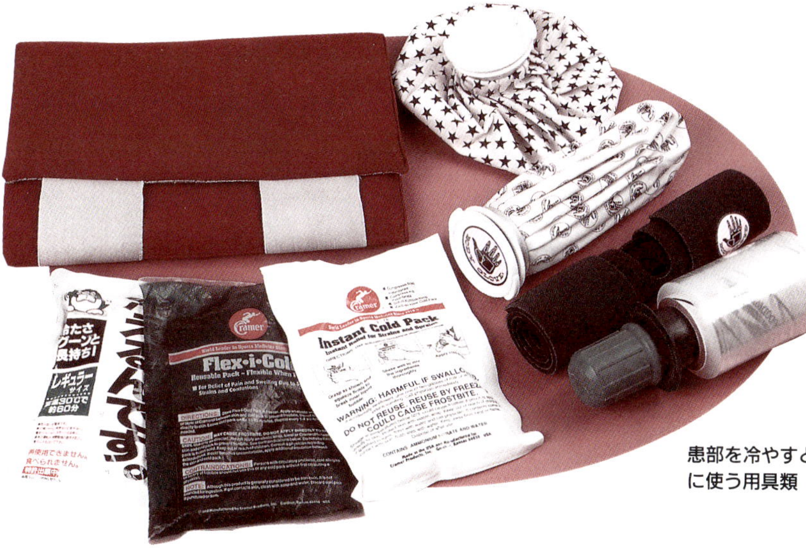

患部を冷やすときに使う用具類

冷却をやめたあとも、テーピングやパッドを利用して患部の圧迫を続けるとよい。

④ELEVATION(挙上)

冷却や圧迫をするときは、患部を心臓より高い位置に上げた状態に保つことが大切である。

「応急処置のテーピング」とは

テーピングの目的には、予防・再発予防・応急処置の3つがある（112ページ参照）。

このうち、予防・再発予防のテーピン

患部を冷却・圧迫し、心臓より高い位置に上げ、安静を保つ

グは、関節の動きを制限しつつ、不安定さを取り除くことを目的とする。

これに対し、応急処置のテーピングは、ケガをした直後に巻き、医療機関に運ぶまでの応急的手段である。

おもな目的は、患部の腫れを最小限に抑えるための「圧迫」と、移動時に患部が動いてしまうのを防ぐための「固定」である。

応急処置をしてのプレーは基本的にダメ

ケガをした直後に応急処置のテーピングをすることは、たいへん重要で意味のあることである。

だが、激情にかられ、応急処置のテーピングをして、すぐにプレーを続行するのは問題だ。

さらにケガを悪化させることになるので、絶対にやめるべきである。

Jリーグの試合などで、ケガをした選手がトレーナーにテーピングをしてもらい、ゲームに復帰している場面を見たことがある人も多いと思うが、その場合は、

「オープンバスケットウエーブ」

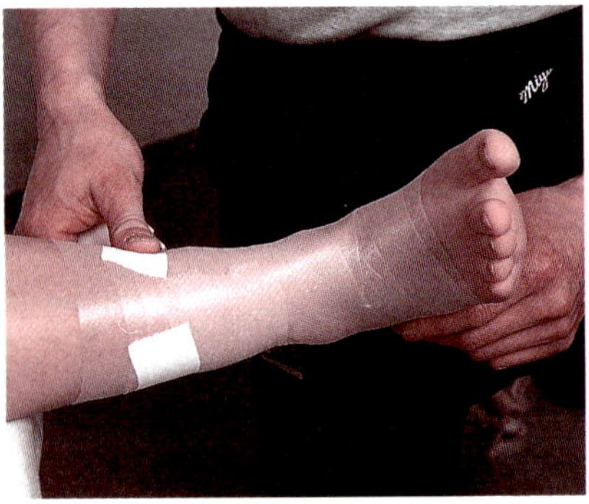

1 まず、アンカーを2か所に巻く。ただし、甲の部分はあける

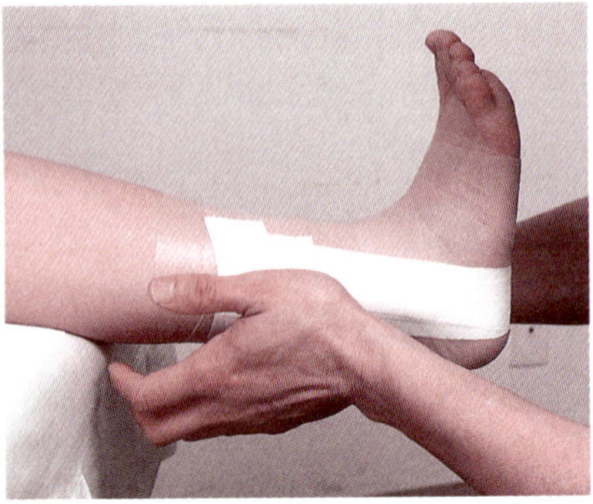

2 次に、スターアップ。アンダーラップとよく密着させる

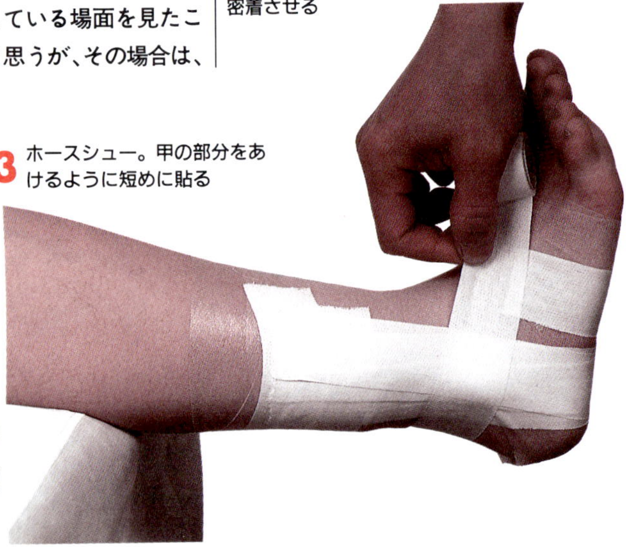

3 ホースシュー。甲の部分をあけるように短めに貼る

4 仕上げのテーピング。1周巻かずに、すねの部分をあける

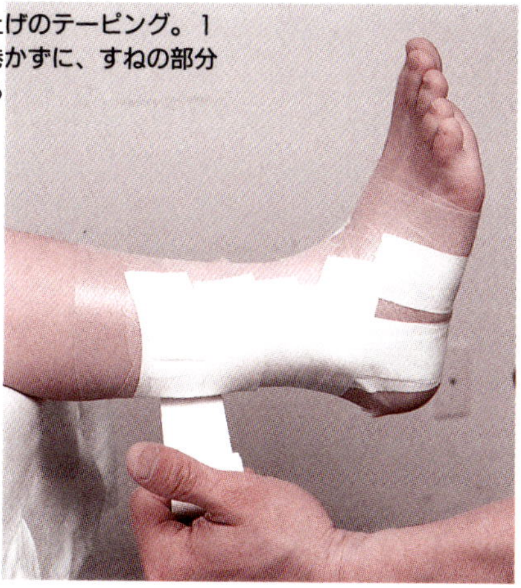

テーピングを巻く前に、専門のドクターやトレーナーが、試合続行可能なケガか否かを必ず診断している。

専門のドクターやトレーナーがチームにいない場合は、試合後に医療機関で診断を受けることをおすすめする。どのようなケガでも軽視せず、ケガの程度を把握することが大切である。

応急処置のテーピングは、プレーを続行するためでなく、ケガの悪化を最小限に抑えるための応急手段であることを、再度頭に入れておいてほしい。

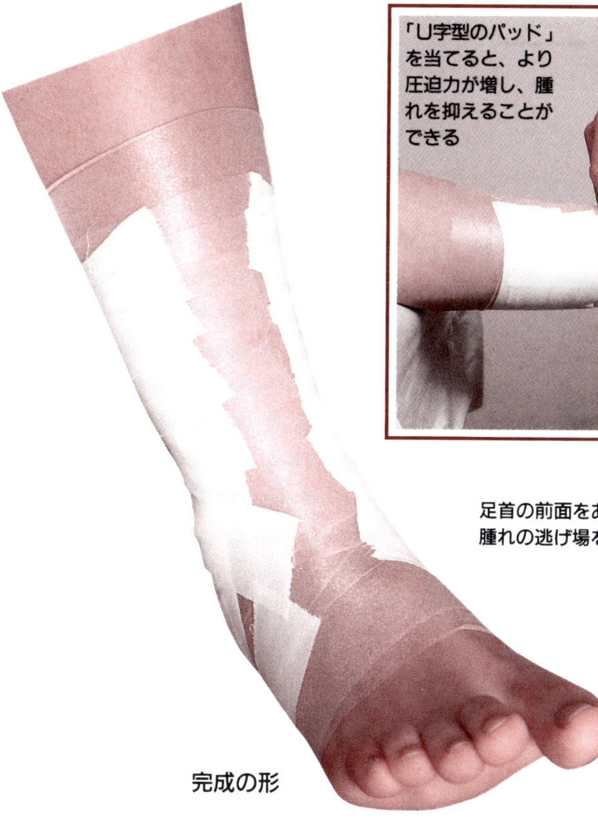

足首の前面をあけて、腫れの逃げ場を作る

完成の形

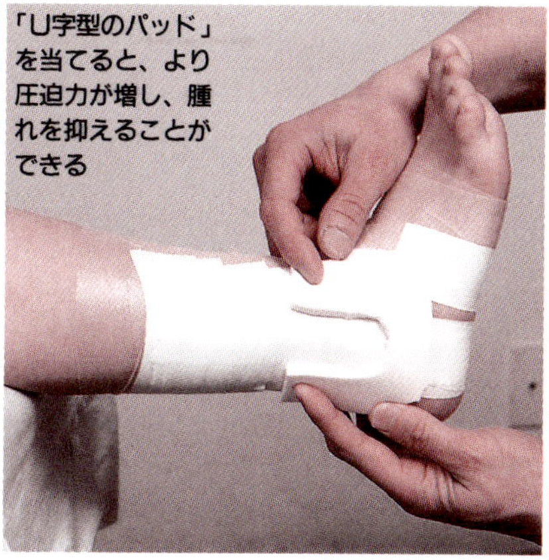

「U字型のパッド」を当てると、より圧迫力が増し、腫れを抑えることができる

Rehabilitations And Training

リハビリとトレーニングでプレーに復帰する

プレー中にケガをしたら、テーピングをしてすぐに復帰するのではなく、ただちにプレーを中断し、RICE処置と応急処置のテーピングをして、専門のドクターやトレーナーの診察を受けるために病院に行くことが大切である。

「急性期」は断続的なアイシングが必要

診断の結果、重症の場合は、入院や手術の必要性もあり、ドクターの指示に従って対応する。軽症の場合も、これで治療が終わったわけではない。ドクターの診察後、帰宅してからも、断続的にアイシングを続ける。原則的には、36〜48時間のアイシングが必要といわれ、この期間を「急性期」と呼んでいる。

急性期には患部を動かさないように注意しながら、患部以外の筋力を落とさないようにトレーニングする必要がある。トレーナーは、この時期にリハビリテーション用のトレーニングや期間を組み立てていく。

急性期以降からリハビリを始め、プレーに復帰する

軽症だと思っていても、急性期を過ぎてまだ痛みがひかないような場合は、再度、専門のドクターやトレーナーの診察を受けるようにしよう。

診断の結果、継続的な治療を必要とする場合は、ドクターの指示に従い、プレーへの復帰はドクターの判断に任せなければならない。

一方、ケガの状態が軽ければ、急性期を過ぎた時点で腫《は》れもひき、正常な歩行や患部側でのホッピングなどが可能になる。

患部の痛みもやわらぎ、バラエティーに富んだリハビリテーションも可能になり、プレーへの復帰も近くなる。患部の

自分でできる足のリハビリテーション

リハビリを行うときの注意点

- 痛みが生じたら中止すること。がまんして行うのは禁物！
- 多くのメニューを一度に行わず、徐々に量を増やしていくこと
- リハビリを行う前に専門医に相談すること

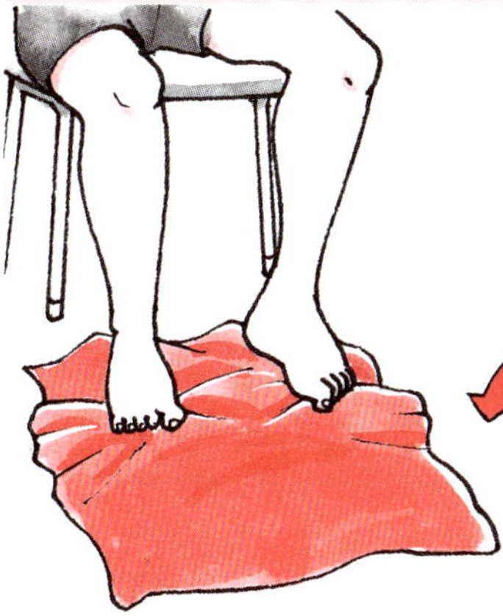

いすに腰かけ、足もとにタオルを敷く。タオルの上に足を乗せ、足の指でタオルを手前に引き寄せる

いすに腰かけ足を伸ばし、足先で文字を書く

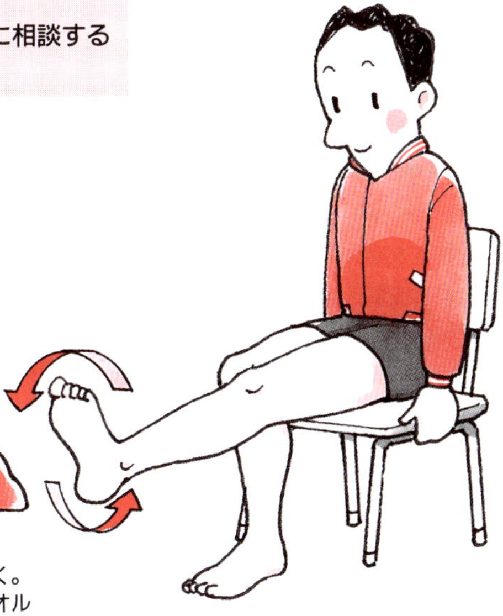

関節可動域や筋力の回復をみながら、徐々にプレーに復帰する。

とはいっても、ケガによる休養期間で、患部周辺の筋肉は細くなり、力を失っている。これを「廃用性萎縮《いしゅく》」というが、このままの状態でプレーに復帰することは非常に危険で、ケガの再発のおそれがある。筋力を取り戻すトレーニングを行うとともに、再発予防目的のテーピングを必ずしなければならない。

自分の感覚で完全に左右のバランス（可動域や筋力）が戻り、ケガに対しての恐怖感を感じなくなるまで、テーピングは続行する。

負傷後の一定期間は、プレー後、必ずクールダウンとアイシングを忘れないようにすることが、傷ついた体を癒《いや》す唯一の方法である。

リハビリなしでのプレーへの復帰は再発の可能性が高い

前述したとおり、ケガによる休養期間で、患部周辺の筋肉は細くなり力を失っている。1日も早く試合などに復帰するためには、治療と平行して、リハビリテーション・トレーニングを行う必要がある。

もし、リハビリテーション・トレーニングをしないでスポーツに復帰すると、再び同じ部位をケガする可能性が高い。

負傷の再発を防止するために、テーピングが効果的なことは何度も説明してきた。しかし、テーピングはあくまでも弱い部分を外側から補給するための、「2次的手段」であることを忘れてはならない。

ケガをした部分をテーピングで保護したままでは、筋肉はどんどん萎縮し、負傷前の強さに戻ることはない。

負傷をした部位の機能、関節の可動域や筋力を受傷前と同じレベルに回復させるのが、リハビリテーション・トレーニングの目的である。

「セルフコンディショニング」は退院後に行うトレーニング

厳密にいうと、重度のケガで手術や入院をした場合、病院内でドクターやトレーナーの指示に従って行うトレーニングを「リハビリテーション」といい、退院したあとに行うトレーニングを「セルフコンディショニング」と呼んでいる。

軽度の負傷の場合は、専門のドクターやトレーナーの指示を参考に、練習場や自宅でセルフコンディショニングを行うケースが多い。プレー復帰後も、テーピングに頼らずにすむように、練習の前後にしっかりとセルフコンディショニングを続けるべきである。

セルフコンディショニングのプログラムは、柔軟性や筋肉を鍛えることを目的にしているが、同時に負傷の予防にも効果がある。

ただ、地道なトレーニングをコツコツと続けなければならないだけに、チームに専門のトレーナーがいないと、どうしてもさぼりがちになってしまう。

強い精神力でトレーニングに励み、ケガを克服し、以前にも増してスポーツを楽しんでほしい。

関節の可動域の拡大、強力・柔軟性を強化するプログラム

トレーニングしたい部位によってさまざまなプログラムがあるが、原則的には次のような順序でトレーニングを進める。

各プログラムはそれぞれ10〜20回を1セットとし、休憩をはさみながら3〜5セット行う。

①関節の可動域を広げる

116～117ページの各関節の可動域の図を参考にし、痛くて曲げられない方向の可動域を徐々に広げていく。いきなり無理な力で曲げるのではなく、ゆっくりとあわてずに様子を確認しながら行う。

はじめのうちは、風呂の中などで温めながら曲げるとよい。

②筋力を強化する

各関節周辺の筋肉の強化を行う。ことに、負傷の回復に向かう初期段階では、ウエートトレーニングのような重い負荷がかかるトレーニングは避け、自分の体重や相手の力、ゴムチューブなどを利用して行う。

③柔軟性を強化する

各関節周辺の筋肉のストレッチを行う（66～67ページ参照）。反動をつけずに、筋肉が痛く感じはじめるところで止め、20～30秒筋肉を伸ばす。繰り返し行うことで、しだいに関節や筋肉の柔軟性が回復する。

ゴムチューブを使った肩のチューブトレーニング

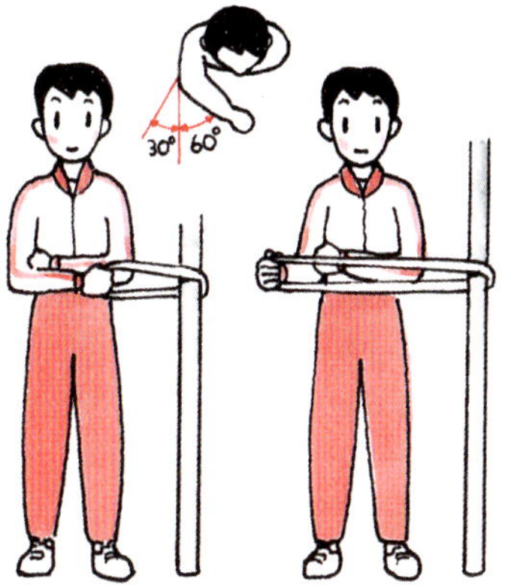

①ひじをわきに固定し、内60度、外30度の範囲で、20～30回行う

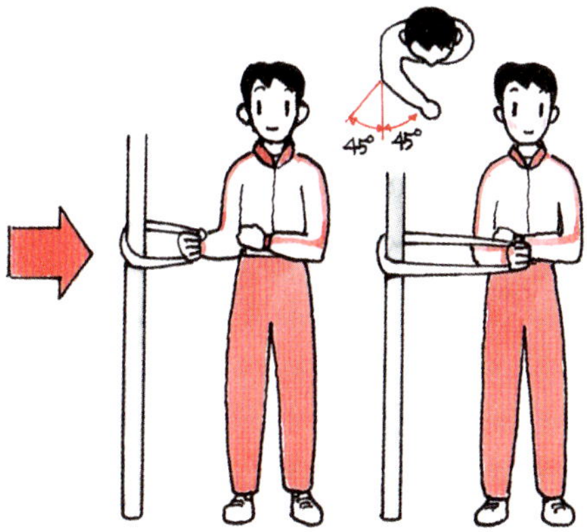

②ひじをわきに固定し、内・外45度の範囲で、20～30回行う

両足を肩幅ほどに開き、チューブを反対の足でおさえる。チューブを利き手で持ち、30度ほどの高さまで腕を上げる

競技別・マッサージ&テーピング一覧

競技名	マッサージ											
	下腿後部 P.70	アキレス腱 P.74	足底・足指 P.76	下腿前部 P.78	大腿後部 P.81	大腿前部 P.84	大腿内側部 P.86	腰背肩部 P.88	肩周辺 P.94	臀部 P.98	腹部 P.100	頸部 P.102
サッカー	●	●		●	●		●					
野球								●	●			
陸上（短距離）	●	●			●							
陸上（長距離）	●	●	●									
陸上（投てき）								●				
ラグビー・アメフト								●	●			●
バレーボール			●			●		●				
バスケットボール		●	●									
テニス				●					●			
ゴルフ			●					●	●			
水泳								●	●			
体操								●	●		●	
柔道								●	●			
スキー	●			●		●						
スケート	●			●		●		●				
バドミントン		●										
自転車					●	●	●	●				

			テーピング										
上腕部 P.104	前腕部 P.106	手関節部 P.108	足首 P.134	足裏 P.147	かかと P.152	アキレス腱 P.154	ふくらはぎ P.159	ひざ P.162	腰 P.167	肩 P.169	ひじ P.174	手首 P.177	手指 P.179
			●		●	●	●	●					
		●						●	●			●	
			●			●	●						
			●	●	●	●		●					
		●		●		●			●	●	●	●	
		●	●			●		●	●	●	●	●	
●	●	●	●	●				●	●				●
			●	●		●		●					●
		●	●	●		●		●		●	●	●	
		●		●		●		●	●	●	●	●	
									●	●			
		●						●		●	●	●	
								●	●				
					●		●	●					
			●				●		●				
		●		●		●		●			●	●	
		●		●		●				●		●	

＊●印は、各競技で特に重要な部位について明記（ただし、マッサージはすべての競技でどの部分にも必要）

コラム テーピング開始前と終了後のチェック項目

[開始前のチェック項目]

①テーピングをしてもよいけがの状態か

傷害によっては、テーピングをすることでかえってけがが悪化する場合がある。

②正しいテーピングができるか

あいまいな知識や技術でテーピングをすると、けがを悪化させる危険がある。

③用具類はそろっているか

テーピングに必要なテープ、ハサミなどの用具がそろっているか確認する。

④患部や手は清潔か

テーピングをする部位はきれいに洗うなど清潔にしておく。また、術者も手を洗ったり、つめを切っておくようにする。

[終了後のチェック項目]

①テープの巻き具合いは適切か

テープの巻き方は、ゆるすぎてもきつすぎてもよくない。しわなどがあると皮膚障害の原因になるし、きつすぎると血行障害を起こすことがある。巻き終わったら、必ず手で触って確認するようにする。

②動いたとき、違和感はないか

巻き終わったら、本人に屈伸などをしてもらい、使用感を確かめる。しびれ・ひきつれ・強い圧迫感などがある場合は、もう一度巻き直す。違和感があるのに我慢してプレーしていると、負傷した部位を悪化させたり、ほかの部位に傷害を誘発したりすることになる。

●著者

三宅　公利（みやけ・きみとし）

1952年生まれ。駒場学園高校、駒沢大学卒業。高校時代は野球選手として活躍したが、腰を痛めて選手生活を断念。大学卒業後、「小守スポーツマッサージ」で修行。77年から、フジタ工業のトレーナーに就任。80年に独立し、日本トレーナー協会所属「三宅スポーツマッサージ」を設立。現在、湘南ベルマーレチーフトレーナー。スポーツ選手はもとより、一般の人たちの治療にも精力的に携わっている。Jリーグ、プロ野球、社会人野球をはじめ、サッカー日本代表チーム、アジア陸上競技大会日本代表、サッカー世界選抜大会南米チームなど、代表チームのトレーナー経験も豊富。著書に『自分でできるテーピング』（日本文芸社）などがある。

■本文A.D.　（Ya）matic studio
■モデル　伊藤富子・岩田英理子・本間奈奈
　　　　　石井博之・川島祐介
■写真撮影　金田邦男
■イラスト　井原眞司・高木一夫
■撮影協力　三宅スポーツマッサージ
■執筆協力　加藤栄二・沖山雅彦
■編集協力　㈱文研ユニオン（担当＝間瀬）

プロが教える スポーツマッサージ&テーピング

2000年11月15日発行

著　者　三宅　公利

発行者　佐藤　龍夫

発行所　株式会社　大泉書店

住所・〒162-0805 東京都新宿区矢来町27

電話・(03)3260-4001(代)　FAX(03)3260-4074

振替・00140-7-1742

印刷所　㈱東京印書館

製本所　㈱明光社

本書の内容についてのご質問はハガキまたはFAXでお願いします。
URL　http://www.oizumishoten.co.jp
落丁・乱丁本は小社にてお取り換えします。
ISBN4-278-04656-1 C0075　　R30

心ゆたかに生きる

輪島功一 ボクシング・エクササイズ

ISBN4-278-04652-9

パンチ、フェイントにフットワークや駆け引き。減量法からコンディションづくりと闘う心を伝授。話題の大嶋宏成選手もモデル参加。　輪島功一　1000円

だれでもできる 護身術入門

ISBN4-278-04635-9

危険から身を守るための基本テクニックからケース別の対処法までを、イラストを使ってわかりやすく解説。最新護身具も紹介。　笠尾恭二　1200円

秘伝!! ジークンドー護身術

ISBN4-278-04654-5

ブルース・リーの孫弟子である著者が、截拳道の真髄を伝授。実戦の強さを追求したその技術は護身術としてすこぶる有効なのである。　御舘　透　1200円

使えるロープワーク

ISBN4-278-04710-X

主にキャンプなどのアウトドアの場面で役に立つロープワークを厳選。イラストと写真を駆使して徹底的にわかりやすく解説する。　太田　潤　950円

やきもの窯元めぐり

ISBN4-278-05301-0

全国の美しい作品の数々と窯元を紹介、周辺情報も充実させた。類書にない韓国探訪ルポや、やきもの作り初体験レポートも楽しめる。　1400円

ダンス踊りませんか

ISBN4-278-05300-2

ブルース、ジルバ、ワルツを含む基本6種目を豊富な写真とイラストでわかりやすく解説。美しく踊る感動を今すぐあなたのものに！　西村文哉　1400円

いつでもどこでも ウクレレ弾こうよ

ISBN4-278-05103-4

ハワイアンに、ポップスにクラシック……。ビギナーのあなたにも、大好きなあの曲がすぐ弾けます。かわいい音色がやみつきに！　渡辺直則　950円

※表示は本体価格です。定価には消費税を加算させていただきます。
※諸般の事情により本体価格を改定させていただく場合があります。（送料240円）